中央民族大学一流大学、一流学科建设项目

中国少数民族古籍学

朱崇先◎主编

古籍学书

中央民族大学出版社
China Minzu University Press

图书在版编目(CIP)数据

中国少数民族古籍学/朱崇先主编. —北京:中央民族大学出版社,2017.3

ISBN 978-7-5660-1326-2

Ⅰ.①中… Ⅱ.①朱… Ⅲ.①少数民族—古籍研究—中国 Ⅳ.①G256.1

中国版本图书馆 CIP 数据核字(2017)第 045235 号

中国少数民族古籍学

主　　编	朱崇先
责任编辑	戴佩丽
封面设计	汤建军
出 版 者	中央民族大学出版社 北京市海淀区中关村南大街 27 号　邮编:100081 电话:68472815(发行部)　传真:68932751(发行部) 68932218(总编室)　68932447(办公室)
发 行 者	全国各地新华书店
印 刷 厂	北京宏伟双华印刷有限公司
开　　本	787×1092(毫米) 1/16 印张:16.75
字　　数	280 千字
版　　次	2017 年 3 月第 1 版 2017 年 3 月第 1 次印刷
书　　号	ISBN 978-7-5660-1326-2
定　　价	68.00 元

前　言

本书是中央民族大学一流大学一流学科建设资助项目——“中国少数民族古籍整理研究方法理论探索”课题的最终研究成果。项目申请被批准立项之后，项目负责人积极组织实施，在课题组成员的密切合作下，得于顺利结项。该研究项目在中国少数民族古籍专业30多年教学科研的基础上，对中国少数民族古籍整理研究工作的理论和方法进行深入研究和积极探索。因此，不仅着眼于客观地描写和概述中国少数民族的古文字以及古籍文献这一研究客体，而且特别关注专业理论建设和古籍整理人才知识技能培养的实际需要。研究内容涉及中国少数民族古籍研究史和古籍的校勘及版本、目录、普查、登记、著录和分类等整理方法；古籍的转移和再生、古籍的开发利用、古籍的搜集和收藏等一系列实践和理论问题。在研究中，切实遵循理论联系实际的原则。为了充分掌握文献资料，通过广泛浏览相关论著和诸多期刊，对研究课题所需要的材料作全方位的检索。在充分掌握有关文献资料的基础上，结合课题实际多次深入少数民族地区做实地考察调研，尽可能系统地掌握第一手材料。通过大家齐心协力，卓有成效地开展实际调研和理论探索，取得了预期的研究成果。

现将研究成果整理成此书，书稿的具体分工完成情况如下：

前言　（朱崇先）

第一章　中国少数民族古籍和民族古籍学（张公瑾）

第二章　中国少数民族古籍概述（李生福）

第三章　中国少数民族古籍研究史（朱崇先、黄延军）

第四章　中国少数民族古籍装帧艺术与版本特点（朱崇先）

第五章　中国少数民族古籍调查、搜集和收藏（李生福）

第六章　中国少数民族古籍校勘和编目著录与汇编（朱崇先）

第七章　中国少数民族古籍翻译和注释（朱崇先）

第八章　中国少数民族古籍研究（朱崇先）

第九章　中国少数民族古籍分类（朱崇先）

第十章　中国少数民族古籍保护与开发利用（朱崇先）。

此项目的完成及其最终成果《中国少数民族古籍学》的出版，承蒙中国少数民族语言文学学院领导和中央民族大学出版社领导，以及责任编辑戴佩丽女士的支持和帮助。在书稿付梓之际，对他们表示衷心的感谢！

——编者

目　录

第一章　中国少数民族古籍与民族古籍学

我国古代各民族在不同历史时期创造和使用的文字，统称为民族古文字。这些民族古文字多数文种已经没有人使用了，成了死文字。有的文种经过不同程度的演化，至今仍然在少数民族中使用。我国民族古文字总数在30种以上，都已有悠久的历史。还在公元之初，我国新疆一带的古民族已使用佉卢文、粟特文、焉耆－龟兹文、于阗文，7世纪又有突厥文，8世纪有回鹘文，13世纪有察合台文；在东北地区10世纪有契丹文，11世纪有西夏文，12世纪有女真文，13世纪有古蒙文、八思巴文，16—17世纪有满文；在西南和中东南地区，7世纪前后有藏文、纳西族东巴文、彝文、傣文、水书，后来又有借用汉字或改动汉字来记录本民族语言的老壮文（方块壮字）、布依文、侗文、白文、方块瑶文等。这些民族古文字从形式上来看，大体属于以下四种类型：属于象形文字的有纳西族东巴文，四川尔苏人（旧称西番人）的尔苏沙巴文；属于音节文字的有纳西族哥巴文、彝文和朝鲜族训民正音文字；属于字母文字（包括音素文字和音节文字）的有十多种，其中来源于阿拉美字母体系的有去卢文、粟特文、回鹘文、回鹘式蒙古文、满文、锡伯文、突厥文；来源于阿拉伯字母的有察合台文；来源于印度婆罗米字母体系的有焉耆—龟兹文、于阗文、古藏文、八思巴文和四种傣文。此外，属于汉字系统的民族文字，古代有契丹大字、契丹小字、女真大字、女真小字、西夏文，沿用到近现代的有水书、白文、方块壮字、侗文、布依文、仫佬字、哈尼字、方块苗文、方块瑶文等。真是异彩纷呈，琳琅满目。这些文字创制于不同时期，保存下了丰富的古籍文献，形式千姿百态，内容博大精深。

第一节　民族古文字与民族古籍

中国是世界上少数几个文明古国之一。中国各民族都有悠久的历史，积累了丰富的文化。各民族在历史上创造的文化成果，主要部分都记录在他们的古籍文献中。中国少数民族古籍大体包括三个部分：一、用少数民族文字与民族古文字记载的文献典籍和历史文书，还有一些金石铭刻；二、有关少数民族资料的古代汉文文献；三、各民族世代流传下来的具有文化价值的口头传承资料。这是一笔难以估量的财富，是中华民族创造力的结晶，也是迈向新世纪、创造新生活可资借鉴的珍贵历史遗产。

少数民族古籍中以民族文字古籍最引人注目。这部分古籍由于文字流传范围的限制，过去很少为世人所了解，大部分没有翻译成汉文，非有关文种的专业人员无法问津，但这部分古籍包含着丰富的历史内容和实践经验的体察。有许多闪闪发光的著作，曾经照耀过一代代各民族的先民披荆斩棘、艰苦创业的历程，为后人留下了关于自然、社会和人生的特殊认识和深邃的思考。各民族人民的先民由于所处的自然条件和社会环境的差异，他们对事物有特殊的视角和体验，因此他们的认识就具有特殊的价值，这是多元一体的中华民族文化不可或缺的组成部分。由于它们用民族文字记载在古朴的纸张、竹简、木牍、桦树皮、布帛、羊皮和贝叶上或铭刻在碑碣上，更显示出特殊的魅力。这些民族文字文献与汉文文献并驾齐驱，优势互补，共同构成了中华民族古代典籍文化的灿烂宝库。

有关我国少数民族资料的古代汉文文献，也是研究我国古代少数民族历史和文化的重要古籍。可以说，以往的中国民族史，主要就是依靠汉文文献构筑起来的。没有汉文古籍，就不会有一部系统的、完整的中国民族史。

研究中国民族史所凭借的汉文古籍，首先是《二十四史》和《清实录》，还有各代史家的记述，各地地方志，旅行家的笔录，赴边官员向朝廷的述职报告，当地政要、文人的著作等。这些著作大体可勾画出中国多民族历史的轮廓。没有这些资料，我们就无法知道三皇五帝、夷蛮戎狄，无法知道春秋战国时北方的匈奴、南方的百越，以及后来各族的变迁。这些记载一代一代延续下来，构成了一部中国民族史。有些汉文古籍相当于当时的民族志，如东晋常璩的《华阳国志》，其中涉及西南30多个少数民族情况。唐初樊卓的《蛮书》，有如当时云南的少数民族调查报告。再如玄奘的《大唐西域记》，其中涉及今新疆地区诸多情况。不少汉文古籍中还记载有少数民族的文学作品，如春秋时的《越人歌》，汉代的《白狼王歌》，六朝时的《敕勒歌》，它们都已经成了中国文学史上的珍品。离开汉文古籍，就无法知道少数民族历史上的许多情况。因此，有关少数民族的汉文古籍，无疑是民族古籍的重要组成部分。

汉文古籍对研究少数民族情况的重要性，早已受到历代史家的重视，因此，这部分古籍虽然重要，但已有大量的整理研究成果，已不是民族古籍整理研究的重点。我们现在要重视的是一部分长期流传在少数民族民间，很少为人所知的汉文资料，如瑶族的过山榜、白族的大本曲、布依族的巫词和古歌、广东壮族的歌堂书和民间宗教用书、各地少数民族用汉文记载的家谱、族谱等。这些资料过去不见经传，不登大雅之堂，有的从未受到学人的重视，有的虽曾为民族学者关注，但也未被系统地收集整理过。其实，这些资料对研究少数民族的社会历史、政治法律、文学艺术以及民间宗教，都有重要的价值，理应作为民族古籍加以收集、整理和研究。

各民族世代流传下来的口头传承资料，其形成的历史十分悠久。它们一代代流传下来，有的已经定型，有的时有变异，但都可以追溯到这些民族的起源、早期历史和最初的宗教信仰，以及这些民族原始的文学形式。原始宗教的颂词最初都是口头传承下来的，无文字民族就这样一代代传承，有文字民族后来就以文字的形式固定下来，成为宗教经典，也就是这些民族最早期的古籍。无文字民族口传的原始宗教资料有的演变成神话故事，有的演变成创世史诗，有的成为这些民族迁徙生息的历史记述。随着历史的发展，口传资料中还包括战争的传说，发明创造的故事，生产活动的经验，阶级斗争以及风俗习惯的叙述。它们就是这些民族最早的文学作品和历史文献。这些口传资料与文字记录的古籍具有同等的价值。我们也不能忽视这笔文化遗产。

由于民族古籍要体现“古”的性质，民族古籍的时间下限原则上与汉文古籍一样定为 1911 年。但由于各民族的历史特点和古籍存世情况的差异，诸如一些没有确切时间记载而又只见到后期写本的书册，一些 20 世纪前期用本民族文字追记历史事件和历史掌故的旧文体著述，一些从古代延续到现代的编年体著作或族谱、家谱以及一些原在本民族中长期流传，到了现代才有文字记录的口传资料等，只要具有古籍价值，应不受 1911 年下限的限制，可以延续到 1949 年，口传古籍的记录时间可以延续到新中国成立之后。

民族古籍包括上述三个部分，就能够较为全面地反映全国各民族文化的全貌。它首先使每个民族的古籍能得到较为全面的记录，其次它覆盖了我国 55 个少数民族，不管有文字的或无文字的民族，无一遗漏。这样就能使各民族历史上创造的文化成果得到全面的保护而不致失传。

第二节　民族古籍是少数民族文化成果的体现

各民族的古籍是各民族文化中各个学科的知识总汇，是各个民族在长期的历史发展过程中对自然界作斗争求得社会发展的经验记录，是对自然和社会认识的成果，是一个民族对其所处的特定环境的适应能力及其创造活动的积累。每个民族在历史上创造的文化成果，最集中地体现在民族古籍之中。

首先，民族古籍保存着丰富的史实各方面的知识，充实了中国的历史和文化内容。汉文古籍和民族文字古籍对民族地区历史文化情况的记述，起着互相补充、互相勘正的作用，从而使中国民族史的实际过程更接近真实，更加全面。例如某一本书中讲到某一个事件，这个事件在别的民族的古籍中是找不到的，只有这本书有记录，这样的事实就非常珍贵。如成书于13世纪的《蒙古秘史》一书，对成吉思汗及窝阔台王朝史实的描写，察合台文《拉西德史》对中古新疆历史的记述，以及《满文老档》中保存的早期满族史料，都可补汉文史籍之不足。另一种情况，别的书中对类似的事件也有过记录，那么，这本书中的记录就起着互相印证的作用，使事实更加可信。如成书于14世纪的藏文著作《红史》，对汉藏关系有详细的记录，进一步证明西藏自古以来是我国版图不可分割的一部分。此外，有的口传史诗、古歌，记录着本民族历史活动的某些片段，也可对文字记录作补充或与文字记录相印证。自古以来我们伟大祖国版图内所发生的惊心动魄的历史事件和繁荣发展的历史进程，没有民族文字古籍、汉文古籍和少数民族口传古籍三方面的材料，就得不到全面完整的记录。民族古籍是少数民族社会文化的写照，也是民族史的主要依据。

其次，民族古籍提供了各民族创造的文化成果，丰富了世界的文化宝库。如我国藏族的《四部医典》、蒙古族的《蒙医学大全》、彝族的《双伯彝族草医书》、傣族的《档哈雅》，就是对世界医学的贡献。藏族生活在高原地带，他们的药典中就有治疗高原病的特效药，蒙古族在草原以游牧为生，蒙古族的药典中就有治疗跌打损伤和骨折的特效药。傣族生活在亚热带地区，傣族药典中就有治疗热带病的特效药。这些都是别的民族古籍中所缺少的，就能为各民族所共享。再如，藏族的《格萨尔王传》、蒙古族的《江格尔》、科尔克孜族的《玛纳斯》三部史诗，都是后世无法企及的艺术高峰，可以与荷马史诗、印度史诗相媲美。再如我国保存的藏文大藏经、满文大藏经、蒙古文大藏经、西夏文大藏经、傣文大藏经，都是独特的佛教典籍总汇。它们在佛教史上的地位是无与伦比的。

最后，提供了新的认识世界的视角和方法。各民族的文化都是对特定环境的适应能力及其适应成果的总和。由于各民族所处的环境不同，就会有不同的适应方式，他们对客观世界的视角及认识方法也会有不同。游牧民族看到的动物种类就比农耕民族多，近水民族对水生动物的分类，甚至洗涤动作的分类，都比山区民族分得细。有的民族更偏重整体性的思维方式，有的民族更着重对事物作分析。就是同一个民族在不同的历史时期，思维方式也存在差异。在原始宗教古籍中，神本主义明显占据主导地位，随着生产的发展、社会的进步，人本主义随之兴起，观察问题的视角也发生变化。这种认识视角和思维方式的差异，完整地保留在各民族的古籍文献中。人们阅读纳西族东巴文经典的译文或是阅读彝文著作的译文，有时觉得理解上有困难，这除了古籍内容比较新颖之外，重要的一点就是认识视角和思维方式的差异。为了让其他民族的读者领会某民族的一部古籍的内容，除了要求译文表达更求信、达、雅之外，还要研究其中认识视角和思维方式的差异。把各民族思维活动的特点和精华集中诠释和总结，从而提高对人类认识能力的更全面把握，做到更真实地认识客观世界，这在人类认识史的进化上，也具有重大的意义。

在某些民族的古籍中，原始宗教或本土宗教的文献占据相当大的比例，这是不足为奇的。这些民族长期处于相对封闭的环境中，神灵观念和灵魂观念的影响是不可避免的。原始宗教往往是一个民族思想史和文化史的源头，它影响到后来的神话、史诗、天文历法甚至政治原则和经济活动方式等。这些原始宗教古籍的内容从表面看有时显得幼稚和怪诞，但剥开这些原始崇拜的神秘外衣，其中透露出许多原始时代社会历史的信息，为后人了解原始社会的社会关系，探索各种文化形式的源流，揭示社会文化发展的轨迹，都是极为珍贵的资料。

通过民族古籍，我们还可以研究各民族文化交流的情况，研究各民族语言的特点及其发展的历史，研究各民族各有特色的民族文字，它们的来源、演变，甚至书法特点等。这些，都能够为我们提供重要的历史信息。

第三节　整理研究民族古籍的意义

大规模地开展民族古籍的整理研究工作，是从 20 世纪 80 年代开始的。少数民族古籍作为中华民族文化的重要组成部分，多少年来被掩埋在历史的尘埃之中，不为世人所了解。

1981 年中央书记处根据陈云同志的意见，讨论了整理我国古籍的问题，9 月 21 日发布了《中共中央关于整理我国古籍的指示》即中发（1981）37 号文件。文件中指出“整理古籍，把祖国宝贵的文化遗产继承下来，是一项十分重要的、关系到子孙后代的工作。”1984 年《国务院办公厅转发国家民委关于抢救、整理少数民族古籍的请示的通知》即国办发（1984）30 号文件中又指出“少数民族古籍是祖国宝贵文化遗产的一部分，抢救整理少数民族古籍是一项十分重要的工作。”两个文件都指出了整理研究民族古籍的意义，最根本的是要继承祖国宝贵的文化遗产。

我国在20世纪80年代提出整理研究民族古籍，这是与国家发展的形势密切相关的。在党的十一届三中全会之后，全国出现了政局稳定，经济发展的大好形势，这才有可能投入大量人力、物力、财力来进行整理研究民族古籍工作。“中发（1981）37号”文件对整理古籍的指示中，在组织、规划、措施等方面都提出了具体的要求，这是20年来民族古籍工作顺利开展的主要保证，也是国家兴旺昌盛的标志。

过去人们讲“盛世修典”。我们在大好形势下从事古籍的整理研究工作，这就是“盛世修典”，但我们的工作与前人又有所不同。我们的古籍整理研究工作最主要的特点是以马列主义毛泽东思想为指导，这与以往任何时期的古籍整理研究工作都有根本的区别。原国务院古籍整理出版规划小组副组长周林同志说：“我们是用马克思列宁主义毛泽东思想为指导，尊重民族的历史，尊重历史辩证法的发展，给历史以一定的科学地位。”① 现在我们整理民族古籍，也就是尊重各民族的历史，认识历史发展的规律，从历史经验中了解现实，把握社会未来的走向，一句话，就是为现实服务。因此，我们整理古籍，与清代的小学、读经和五四时期的“整理国故”都有原则的区别。至于整理研究少数民族古籍，则是一个新开创的事业，历史上问津者寥寥无几。把我国各民族的先民在历史上创造的精神文明成果，加以整理研究出版，呈献于全国全世界面前，其意义更是不可估量的。这个工作的意义大体可概括为以下八点：

第一，民族古籍是各民族生存和发展的最重要的记录。整理研究民族古籍可以使我们了解各民族祖先在缔造中华民族文化中作出的贡献，了解他们艰苦奋斗艰苦创业的过程，以及中华民族多元一体文化形成的历史，使中国的历史更加丰富、更加完整、更加真实。

第二，民族古籍中凝聚着各民族祖先文明创造的成果。不管是文学的、哲学的、宗教的、科学技术的，都是对祖国和人类作出的贡献。整理研究民族古籍，把各民族创造的优秀文化发扬光大，能使自己的文化成果为各民族人民所了解，互相尊重，互相学习，这将丰富各族人民的精神世界，加强各民族的团结。

第三，民族古籍是各个民族创造能力的结晶。把各民族的文化精品挖掘整理

① 见杨忠主编：《高校古籍整理十年》第9页，江西高校出版社，1991年。

出来，可以提高各民族的自尊心和自豪感，提高对创造未来美好生活的自信心。

第四，一个民族的古籍中，不仅凝聚着这个民族祖先在与自然斗争和社会实践中积累的知识成果，而且体现着一个民族认识世界和观察世界的特殊视角和方法。它们将丰富人类的认知能力和生存技能，为人类规划美好的未来提供重要的参照。

第五，民族古籍中记载着祖国各族人民在历史发展过程中相互交流和互相竞争的关系。民族古籍使各族人民了解自己民族历史上不是在孤立的环境中成长的，而是在各族人民互相帮助、互通有无，取长补短，你追我赶的过程中发展起来的。历史上也有民族矛盾、民族战争，从中也能汲取有益的教训，使人们知道更加珍惜民族间友好相处、和平团结的好处。

第六，民族古籍经过整理研究，可以为全世界所享用。外国学者研究中国少数民族古籍由来已久。一个世纪以来，他们也有不少研究成果，如今，藏学、满学、西夏学、彝学以及跨国分布的蒙古学、突厥学、壮侗学等，已经成为国际性的热门学科。随着我国民族古籍整理研究工作的大规模开展，必将进一步推动这些国际性学科的发展。

第七，民族古籍的内容包罗万象，如“国家民委关于抢救整理少数民族古籍的请示”中所指出：“包括历史、语言、文学、艺术、哲学、宗教、天文、历算、地理、医药、美术、生产技术等”。民族古籍整理研究工作的开展，丰富了这些学科的知识，充实了这些学科的内容，也推动了这些学科的发展。单就文学来说，已出版的单民族文学史就有蒙古、藏、壮、维吾尔、白、彝、布依、侗、京、仫佬、毛南、瑶、苗、纳西、羌、傣、回、满、土家、朝鲜、水、乌孜别克、拉祜、普米、布朗、基诺、阿昌、土族 28 种。此外，还有中央民族大学出版社出版的《中国少数民族文学史》，洋洋三大册，近 100 万字（2001 年修订本）。再就佛教经典来说，不讲少数民族文字的大藏经，讲中国佛教就是不完整的。至于少数民族的音乐、医药学遗产，更在中国的音乐和医药学中占有重要的地位。因此，可以说，民族古籍整理研究工作的开展，将使许多学科别开生面，为人类的知识宝库增添新的内容和活力。有的学科像医药学甚至在一定范围内会有惊人的发现和进展。

第八，从历史上来看，我国的少数民族文化一直处于边缘地位。我们通过整理研究民族古籍，就会把边缘文化中具有普遍性、规律性的文化价值揭示出来，使边缘文化进入中心文化，使边缘文化具有中心文化的品格。摩尔根调查印第安易洛魁人部落，如果他的著作取名为《易洛魁人某某部落的调查报告》，那么，这还是边缘文化，但他通过调查研究，揭示了易洛魁人部落生活中具有人类史普遍意义的东西，并名其书为《古代社会》，接着有马克思写了笔记，恩格斯据此写了《家庭、私有制和国家的起源》，于是，就进入了中心文化。易洛魁人部落的生活成了人类史上不可逾越的一个阶段。这就是边缘文化具有的中心文化的意义。只要我们对民族古籍具有这样的意识，它的意义就不亚于一本《古代社会》。由此可见，民族古籍在世界文化史上同样具有极为重要的意义。

由于民族古籍整理研究工作具有如此重要的意义，于是，就推动了一门新学科的建立，这门新学科就是“民族古籍学”。

第四节　民族古籍学的定义和任务

“民族古籍学”就是整理和研究我国少数民族古籍的一门学科。这门学科的工作对象首先是我国历史上各民族用自己的民族文字书写并保存下来的历史文献，同时也包括有关我国少数民族的古代汉文文献和各民族世代流传下来的有历史与文化价值的口传资料。通过抢救、保存、编目、整理和研究等工作程序，使这些民族古籍发挥其保存和弘扬民族文化的作用。

第一，民族古籍学的首要任务是对民族古籍的抢救。“抢救”本来不属于一个学科的内容，但我国少数民族古籍情况比较特殊，它们或者散存在民间，或者流散在国外，还有流传在群众之中。因此，民族古籍学的第一步工作就是要对散存在民间的民族古籍做好征集工作，对流散在国外的要通过各种途径，采取适当的措施，将其购置、交换或复制回来，至于流传在口头的无文字民族的文学历史资料，就要深入到群众中进行记录，包括使用笔录、录音、录像等手段，尽量将其原貌保存下来。由于散存的资料容易散失，口头材料会很快失传，这项抢救工作必须及早进行。

第二，对古籍的编目工作。编目是整理研究的基础。过去我们常说，我国的民族古籍数量很大，浩如烟海，汗牛充栋，但到底有多少卷、多少册，谁也说不出来。动员各方面力量对每个民族的古籍进行登录编目，这是一项清理资产的工作。民族古籍学对自己的工作对象，首先必须做到心中有数。国家民委于1997年确立编纂《中国少数民族古籍总目提要》这项重点项目，就是民族古籍学建设的重要环节。只有这项工作做好了，我们才有可能有选择地进行整理研究，从而保证整理成果的更高质量。我们也才有可能向世人显示，我国的少数民族到底有多少文化财富，从而做到讯息畅通，资源共享，以吸引更多的人来研究，进而推动中国民族古籍学的发展。

第三，对古籍的整理工作。整理是发挥古籍作用的中心环节。选择重点文献，进行校勘、释读、译注，使当代本民族青年人能读懂古文字文献，使汉族人能读懂少数民族文字文献，这就是整理工作的关键。只有经过整理工作，才能发挥民族古籍的效能，使民族古籍为全国、全世界所用。

民族文字古籍的整理工作有特殊的难度：一是因为这是用少数民族古代文字书写的，能胜任这方面工作的人才特别缺乏；二是选择重点文献的困难，因为这些文献数量有限，流传不广，不容易作价值判断；三是校勘工作，由于不少民族文字古籍都是手抄本，变异性大，版本收集不全，而且一本与一本都不一样。校勘时不易取舍；四是释读难，古词古语无辞书可查，解释起来因人而异，也不容易判断；五是翻译成汉文很难，翻译佛经要有汉文佛经知识，用现代口语翻译有点不伦不类，理论著作用现代术语翻译，读起来有如现代人的著作，如何在汉译文中保持原著精神和语言特点，是要下很大功夫的。

第四，对古籍的研究工作。这是弘扬民族文化的重要一环。通过研究，把民族古籍的精神实质和深刻含义揭示出来，将具体事例提高到普遍意义上来认识，这就需要有多方面的学术涵养。民族古籍的研究工作是民族古籍学的最高层次，只有通过研究，古代少数民族的文化财富才有现实意义，才能在现代化的社会转型时期发挥精神文明建设的作用。

民族古籍的研究工作还包括民族古籍学的理论建设。民族古籍学是一门新兴学科，它以马列主义毛泽东思想为指导，以民族古籍为研究对象，以传统的校勘、训诂、释读加上现代化手段为方法，其中包含许多极有深度的学术问题。民族古籍学的理论问题在高一个层次上，还涉及中华民族文化多元一体问题、不同文明的冲突和协同发展问题、中华民族文化在世界上的地位问题等，这些都可以通过民族古籍研究进行进一步的阐释。

一个新的学科的成长有一定的难度，但民族古籍学有正确的思想指导，有丰厚的材料土壤，有适宜的时代环境，有充实的人才资源，它一定会茁壮地成长起来。

参考文献：

1. 张公瑾：《民族古籍与民族古籍学》，载中央民族大学学报，2003 年第 6 页。
2. 杨忠：《高校古籍整理十年》，南昌：江西高校出版社，1991 年。

第二章　中国少数民族古籍概况

我国历史上创制使用过三十余种民族文字，尚存的民族文字古籍卷帙浩繁、内容丰富多彩。除了民族文字古籍文献之外，还保留着丰富多彩的口传文史资料。为了深刻认识和更好地了解我国少数民族古籍文献的产生、发展历史与流传和保存现状，本章对各民族文字古籍文献和口传文史资料的地域分布情况和保存现状进行简要的介绍和论述。

第一节　西北少数民族古籍概况

居住在我国西北地区的少数民族有回族、维吾尔族、哈萨克族、柯尔克孜族、锡伯族、俄罗斯族、塔塔尔族、塔吉克族、乌孜别克族、东乡族、土族、保安族、撒拉族、裕固族14个民族。在社会发展过程中，由于各个民族的历史文化背景不同，因而有的民族有自己的文字，有的民族则没有自己文字；有的民族使用过多种文字，而有的民族则通用汉字。因此，各民族拥有的古籍文献种类和数量也不尽相同。有的民族用本民族文字著述的古籍非常丰富，而有的民族只有口传文史资料。因此，我们在介绍各民族的古籍文献时，不论古籍文献多少，都将根据现有的资料加以介绍，不采取统一的标准或模式。

突厥语民族在历史上使用过古代突厥文、回鹘文和察合台文等不同类型的文字，并且用这些文字创作、记录和保存了大量有关社会、历史、经济、医学、天文学、宗教、语言、文学等方面的文献。我国现在使用突厥语族语言的有维吾尔、哈萨克、乌兹别克、塔塔尔、柯尔克孜、撒拉、裕固7个民族，使用8种语言：维吾尔语、哈萨克语、乌孜别克语、塔塔尔语、柯尔克孜语、撒拉语、西部裕固语和图佤语。突厥文古籍共分三种，即：古代突厥文古籍、回鹘文古籍和察合台文古籍。

一、突厥文古籍

突厥从6世纪中叶建国，到8世纪中叶退出历史舞台，前后达二百多年。它最强盛时，曾据有蒙古草原、准噶尔盆地、中亚草原，对我国历史和世界历史都产生过巨大影响。据汉文史料记载，突厥的祖先是一个以阿史那为姓、以狼为图腾的部落。其先民最早游牧于叶尼塞河上游，由于匈奴的压迫和侵扰，被迫南迁于贫汗山。5世纪中叶，柔然势力进入准噶尔盆地，其后又被迫迁至金山（今阿尔泰山）南麓，为柔然贵族锻冶铁器，被柔然可汗称为“锻奴”。阿史那氏在其族长土门（万户长，突厥碑文中称为Bumin）的率领下，日益强大起来。于546年，首先征服了游牧于准噶尔盆地一带的铁勒，兼并其部众5万余帐落（户），奠定了突厥强大的基础。又于552年，发兵战败柔然。其首领土门自立为伊利可汗，正式建立突厥汗国。突厥汗国建立不久，土门令其弟室点密（古代突厥碑文中记作Lstemi）于567年统率10万大军西征。室点密征服西域诸国，自立为可汗，形成一个独立的政治实体。突厥文《阙特勤碑》中把土门和室点密都尊为突厥汗国的创始人，正反映了这一历史事实。由于汗室争位内讧，加上天灾、疫病的打击，突厥汗国于583年正式分裂为据有蒙古高原的东突厥汗国和统治中亚各地的西突厥汗国两部分。

唐朝建立后，东突厥归属唐朝。唐立突厥汗族阿史那思摩统治散居漠南与山西北部的突厥诸部。唐朝自630年至648年在西突厥的挟制下取得伊州、高昌、焉耆、龟兹等地，并在657年讨平阿史那贺鲁的叛乱，巩固了唐代安西都护府的地位。682年，阿史那氏骨咄禄在暾欲谷的帮助下起事，于686—688年征服了于都斤山的其他铁勒诸部，重建汗廷，称伊跌利失可汗，被称之为“第二突厥汗国”。后因汗族内部纷争而发生动乱，拔悉密、回纥、葛逻禄诸部乘机纷纷脱离突厥。于744年，回纥之骨力裴罗自立为可汗。自此，突厥在漠北的地位为回纥所取代，第二突厥汗国遂亡。

历史上遗留下来的突厥文献以碑刻为主，另有部分古籍写本和刻本流传于世。其中具有重要价值的碑铭，如：

《阙特勤碑》碑立于今蒙古国和硕柴达木地区科克辛——鄂尔浑河岸，乌拉巴托以西400公里。1889年由俄国人H. M. 雅德林采夫发现。此后1890年，盖克尔考察队对碑铭作了调查研究；1891年，拉德洛夫考察队到实地作调查研究；1902年，英国驻梧州领事坎贝尔仔细考察并记述了碑文；主要碑面刻有40行碑文，其右侧的13行为其续文，另外四面磨平碑侧亦刻有突厥文，共计66行。该碑虽然有个别几处剥蚀，但从整体上看，碑文保留较完整，是古代突厥碑铭中最重要的“三大碑”之一（其他为《毗伽可汗碑》和《暾欲谷碑》）《阙特勤碑》的汉文部分为唐玄宗开元二十年（732年）所撰，内容与突厥文部分无关。突厥文部分为阙特勤之侄药利特勤撰，内容主要记述第二突厥汗国的建立者阿史那骨咄禄之次子阙特勤的生平事迹和武功。该碑对古代突厥语文及第二突厥汗国史的研究具有重要的价值。

《毗伽可汗碑》古代突厥文、汉文碑铭。突厥文部分为阙特勤之侄药利特勤所撰（与《阙特勤碑》的作者同一个人）汉文部分唐玄宗开元22年（734年）史官李融撰写，内容与突厥文部分无关。碑立于唐开元22年（735年）。1889年俄国雅德林采夫于蒙古国鄂尔浑河流域右岸和硕柴达木湖畔发现该碑。碑文以毗伽可汗的名义叙事，刻记他对“突厥诸官和人民”、对“九姓乌护诸官和人民”、对诸降部族所说的“话语”，主要记述第二突厥汗国的建立者阿史那骨咄禄之长子毗伽可汗的生平事迹和武功。该碑目前保存较好、字数最多的古代突厥文碑铭之一，故自发现以来，国内外有很多学者对此进行过研究。再如：《暾欲谷碑》又称巴颜楚克图碑。古代突厥文碑铭，为暾欲谷本人生前于唐开元四年（716年）左右撰写，死后约于唐开元八年（720年）立于墓前。1897年由克莱门茨夫妇（D. A. 和 E. Kie－ments）发现于今蒙古国土拉河上游右岸与那拉哈驿站之间巴颜楚克图地方。碑文主要记述暾欲谷为谋臣时，辅助第二突厥汗国骨咄禄、默啜、毗伽三代可汗的丰功伟绩。

《阙利啜碑》W. 科特维奇于1912年在今蒙古国乌兰巴托西南伊赫和硕图（Ikhe－Khuchotu）谷地发现。此碑是墓葬群的一个组成部分，与《暾》碑完全相似。碑文列数了阙利啜和中国人、大食、九姓乌护、地豆于、葛逻禄的多次交战，颂扬了他的勇敢和美德，提到了殡葬仪式和祠庙建筑。

《磨延啜碑》又称《回纥英武威远毗伽可汗碑》《葛勒可汗碑》。该碑约建于唐肃宗乾元二年（759年）。1909年由芬兰学者兰司铁在今蒙古国北部发现。内容主要是记述回鹘汗国第二代可汗葛勒可汗的生平事迹，对研究古代突厥语文及回鹘汗国史具有重要价值。

《翁金碑》建于唐开元二十七年（739年）。1891年由俄国雅德林采在今蒙古国和硕柴达木男180公里翁金河支流附近发现。内容为后突厥的始波罗达干记录其父伊利伊跌迷失叶护在登利可汗时期的事迹。

《九姓回鹘可汗碑》又称《保义可汗记功碑》《哈喇巴喇哈逊碑》。为古代突厥文、汉文、栗特文三体碑铭。立于唐元和九年（814年）。1890年发现于今蒙古国鄂尔浑河畔的哈拉巴喇哈逊（黑虎城）遗址。内容主要是记述自回鹘汗国建立以来一直到第八代保义可汗历代可汗的事迹。尤其详细记录了摩尼教传入回鹘的情况，为研究古代突厥语文及回鹘汗国历史、宗教的重要材料。

《苏吉碑》约建于回鹘汗国灭亡（840 年）后不久。1909 年由芬兰学者 G. J. 兰司铁发现于今蒙古国北部的苏吉大扳附近，内容主要记述黠戛斯人罗骨咄禄牙尔干的生平事迹。

现存古代突厥文文献除了碑铭之外，只有《占卜书》原名为 irq bitig。本世纪初由斯坦因发现于甘肃敦煌藏经洞。现藏伦敦大英图书馆。编号为 8212（161）（旧编号为 Ch. 0033），册子式，共 58 页。《古突厥格言残篇》原件现存伦敦大英图书馆，编号为 Or. 8212 – 78（旧编号为 Ch. 0014）等少量写本文献。

以上这些文献对于研究古代突厥语言、文学具有重要价值。

二、回鹘文古籍

回鹘原来称回纥，是现代维吾尔、哈萨克、柯尔克孜等民族的先民。据《旧唐书·回纥传》载，唐元和四年（809 年）蔼德曷里禄没弭施合密毗伽可汗遣使请改为回鹘，取义为“回旋轻捷如鹘”。回纥、回鹘均为 Uyghur 一词的音译。据学者考订，Uyghur 有“联合”“协助”之意。回鹘的组成，据《两唐书》和《唐会要》记载，有内九族（九姓回纥）和外九族（九姓乌古斯）。内九族是药罗葛、胡咄葛、咄罗勿、貊歌息讫、阿勿嘀、葛萨、斛嗢素、药勿葛、奚耶勿的统称。外九族是仆固、浑、同罗、拔野古、思结、契苾、拔悉密、葛罗禄的统称，后来加上阿跌部，称“十姓回鹘”。

8 世纪中期回纥与拔悉密、葛逻禄一起反抗突厥，于 744 年取代突厥，在蒙古高原建立了回鹘汗国。840 年（唐文宗开成五年）回鹘汗国内部爆发了争夺政权的内乱，再加上当时回鹘地区瘟疫流行，又遭暴风雪，天灾人祸，造成民众流散，国势急剧衰落。回鹘汗国在黠戛斯人的攻击下灭亡。之后，除留在蒙古草原的以外，大部分回鹘人开始迁徙。一部分（13 部约 10 万人）南下到长城附近，后逐步与当地的汉族及其他民族融合。一部分西迁到河西走廊，与早在武则天时南渡大漠而徙居于河西的回鹘部众相合，建立了甘州回鹘王国，史称甘州回鹘或河西回鹘，11 世纪时亡于西夏。今甘肃省的裕固族就是这一支回鹘人的后裔。另一主要部分到了新疆别失八里，之后越过天山，占有吐鲁番盆地、库车等地，建立了高昌回鹘王国，史称西州回鹘。还有一支西迁的回鹘人进入了中亚草原地区，和先于他们进入这一地区的葛逻禄部汇合，因活动于葱岭以西，史称葱岭西回鹘。这支回鹘在10世纪中叶至12世纪联合葛逻禄、样磨等族建立了强大的喀喇汗王朝。即：9世纪中叶回鹘西迁后，在河西走廊与西域建立了3个地方政权：甘州回鹘王国、高昌回鹘王国和喀喇汗王朝。

回鹘文是突厥语族诸民族继古代突厥文之后，采用粟特文字母创制的文字，是使用最广、保留文献较多的一种音素文字。回鹘文在回鹘西迁以后，使用更加广泛，甘州回鹘王国、高昌回鹘王国和喀喇汗王朝均使用回鹘文，既用于碑刻，也用于各种内容的写本，元代时还用于木刻书。直到15世纪，回鹘文逐渐废弃不用，取而代之以察合台文。历史上用回鹘文著述的重要古籍文献如：

《大元肃州路也可达鲁花赤世袭碑》，该碑于1962年在甘肃酒泉市发现，现藏于酒泉市文化馆。碑文用汉文和回鹘文书写。碑立于元顺帝至正二十一年（1361年），立碑人为唐兀族人善居。该碑记录了一个唐兀族家族自西夏灭亡后，至元朝末年150年间六代13人的官职世袭及其仕元朝的情况，为我们了解元代河西走廊地区唐兀族的历史提供了珍贵资料。

《有元重修文殊寺碑》，该碑现存甘肃省酒泉市西南约15公里的文珠山石窑。碑正面为汉文，背面为回鹘文，两种文字均26字。该碑立于1326年，立碑人为喃答失太子。该碑对研究河西走廊地区的历史和回鹘文学具有重要价值。

《亦都护高昌王世勋碑》，该碑现藏甘肃省武威县文庙石刻室。1933年左右在武威县北30公里石碑沟一代出土。现仅存原碑下半段，高1.8米，宽1.62米，约为全碑的五分之二，此碑可以说是一部历史传记，它记载了从巴而术阿而忒亦都护到太平奴诸畏兀儿亦都护的世系传递，是研究元代畏兀儿族历史的重要文献。

《高昌馆来文》又称《高昌馆课》，是明代高昌馆汇编的汉文、回鹘文对照公文集，约成书于成化至嘉靖年间（1456—1566年）。该碑共收入文书89件，其版本很多，主要有明代抄本《高昌馆课》和东洋文库藏本《高昌馆来文》。该文献对研究新疆各地方政权与明中央政权在政治、经济上的相互关系具有一定价值。1981年，胡振华、黄润华将此公文集译注出版，书名为《明代文献“高昌馆课”（拉丁字母转写本）》。

《阿体买奴隶（善斌）给买主的临时字据》，该文书为西北文物考察队于1953年冬在新疆吐鲁番获得，1954年夏在北京故宫博物院展览。1958年，冯家升与捷尼舍夫合作研究了一本书，发表了《回鹘文斌通（善斌）卖身契三种》。

《阿体给买主写的正式字据》这张契约文书长宽为41厘米×26厘米，文书背面右下角墨书汉文“善斌元契耳石褉”7字，原件为西北文物考察队于1953

年冬在吐鲁番所得。1954 年曾在故宫博物院展览。同年，《新疆文物展览特刊》制成图版。1958 年，冯家升与捷尼舍夫合作在《回鹘文斌通（善斌）卖身契三种》一文中研究了该文书。

《买主薛赛大师买到奴隶后写的正式字据》现存中国历史博物馆。这张文书用回鹘文草体书写，1953 年冬西北文物考察队在吐鲁番获得，同年，《文物考察资料》第十期制有图版。冯家升与捷尼舍夫合作研究了该文书。1978 年耿世民又对此文书重新进行了研究，订正了冯氏在转写和译文中的一些错误。①

《魔尼教寺院文书》现存中国历史博物馆，该文是黄文弼在新疆进行考古工作时所得，图版曾刊于 1954 年出版的《吐鲁番考古记》（图版 89—94）。1978 年，耿世民在其《回鹘文魔尼教寺院文书初释》一文中初步研究了这一文书。②

《高昌馆杂字》又名《高昌馆译语》《高昌馆译书》。它是明代高昌馆编纂的汉文、回鹘文对照分类词汇集。成书于永乐年间（约 1403—1424 年）。所收词语分为 17 个门类，一千余条，均从高昌、哈密等地朝贡表文中摘出。其版本很多，主要有：（1）《高昌馆译书》《高昌馆杂字》，清抄本，藏北京图书馆。（2）《华夷译语·高昌馆杂字》，藏北京图书馆。这部《华夷译语》为明抄本，共 10 册，包括蒙古、女真等民族语文，其中 3 册是《高昌馆杂字》。（3）《高昌馆杂字》，藏中央民族大学图书馆，为日本东洋文库藏本的晒蓝本。收词 208 个，但其中 62 个词语是《华夷译语·高昌馆杂字》所缺的，1984 年，民族出版社出版了由胡振华、黄润华整理的《高昌馆杂字》一书。

《弥勒会见记》又称《弥勒三弥底经》，这是目前在国内收藏的回鹘文文献中篇幅最大、数量最多的一部文献。原名为《Maitrisimit》。该书是一部长达 27 幕的演说佛教教义的原始剧本。它不仅是我国维吾尔族的第一部文学作品，同时也是我国 56 个民族（包括汉族）现存最早的剧本。它在我国文学史上占有非常重要的地位。原件现藏新疆维吾尔自治区博物馆。关于回鹘文《弥勒会见记》的成书年代，至今国内外学者多种观点，所以，还是一个有待进一步研究的问题。

《乌古斯可汗的传说》汉译为《乌古斯传》，是一部散文体英雄史诗。现存唯一回鹘文写本藏于法国巴黎国民博图书馆。法国学者伯西和认为，《乌古斯可汗的传说》原写本大约完成于 13—14 世纪我国吐鲁番地区。所用文字为回鹘文。

---

① 耿世民：《两件回鹘文契约的考释》，《中央民族学院学报》1978 年第二期。

② 载《考古学报》，1978 年第 4 期。

该书的内容可分为两个部分。第一部分包括史诗的开头和结尾。这部分内容反映了关于本民族起源和创世说的神话以及某些古老的习俗。第二部分内容主要是记述乌古斯可汗征战活动。

《佛教诗歌集》现藏伦敦大英图书馆。字体为回鹘文草书体，文中多处夹写汉字。诗歌的主要内容：第一页 16 行为一首田园诗《在这块地方》，由四段押头韵的诗歌组成，每段末尾重复“在这块地方”一语。第 331 ~364 页为一首 14 段八行诗，押头韵。内容属于《四十华严》中的《中种善行赞》，作者为回鹘学家安藏。第 369 ~468 页为《向三十五佛致敬》。第 515 ~532 页为有关般若婆罗米多内容的十五段四行诗。第 54 ~66 页为回鹘学者安藏和必兰纳识里根据汉文再创作的《普贤行愿赞》诗歌。

《常啼和法上的故事》原件现存巴黎法国国立图书馆，编号为 P. 4521，共 30 页（60 面）。纸质细薄，封皮为厚纸。页数用汉字书写，每页写 15 ~19 行。字体为回鹘文草体，其间夹写汉字，最后一页和封面上盖有大型藏文墨印。写本时间、地点以及译经人、抄写人都不明。据字体判断，当属元代写本。

《观音经相应譬喻谭》该回鹘文写本 1907 年由斯坦因发现于敦煌，原件现藏伦敦大英图书馆。从字判断，写本应属元代，抄写人为吐凯儿·铁木耳(TüKäITäMür)。写本在结构上的特点为押头韵的四行诗形式，似为古代佛教界在讲说《观音经》之后的唱词，所以，在回鹘文学史上具有重要的学术价值。

《金光明最胜王经》其回鹘文原文手抄本，为俄国人马洛夫于 1910 年在我国甘肃酒泉附近的文殊沟所得，现藏前列宁格勒苏联科学院东方学研究所手稿部。《金光明最胜王经》是一部流传极广，备受尊崇的佛经。随着佛教的传播，它被译成多种文字。该经原本用梵文写成，后被译成汉文、藏文、回鹘文、蒙古文、卫拉特文、满文等。回鹘文《金光明最胜王经》系译自义净所译的汉文本，译者为别失八里僧人古萨里。写本抄写于清康熙 26 年（1687 年），抄经地点是敦煌。它是目前所发现的抄写成书最晚的一部回鹘文文献。关于该文献的翻译年代，长期以来国内外的一些学者根据语言或历史学的间接材料，提出了各种不同的观点。

《大唐大慈恩寺三藏法师传》简称《玄奘传》，回鹘文原著国内外收藏者有：（1）北京图书馆藏本。此写本于 1930 年前后在新疆南疆出土。现存残页共 248 页，其中 23 页较为完整，其余皆残严重。此写本 1932 年由德国的冯加班从北京图书馆借走，1946 年交还。1951 年在北京影印出版过该回鹘文写本。（2）海金(Joseph Hackin）1932 年参加锡春考察队自叙利亚赴北京途中所得，仅有 8 页。

(3) 法国魁梅博物馆收藏，共 123 页。(4) 前苏联科学院东方学研究所列宁格勒分所收藏。以上各地所藏该回鹘文文献，皆为同一译本拆散分出之残卷。

《佛说天地八阳神咒经》是现存回鹘文佛经残卷中所占比例最大的一种经典，其抄本、刻本残卷在西域、敦煌等地都有发现。在考察这些残片时，人们总会发现有许多不相同的地方。班格、冯加班等在研究柏林收藏的写本时，曾将其划分为 72 种不同的版本，以后又发现此经写本 89 种，如加上北京、伦敦、圣彼德堡及日本各地所收藏的写本、刻本，其种类已达 168 种。日本学者小田寿典经过研究后认为，该经掺杂有波斯的信仰成分。他还认为这些写本在年代上可分为三类，亦即三个阶段。在最初的阶段，波斯拜火教的思想非常浓厚。后来的写本则对前面的有所修改，越靠后，修改的地方就越多，而波斯的信仰也就逐渐被排除。

《俱舍论实义疏》现存伦敦大英图书馆，编号为 Or. 8212—75A/75B（旧编号为 Ch. xix. 001—002)，1907 年斯坦因发现于伦敦。这是现存回鹘文文献中篇幅最大、保存最完好的写本之一。纸质薄韧，纸幅大小约为 170 × 123 厘米，每面写 15 行，文中常夹写汉字。回鹘文为晚期草体。据字体，写本当属元代，但拼写法较为古老，即不见 s 和 z、t 和 d 交替使用的情况。写本系译自汉文本，译者名叫无念法师。写本的抄写人为沙州人叶凯儿·铁木耳。

《阿毗达磨俱舍论》原书为印度佛教大师世亲所著，现存有梵、汉、藏三种文本。汉文本有两译：一为真谛译本，题作《阿毗达磨俱舍释论》(22 卷，译于 564 年)；一为玄奘所译《阿毗达磨俱舍论》(30 卷，译于 651 年)。回鹘文本系译自玄奘的 30 卷本，译者不祥。从回鹘文译文看，译者除具有很高的汉文水平，精通佛学，且懂梵文，这从其译文中将许多佛教术语都正确地还原为梵文这一点上即可看出。回鹘文本的翻译年代约在 14 世纪初期到中期。

三、察合台文古籍

蒙古帝国的建立者成吉思汗生前曾把他所征服的广大地域分封给他的四个儿子，其中中亚河地区以及巴而喀什湖以东以南的草原地区分给其次子察合台，成为察合台汗国。察合台汗国是成吉思汗封地最大、种族和部落最为繁杂的地区。它包括繁荣的城市、定居农民、逐水草迁徙的游牧民。首府在伊犁河流域的阿里麻里。察合台汗国的主体民族畏兀儿（维吾尔族的先民）由于融合了其他民族而更加壮大，瓦剌、哈萨克、柯尔克孜等民族这个时期在天山南北也得到了发展。察合台汗国是成吉思汗次子察合台的封地及封地上建立的政权。1241 年察合台去世后，哈剌旭兀继汗位。14 世纪上半期察合台汗国分裂为东西两部分。东察合台汗国领有伊犁河谷及喀什、叶尔羌等南疆地区，首府为阿里麻里。14 世纪中期，当元朝势力衰落后，北部的别失八里、吐鲁番、哈密等地也成为东察合台汗国的组成部分。西察合台汗国领有河中地区，后于 1370 年左右为帖木耳汗国所取代。东察合台汗国是察合台后裔秃黑鲁帖木儿建立的。1321 年和 1330 年怯伯与也先不花相继死去。蒙古各部群龙无首，危机渐生，各自为政，互相攻杀。1348 年，权臣布拉吉宣布他找到的秃黑鲁帖木儿是也先不花的儿子，并在阿克苏拥立他为汗。历史上把秃黑鲁帖木儿统治的地区称为东察合台汗国。秃黑鲁帖木儿不断向河中地区用兵，于 1361 年收复河中地区，察合台汗国暂时统一。秃黑鲁帖木儿是察合台汗国王族中第一个接受伊斯兰教的人，他用强制手段迫使天山以北 16 万蒙古人改信伊斯兰教。1363 年，秃黑鲁帖木儿死去，各地大乱。这时中亚的八鲁剌思部的帖木兰乘机起兵，打败东察合台军。于 1370 年占据了撒马尔罕，接着又很快占领了河中地区，帖木兰脱离了东察合台汗国，建立了帖木兰政权。在察合台及其后裔统治西域的 3 个世纪中，由于长期的分裂割据，相互攻伐，人口流亡，城市被毁，正常的生产设施和生活秩序遭到破坏，农业衰落，手工业凋敝，商业停滞，数以万计的百姓为了躲避战乱及繁重的赋税，逃亡或避居山洞。直到 15 世纪中叶东察合台汗国后期，战争才逐渐减少。历史上留下丰富的察合台文古籍文献，如：

《福乐智慧》是一部古典文学名著。全书共 85 章（外加 3 个补篇），长达 13000 多行。为巴拉沙衮人尤素甫于回历 462 年（1069—1070 年）在喀什写成，献给当时喀什的统治者阿布·阿里·哈桑·宾·苏来曼，为此作者曾得到侍从官的称号。该书的中心内容是教导人们如何得到“幸福的智慧”。像其他伊斯兰文学一样，长诗一开始是对安拉、先知穆罕默德及四大哈里发的赞词。之后为颂词，它从描写春天开始，接着是对当时喀什统治者布格拉汗的歌颂。然后谈到七行星及黄道带十二星座，人类的尊贵，语言的利弊，以及善行、知识、智慧、书名的含义、人的衰老。这部长诗在文学结构上的特点是采用对话形式，叙述部分居于第二位。这使得长诗具有诗剧的特点。诗中人物也以比喻形式出现，不同人物都有其象征性价值，如国王日出代表法制、大臣月圆代表幸福、其子贤代表智慧、隐者觉醒代表来世。该书虽受到阿拉伯、波斯文学及文化的影响，但仍然可以看到突厥传统文化的表现，总之，《福乐智慧》不仅是一部重要的文学作品，而且在某些方面是研究当时社会及精神文化的一部百科全书。

《真理的入门》又名《真理的献礼》，是一部长篇劝诫诗。作者阿合买提是位盲诗人，家乡在玉格乃克，后人因而称他为阿合买提·玉格乃克。但作者的生平以及本书写成的确切年代不详。作者自称将这本书献给哈喇汗王朝的官员埃米尔·木合木德。该书现存3种较全的抄本，即撒马尔罕甲本、伊斯坦布尔乙本和伊斯坦布尔丙本。据研究，这部作品约写成于13世纪初期。这个时代相当于喀喇汗王朝的衰落时期。因此作品在一定程度上反映了那个时期的社会面貌。其内容主要阐述了维吾尔等突厥民族的伊斯兰教论理学。作者不仅倾诉了自己对现实社会中种种现象的不满，而且提出了自己的见解和主张。他企图以穆斯林的劝诫来唤醒世人，从而恢复安宁的社会秩序。他认为，因为人们堕落，世界遭到破坏，所以他在这部书中着重讲述了穆斯林修身处世之道。这部文献的部分抄本首次由土耳其学者乃·阿西木发表于1906年，其后俄国学者拉德洛夫、土耳其学者法·克甫热律、热·阿拉提发表过有关这部文献的研究著作。我国于1981年出版了魏萃一的汉译本。①

《先祖阔尔库特书》大约成书于14—15世纪。其篇名有：德尔谢汗其子布哈什汗之歌、萨拉尔·喀赞汗的阿吾勒遭践踏之歌、巴依勃尔其子巴姆瑟·巴依拉克之歌、喀赞别克其子奥拉孜身陷囹圄之歌、乌古斯·朵哈其子帖勒·托莫尔勒之歌、乌古斯·康里其子坎·吐拉勒之歌、乌古斯·喀则勒克其子伊干涅克之歌、巴萨特斩除独眼巨人之歌、别吉勒其子艾莫列之歌、乌古斯·乌孙其子谢克列克的故事、萨拉尔·喀赞为其子奥拉孜所救之歌、外乌古斯因反叛内乌古斯而诛杀巴依拉克之歌。该书是一部史诗性的英雄传说集。现有两个抄本存世：其一收藏在德国的德累斯顿图书馆。该抄本封面写有"先祖阔尔库特书"字样，下面写有"乌古斯诸部的语言"。另外一个抄本藏于梵蒂冈的图书馆。该抄本注明"关于喀赞别克及其他人的乌古斯传说故事"。据研究，前一个抄本的语言为克普恰克语，而后一个抄本是以乌古斯语言为基础的语言。德累斯顿本包括12个篇章，梵蒂冈本只有6个篇章，但后一个抄本与前一个抄本的相应各章内容相同。因此，《先祖阔尔库特书》当初有可能是先由讲克普恰克语的人笔诸于文字的，后来又有人将其译为乌古斯语但未能全部翻译。

《五卷诗》是一部包括5篇独立成篇的叙事长诗集。作者为阿里希尔·纳瓦依（1441—1501年）。纳瓦依生于亦鲁（今阿富汗北部），4岁时入学，聪明过人，能背诵大量波斯诗文。1449年后全家暂逃伊拉克。没多久，回故乡继续求学，并开始用波斯语和突厥语写诗。1472—1476年，纳瓦依曾一度为官，但他

① 《真理的入门》新疆人民出版社，1981年版。

的很多具有进步意义的改革措施，扶持发展文学艺术的具体办法，限制并打击封建官吏搞分裂的计划，都受到造谣诽谤，因而无法施展他的伟大抱负和宏图，终于被迫辞职。纳瓦依在离开政界后的两三年里（1483—1485 年）写了《五卷诗》。

《正直者的惊愕》是一部哲理叙事诗，共 64 章。诗中以传说和寓言体载，讲述了他对社会、伦理的观点，尖锐地批判了暴君、卑劣的政客、虚伪的宗教人士，揭露内廷生活的荒淫和无耻。诗中利用了许多寓言、民谣、谚语等民间文学材料。诗中的许多诗行后来已转成了谚语，对后世文学产生了巨大的影响。

《莱丽和曼季侬》是盛传于中亚一带的关于一对倾心相爱的青年男女恋爱悲剧的故事。诗中抨击了阻扰自由人性的中世纪恶劣陋习，叙述曼季侬如何奋起反抗不合理的社会，终于毁灭的悲剧。故事悲壮感人。

《爱情与苦难书》亦可译作《爱情与痛苦》。该书是维吾尔文学史上极为难得的一部长篇叙事诗。作者是赫尔克提，全书共 27 章，2070 余行，叙述了晨风如何为夜莺和玫瑰的爱情，奔波其间，穿针引线的故事。作者在第一章里以“爱情”一词发出一通幽默风趣的议论。第二、第三章记述夜莺与玫瑰初见，晨风在万花园中穿行。从第五至第二十六章，都写晨风、夜莺、玫瑰三方面的对话。故事逶迤地展开，特别是第五、第六、第七章的对答，生动活泼，富有戏剧性。第二十七章是尾声，系统地论述了爱情、政治、统治者与人民以及许多事物的辨证关系。

《爱情组诗》作者阿布都热依木·纳扎尔是继纳瓦依之后，最有才华、多产的诗人，他是 19 世纪维吾尔族最伟大的叙事诗人。在《爱情组诗》的总名称下，共写 25 部叙事诗，48000 多行。分别归为三大部：（1）《生的食物》。其中主要是“心明”和“眼亮”两个人的宗教对话录。此外还收了《东方的太阳》《忌物》以及关于宗教伦理的颂赞传说。（2）《流浪者的故事》。其中包括诗人一生大多数重要作品，计有：《什刺子诗人萨迪的奇遇》《身毒公主偷读艳情诗歌受责记》《帕尔哈提—西琳》《莱丽—曼季侬》《巴赫兰皇帝与迪拉拉》《瓦木克—乌祖拉》《四个托钵僧》《古丽尼莎·曼宗》《麦速德—迪拉拉》《热碧雅—赛丁》。（3）《五行诗集》。主要仿纳瓦依昔日用过的诗体。

察合台文古籍也像其他民族文字古籍一样，大都流失国外。关于这方面的目录，可参考马尔丁·哈尔特曼的《察合台文抄本目录》（1904 年）、穆根诺夫的《亚洲民族研究所所藏维吾尔抄本目录》（1961 年）。我国现存的察合台文文献收藏地较分散，且没有进行系统研究。现有的目录有：1957 年新疆博物馆编《维吾尔古典文学抄本目录》（维吾尔文）；新疆维吾尔自治区少数民族古籍办编《维吾尔、乌孜别克、塔塔尔古籍名录》（维吾尔文）。仅后者就收录了新疆维吾尔自治区少数民族古籍办收藏的维吾尔、乌孜别克、塔塔尔古籍目录1550条。

四、回族古籍

回族旧称“回回”，分布在全国绝大多数县、市，主要与汉族杂居。宁夏、甘肃、青海、新疆、云南、河南、河北、山东、安徽等省、区人数较多，并且有大小不等的聚居区。回族是中国古代从西方来的阿拉伯人、波斯人及其他中亚一带人进入中国后，与汉人、蒙古人、维吾尔人等融合而成的一个民族。其先民在唐宋时被称为“藩客”，元明以来称“回回”。历史上从事内地和边疆屯田垦牧，或经营制香、制药、制革、制炮以及矿产的采冶业等都较著名，尤擅于经商。涌现出不少政治家、思想家、航海家、建筑家、学者及诗人、画家、经学家等。

回族的古籍大体包括三个方面：一是回族人所写，内容是有关伊斯兰教的，其回族特点十分明显，是真正的回族古籍。二是回族人所写，其内容与伊斯兰教无关。如一些回族人写的诗文集，也是回族古籍。三是非回族人（主要是汉人）撰写的有关回族或中国伊斯兰教的著作。回族古籍数量不是很多，但文体种类不少。其中有工具书、目录书、伊斯兰教经典以及有关语言文字、文学艺术、历史、文物、科技等各类著作。如：

《古兰经译解》分甲、乙、丙种本，王静斋译，天津人，回族学者、阿訇。他出生宗教世家，刻苦学习，他一生主要的成就是将《古兰经》用三种不同版本译出。

《天方典礼》刘智撰。刘智（约1660—1730年），江苏上元人，回族著名学者。他15岁立志向学，不但通读经史百家，而且读西洋书，佛经、道经，重点研究了天方之书“会通诸家而折衷于天方之学”。著书数百卷，刊行仅十分之一，《天方性理》《天方典礼》《天方至圣实录》三书是他的代表作。《性理》为伊斯兰教有关天人性命学说；《典礼》主要讲教法；《实录》是穆罕默德的传记。这三部系列丛书，是刘氏用来阐明伊斯兰教的理论体系。

《四教要括》清末扬仲明著，1898年成书，1908年出版。本书分序即例言、正文、杂论及跋四个部分，约15 000字。《四教要括》在宣讲伊斯兰教的教义时，联系各种非伊斯兰教思想（儒教、耶稣教、进化论、柏拉图学说等）来进行。这部书可以称为回族人民觉醒的声音。美国学者海沃德认为，此书是“转变时期的代表作品”。（Hwayward，H. D.“Chinese - MoslemLiterature：astudy in

Mohammedan educeton”, World 23 (1933) p. 369)

《中阿初婚》扬仲明撰。1911 年出版。此书分四卷，即字义、字体、字用、菁华录。卷 1 字义学，分门别类地列举阿文词汇，采取单词短句汉文对照形式。这是最早中国人自编的阿文课本。卷 2 字体及卷 3 字用为《连五本》的汉译，但大量补充了材料。卷 4 菁华录是作者用汉文及阿文写的关于阿文文法的论著及诗文。于广增先生说：“扬敬修的《中阿初婚》是中国伊斯兰教经堂教育史上一部划时代的重要著作。它打破了用经堂语译解阿拉伯语的老传统，使汉语踏入了经堂，为汉阿对译开辟了途径，是应该在中阿文化交流史册上大书一页的。”

《怀宁马氏宗谱》北宋马依泽的家谱，共 16 卷。该谱在国内已失传，幸而美国哥伦比亚大学东亚图书馆有藏，北京科技大学马肇曾教授已将其复印回国。现北京清真寺图书馆藏有复印本，这是研究我国回族家谱最宝贵的资料。

《回回药方》明代回族医药书，著作名已佚。原书共 36 卷，刻于明代，具体年代无考。现北京图书馆仅藏残本 4 卷，即目录卷下、卷 12、卷 30 和卷 34。

《七政推步》7 卷，明人贝琳撰。此书于洪十五年由翰林吴宗伯和回回大师马沙亦黑等翻译的回回历法。

五、西北其他少数民族古籍

（一）锡伯族古籍

锡伯族　自称“锡伯”，意为“瑞兽”或“带钩”。史称“须卜”“室韦”“失比”“西楚”“席伯”“席北”“史伯”，皆“鲜卑”音转。锡伯族主要分布在辽宁、吉林、新疆。关于族源问题说法不一，一说是鲜卑后裔，系东胡一支；一说源出室韦后裔，乃通古斯族系不同部落形成；一说与满族同源，均女真后裔。锡伯族有自己的语言文字，语言属阿尔泰语系通古斯语族满语支，文字从 16 世纪开始和满族采用同一种文字。

锡伯族由于特殊的历史原因，其古籍文献大部分为口传文史资料，有民歌、民间故事、叙事诗等。其中较著名的有《离乡曲》《拉希汗图》《喀什喀尔之歌》《三国之歌》、文字优美的散文性书信体裁的《辉番卡来信》和《顿吉纳的诗》。

《顿吉纳的诗》作者顿吉纳，东北齐齐哈尔人，锡伯族。这首诗是他 77 岁时（1826 年）到察布查尔与那里的同胞一起过清明节时，即兴创作的一首抒情诗。当时许多人把它抄录下来，故流传至今。例如：

生在齐齐哈尔的顿吉纳，
长在清朝时分的人哟！
情愿从军东奔西跑，
来到这天涯海角。

目睹了同胞们沦落的情形，
难道这就是奈何不得的命运？
是天赏给了这般处境，
难道这就是改变不得的缘分？
…………

锡伯族的《萨满神歌》有永志坚的整理本。近年来，发现在满文档案中，有不少关于锡伯族历史方面的记载，这也是锡伯族古籍中不可缺少的一部分。

（二）俄罗斯族古籍

俄罗斯族　旧称“归化族”。分布在我国新疆伊犁、塔城、阿勒泰、乌鲁木齐等地，其中以伊犁地的区人数较多，也有少数人分布在内蒙古自治区。18 世纪后少数人从俄国迁入我国新疆，十月革命前后，又有更多俄罗斯人陆续进入。在与当地各族人民共同劳动和斗争的过程中逐渐形成了自己的特点，成为我国的少数民族之一。俄罗斯语，简称“俄语”，属印欧语系斯拉夫语族东斯拉夫语支。使用俄文，多信东正教。

俄罗斯族在我国的时间较短，所以，除了民歌和故事之外，其余不多见。民歌包括生活歌、舞蹈歌、对歌、礼仪歌、爱情歌、浪漫小调等。礼仪歌分婚礼歌和丧礼歌。故事歌分历史故事、生活故事、神话故事等。如《老哥俩》，通过老哥俩互相关心，彼此暗中送粮，建立兄弟感情的生动情节描写，从一个侧面反映了各民族之间团结友爱、相互尊重的实际生活情景。

（三）土族古籍

土族　主要分布在青海省东部的互助、民和、大通、乐都、门源和甘肃天祝、永登、卓尼等地。

土族自称各地不一，有“蒙古尔”“蒙古尔孔”（蒙古人）、“察罕蒙古尔”（白蒙古）、“土昆”“土户家”等。旧称“青海土人”“西宁州土人”“土民”，藏族称其为“霍尔”。族源说法不一：一说由古代“吐谷浑”后裔，吸收了藏、汉、蒙古等民族成分而逐渐形成。一说由元朝一支蒙古军与当地土古浑人在长期的相处中，逐渐发展而形成。或说于阴山“百鞑靼”等。土族语属阿尔泰语系蒙古语族，通用汉语文。宗教信仰为喇嘛教，大多属格鲁派，少数属于宁玛派，但仍保留祖先崇拜和多神崇拜。

土族的古籍主要是口碑文献，以叙事诗和民歌为主。比较著名的有：爱情悲剧故事《拉仁布与祁门索》，本叙事诗长达300多行，在青海土族人民中广为流传。有散文体和韵文体等形式流传。1957年3月在《青海湖》上发表了青海师范学院中文系的收集整理本。另外还有《登登玛秀》《祁家延西》《太平哥》等。土族的民歌可分为家曲和山歌。家曲分赞歌、问答歌、婚礼歌等。在现有的古籍中还缺少有关宗教方面和其他译注资料。因此，土族的古籍文献有待于进一步收集和整理。

（四）东乡族古籍

东乡族 旧称“东乡回”“东乡土人”“东乡蒙古人”“蒙古回回”等。分布在甘肃省临夏回族自治州境内洮河以西、大夏河以东和黄河以南的山地带，一半以上聚居在东乡族自治县，其余散居在兰州、定西以及宁夏、新疆等地。由13世纪进入该地区的一支信仰伊斯兰教的蒙古人（一说出于一支“色目人”），与当地汉、藏、回等民族长期相处、发展而成。宗教信仰为伊斯兰教，属逊尼派。

东乡语属阿尔泰语系蒙古语族，多数人兼用汉语，通用汉文。本民族无文字。

东乡族的古籍多为口碑文献，以民歌和叙事长诗为主。著名的有《米尔岙黑》《占黑娜姆》《璐姑娘斩蟒》等。东乡族的民歌“花儿”很有名，一般都用汉语演唱。东乡族的古籍，从目前情况看，还有待进一步发掘，尤其是关于族源方面的口碑资料还不多见，因为它是研究东乡族历史的重要资料。

（五）保安族古籍

保安族 自称“保安”，旧称“保安回”。分布在甘肃省积石山保安族东乡族撒拉族自治县大河家一带。根据民间传说语言特点和习俗，一般认为由元朝时期一支信仰伊斯兰教的蒙古人在长期发展中吸收汉、回、藏等族成分而逐步形成。

保安族语言，属阿尔泰语系蒙古语族。与同一语族的蒙古语、达斡尔语、裕固族的恩格尔语有一定的亲属关系，同土族语、东乡语比较接近，有很多词汇、语法结构基本相同。通用汉语文。

保安族的古籍，主要是口碑文献。如神话传说《神马》，在保安族人民中广为流传。主要叙述了三个青年为寻找曾经为保安人带来安居乐业的神马，历尽艰辛，重建家园，最后分别与回、藏、蒙三个姑娘成亲，过上了幸福生活。《神马》不仅反映了保安族人民勤劳、勇敢，追求美好生活的强烈愿望，同时也歌颂了民族间的团结与友谊。另外有很多民间故事，如《三邻居》，教育人们不要轻信别人的挑拨离间，各民族要团结永爱，互相帮助，要认识团结就是力量的道理。非常有意义。

保安族的民歌也很丰富，过去常常用“花儿”的形式，唱出反抗压迫和剥削的心理。情歌也很有特色，常常用来反映男女青年冲破封建礼教的束缚，追求真挚的爱情。保安族的古籍文献还需要进一步去发掘整理。

第二节　东北少数民族古籍概况

居住在我国东北（包括内蒙古）地区的民族有蒙古族、满族、朝鲜族、赫哲族、达斡尔族、鄂温克族、鄂伦春族等。这些民族虽然绝大部分生活在广阔的平原土地上，但由于历史的原因，各民族的历史进程不尽相同，因而，他们留下的历史文化遗产也不尽相同。有的民族有自己的民族文字，且古籍文献丰富；有的民族没有文字，其古籍多为口碑文献。现将该地区各个民族的古籍情况作简要介绍。

一、蒙古文古籍

蒙古族主要分布在内蒙古自治区、新疆维吾尔自治区、辽宁、吉林、黑龙江、青海、甘肃、宁夏回族自治区、河北、河南、四川、云南、北京等省（区）、市。与中国北方东胡、鲜卑、契丹、室韦有密切的渊源关系。“蒙古”为民族自称。最初只是蒙古语族诸部中一个部的名称，为唐代“室韦”的一支。《旧唐书》称“蒙兀室韦”，居于望建河（今额尔古纳河）东岸，后西迁不儿罕山（今蒙古大肯特山）一带。发展繁衍为许多部，各有名号。辽金时期多以“鞑靼”或“阻卜”泛称蒙古草原各部。13 世纪初，以成吉思汗为首的蒙古·孛儿只斤氏家族统一主儿乞、泰亦赤兀、弘吉剌、札答兰、塔塔儿、蔑儿乞、克烈、乃蛮、汪古等草原各部，于1206年建立大蒙古国，“蒙古”遂成为开始形成的民族名称。大蒙古国随即统一了中国北方，并在中国西部至西亚、东欧等地封建钦察、察合台、窝阔台、伊儿四汗国。元世祖忽必烈建立元朝（1271—1368年）并统一全国。蒙古语属阿尔泰语系蒙古语族。最初的文字依畏吾儿字母创制于13世纪初，后经改革即今通用的蒙古文。忽必烈时创制蒙古新字“八思巴文”。新疆蒙古族多讲卫拉特方言，使用“托忒”蒙古文。蒙古文属拼音文字类型。以回鹘文字母为基础创制。

蒙古文古籍文献产生于13世纪上半叶。根据现有资料，蒙古族的第一部文献当属回鹘式蒙古文《成吉思汗石》（亦称《也松格石》），写于1225年。在此之后，《释迦院碑记》（亦称《蒙哥汗碑文》）（1257年）、《蒙古秘史》（1240年）等文献的问世，不仅证明了蒙古文文献形成于13世纪中叶的事实，而且还证明了13世纪中叶的蒙古文文献形式已经具备了石刻、玺文、碑铭、令旨、信礼、书籍等不同类型。这些初期的蒙古文文献都属于回鹘式蒙古文文献。到1269年八思巴奉元世祖忽必烈之命创制新国字以后，八思巴蒙古文便成为了元朝官方文字，《译写一切文字》（《元史》202卷《八思巴传》）留下了许多珍贵文献。根据目前已有资料，最早的八思巴文文献是1276年的《西安王忙哥剌鼠年令旨》（忽必烈之三子安西王忙哥剌关于免除僧侣地税、商税等一切税赋的碑文）。又于1648年托忒蒙古文创制之后，逐渐有了托忒蒙古文文献。根据现有资料，托忒蒙古文的创制人咱雅班第达那木海扎木苏编写于1649年的《字母汇编》是第一部托忒蒙古文文献。蒙古文古籍浩如烟海，在这些古籍中有许多重要历史价值的古籍，如：

《蒙古秘史》蒙古族第一部历史文献和文学巨著。成书于元太宗十二年（1240年），全书共282节。汉译名为《元朝秘史》。撰者不详。原稿为回鹘蒙古文，现已失传，仅存明初的汉字标音本。《蒙古秘史》原为元朝藏于国史院的蒙古皇室秘籍，因元朝败北才落入明人手里而公诸于众。《蒙古秘史》以生动的文学语言和编年史体载记述了蒙古族的起源和成吉思汗统一蒙古各部、建立蒙古汗国的英雄事迹，以及窝阔台继汗位以后的蒙古族社会、政治、经济、军事方面的重要历史事件。《蒙古秘史》作为蒙古族第一部历史文献和文学巨著，开辟了蒙古族编年史和蒙古族文学的先河，给历史著作和历史小说以极大的影响。《蒙古秘史》《黄金史》《蒙古源流》被称之为蒙古族的三大历史著作，与《格斯尔》《江格尔》被称作蒙古文学三个高峰。《蒙古秘史》为研究蒙古族13、14世纪社会、历史、语言、文学、法典、民俗、军事等提供了宝贵的资料。

《格斯尔》蒙古族英雄诗史。几个世纪以来广泛流传于我国蒙古族聚居区，以及蒙古、俄罗斯布利亚特蒙古族当中。在漫长岁月的流传中，以内蒙古、青海、新疆等省、市自治区中产生了不同的版本。《格斯尔》不仅有回鹘蒙古文版本，而且还有托忒蒙古文版本。《格斯尔》的主要版本有：（1）北京木刻版。乾隆五十五年（1716 年）在北京以木刻版印刷的《十方格斯尔王传》，共 7 章。这是流传最广、印刷最早的版本。1956 年由内蒙古人民出版社重新出版。（2）隆福寺抄本。1954 年从北京隆福寺大街大雅堂发现的竹笔抄本，共 6 章。1956 年由内蒙古人民出版社重新出版（内蒙古人民出版社于 1956 年重新出版北京木刻版《格斯尔》时将隆福寺抄本《格斯尔》合二为一，把北京木刻版《格斯尔》印成上册，把隆福寺抄本《格斯尔》印成下册。回鹘蒙古文 13 章本《格斯尔》由此而来）。（3）鄂尔多斯抄本。1956 年从内蒙古伊克昭盟原札萨克旗发现的竹笔抄本，现存于内蒙古社会科学院图书馆，共 11 章。其中第 11 章残缺不全。（4）乌素图召抄本。1958 年从呼和浩特市北郊乌市图召发现的竹笔抄本，共 8 章，其中第 8 章不全。（5）札雅抄本。从蒙古国车车尔力克市札雅班第达图书馆发现的抄本，共 18 章。1960 年在乌拉巴托影印出版。（6）札木萨拉诺抄本。1918 年札木萨拉诺从库伦（今乌兰巴托市）一蒙古人手中获得的残缺不全的版本。内容基本与隆福寺抄本一样。1960 年在乌兰巴托影印出版。（7）诺木齐哈屯抄本。20 世纪 30 年代从蒙古北杭盖省发现的抄本。1960 年在乌兰巴托影印出版。（8）《赞岭曾钦传》。从蒙古呼布素勒省发现的抄本，1959 年由内蒙古社会科学院铅印出版，共 29 章。这是直接从藏文《格萨尔》翻译的唯一译本。除以上八种回鹘蒙古文版本以外还有三种托忒蒙古文版本：（1）乌兰巴托影印本。1960 年在乌兰巴托影印出版。原手抄本根据乌巴素、科布多等地流传的托忒蒙古文抄本。内容大致和 13 章回鹘蒙古文本一样。（2）章托忒蒙古文本。1984 年由安柯钦夫、斯钦孟和从新疆塔城、博尔塔拉、和布克赛尔等蒙古族聚居地区搜集整理，由内蒙古文化出版社出版的版本。内容基本与 13 章回鹘蒙古文《格斯尔》有关章节一样。（3）8 章托忒蒙古文本。由斯钦孟和从新疆搜集整理，收入《格斯尔资料汇编》内。在 18 世纪 60 年代我国就开始了对《格斯尔》的研究。青海省史学家松巴堪布·益希班觉和内蒙古察哈尔部罗布桑楚勒特木曾经对《格斯尔》文物的原型进行探讨，提出独特的见解。新中国成立后《格斯尔》研究进入一个新的阶段。围绕着《格斯尔》的产生年代、人物、素材、社会性质、艺术特色，蒙古文学界的莫·图们、桑杰扎布、尤·齐木德道尔吉、哈·丹碧扎拉桑、道荣嘎等人发表过许多颇有影响的学术论文。在国外，俄国的雅·伊·施蜜特、法国的阿·斯提思、德国的海西希等人以不同角度对《格思尔》进行研究和探讨。《格斯尔》问世以来，引起国外学者的极大兴趣，先后被译成俄、英、法、德、日、印度等文字，广泛流传于国外。英雄史诗《格斯尔》，主要描写格斯尔是一个天神转世，能够呼风唤雨，斩妖降魔，为民除害，威震四方，深受爱戴，被人们尊称为雄师大王故事，从而表达了当时人民群众的社会理想和美好生活的愿望。《格斯尔》篇幅宏大，涉及蒙古族语言、文学、宗教信仰、生活习俗等诸多方面，从而对研究蒙古族古代社会、文学等具有十分重要的价值。

《卫拉特法典》亦称《1640 年卫拉特法典》，音译为《察津毕其格》为用回鹘蒙古文书写的 17 世纪著名的地方性法典。明崇祯十三年（1640 年）准噶尔布诺颜额尔德尼巴图尔洪台吉召集卫拉特蒙古部的 28 位汗诺颜制定了《卫拉特法典》。法典的制定旨在安定内部，加强团结，维护封建秩序，保护封建主和上层喇嘛的利益，共同抵御外部威胁。此法典的原件和副本已经失传，现存的是托忒蒙古文抄本。内蒙古社会科学院图书馆和内蒙古社会科学院历史研究所都藏有托忒蒙古文抄本。法典原文未分章节。法典内容是关于内政、外敌、驿站和使者、宗教、特权、打猎、道德、杀人、遗产、抚恤、婚嫁、盔甲赋、小偷和骗子、养子、叛逃者、狂犬与狂犬病患者、牲口制伤、火灾与水灾、债权、走失的牲畜、淫荡、吵架与挑衅、宰畜与救畜、救人与抢人、被告与证据、搜捕、受贿等的有关认定和处罚条款。法典后附噶尔丹洪台吉的两个指令和栋日布拉希的补充规定（栋日布拉希的补充是从 1741—1761 年之间的补充规定，其内容较多。）《卫拉特法典》早在 18、19 世纪就引起外国学者的兴趣，并译成外文出版。1778 年由德国巴拉勒斯整理出版的《蒙古族历史资料选》中就有《卫拉特法典》的全译。1880 年俄国的戈尔斯通基用俄文翻译出版了《卫拉特法典》。1929 年英文出版的《蒙古部习俗》书中有《卫拉特法典》的节译。1967 年日本的田山茂在其《蒙古法律研究》中全译了《卫拉特法典》。1981 年戴力库夫把托忒蒙古文还原为回鹘蒙古文并附俄文全译出版了《卫拉特法典》。具有独特地方色彩的《卫拉特法典》，不仅对研究蒙古族法典文献提供了珍贵的资料，而且还对研究蒙古族社会、政治、经济、历史、军事、文化、民俗、宗教、道德观念等提供了重要资料。尤其对研究蒙古族法律由习惯法走向成文法的历程具有重要价值。

《甘珠尔》用蒙古文翻译藏文《甘珠尔》，始于 13 世纪末 14 世纪初。蒙古族著名翻译家搠思吉斡节尔、希力布僧格在完者笃皇帝（1295—1307 年）时期用回鹘蒙古文翻译过《甘珠尔》（见《青史》记载）。1602—1607 年现在的呼和浩特市席力图召却尔吉固始、喀喇沁的阿龙尤固始（固始即翻译）、为首的翻译家们也翻译了《甘珠尔》的主要部分。1628—1629 年贡噶敖德斯尔班第达、昆登固始为首的翻译家们奉察哈尔部林丹汗之命完成了 108 卷《甘珠尔》的翻译。此版被称之为《蒙古文手抄金字甘珠尔》（内蒙古语言文学历史研究所图书馆藏有《蒙古文手抄金字甘珠尔》13 卷残本）。1717 年，御前行走拉希、察哈尔格西罗布桑楚勒特木、乌拉特固始毕力昆达赖、苏尼特旗沙力、阿巴嘎旗德木楚克等审订《蒙古文手抄金字甘珠尔》，于 1720 年木版印刷。雍正二年（1724 年）又木刻朱砂印刷了《御制蒙文甘珠尔》（北京图书馆、内蒙古自治区图书馆、内蒙古大学图书馆、内蒙古语言文学历史研究所图书馆、西藏文物管理所图书馆都藏有《御制蒙文甘珠尔》木刻朱砂版本。）108 卷，其中《大般若经》12 卷、《第二般若经》4 卷、《第二大般若经》4 卷、《第三般若经》1 卷、《诸般若经》1 卷、《大宝积经》6 卷、《华严经》6 卷、《诸品经》33 卷、《律师戒行经》16 卷、《秘密经》25 卷。此朱砂版《甘珠尔》附蒙、满、藏、汉合璧目录。

《丹珠尔》用蒙古文翻译藏文《丹珠尔》也始于 13 世纪末 14 世纪初。著名翻译家搠思吉斡节尔、希力布僧格在完者笃皇帝时期已着手翻译《丹珠尔》。据《智慧之鉴》一书记载，自 1720 年《蒙古文金字甘珠尔》出版后，承担《丹珠尔》翻译任务的章嘉呼图克图、唐古特学校总教官乌珠穆沁人官布扎布和副教官兼嵩祝寺木版印刷所主持乌拉特固始毕力昆达赖等首先着手准备翻译《丹珠尔》所需要的工具书藏蒙合璧《标准分类辞典》（1982 年仁钦嘎瓦、斯琴朝格图摘录蒙古文部分出版时取名为《智慧之鉴》。）编纂，1741 年—1742 年脱稿。然后对《丹珠尔》译文进行三次修订，于 1749 年木版印刷了 223 卷本的《御制蒙文丹珠尔》（内蒙古自治区图书馆、内蒙古语言文学历史研究所图书馆藏有《御制蒙文丹珠尔》），其中包括契经解、八千颂讲义、般若释义、偈颂讲解统会、正见本智章句、正见讲疏、明觉六十颂全释、入正见解、入菩萨行集讲、二谛晰义、三自入门……70 大类。始于 13 世纪末完成于 18 世纪上半叶的《甘珠尔》《丹珠尔》集蒙古语言之精华，对研究蒙古语修辞、语法以及佛经翻译都提供了宝贵的第一手材料。

《蒙文石刻天文图》是卷帙浩繁的蒙古文文献中为数不多的自然科学方面的重要文献，也是我国仅存 4 幅石刻天文图中唯一用少数民族文字刻写的一幅天文图。在内蒙古呼和浩特市旧城五塔寺金刚座舍利宝塔的后山墙上。清朝雍正三年（1725 年）钦制石刻。《蒙文石刻天文图》以北极为天文图中心，清楚地标明了北极圈、南极圈、夏至圈、冬至圈和赤道，并且还准确地注明了 24 个节气，冬至点在上，夏至点在下，春分点在左，秋分点在右。此外，还有 360 度方位和 28

宿的划分和银河、星宿，共270座。在天球圆面外围有4层注字的圆圈，最外一层均匀地分为12段，刻下12宫天干和12生肖的蒙古文名称。《蒙文石刻天文图》为研究蒙古族天文历法和自然科学发展史提供了非常珍贵的资料。

《蒙药正典》是19世纪蒙古族重要的医学文献，是蒙古族著名药物学家占布拉道尔吉编写于19世纪的一部大型医学书籍。《蒙药正典》以图文并茂而著称。书中共载入879种药物，并附有插图576张，生动而广泛地介绍了蒙古地区药物和药物学知识。占布拉道尔吉的《蒙药正典》以手抄本形式在蒙古族医生当中流传。手稿现存内蒙古医学院中医系蒙医专业资料室。1989年额尔黑木图在《内蒙古医学院学报》1989年第一期上发表了他多年潜心研究的结果《蒙医学家占布拉道尔吉及其著述》一文，详细介绍蒙医学家占布拉道尔吉，高度评价了《蒙药正典》在蒙医学史上的作用。1987年伯·吉格米德在《蒙医学古代经典著作》一书中也介绍和评价了《蒙药正典》。《蒙药正典》对研究蒙医蒙药遗产和蒙医学史都具有重要价值。

《蒙文启蒙》全称《蒙文启蒙诠释正字苍天如意珠》，成书于清朝雍正年间（1723—1735年），著者是兰占巴·丹赞达格巴。《蒙文启蒙》是蒙古族现存语言文献中较早的一部文献。它是以正字法为主的蒙古语早期语法著作，现存于内蒙古语言研究所。有木刻版、石刻版、铅印本。手稿有经卷式、线装式两种。全书由文字史、正字法、语言三个部分组成，主要讲述了蒙古文的发展形成历史和字母系统的构成以及元音辅音的分类和组合、词类的区分、词缀法的运用、元音和谐等问题。此书还提供了“集字成词，集词成语，集语以表明意思”的语言原理。此书是根据13世纪著名的搠思吉斡节尔的同名著作编写的。据说贡嘎坚赞、贡嘎敖德斯尔等人也编写过类似的语法书，但均已失传。因此，此书为集蒙古族早期语法研究之大成，是20世纪以前蒙古语语法著作的典范。国内对《蒙文启蒙》的研究始于20世纪50年代。1964年内蒙古大学蒙古语教研室编写的《现代蒙语》里较详细地介绍过《蒙文启蒙》。在80年代那顺乌日图、乌·满都胡、扎拉森的《关于〈蒙文启蒙〉的初步研究》《关于〈蒙文启蒙〉的浅析》《〈蒙文启蒙〉与藏语变格》等研究论文对《蒙文启蒙》都有较深入的研究。《蒙文启蒙》对研究蒙古族文字史、蒙古语正字法、蒙古语言具有原始材料价值。

二、满文古籍

满族是一个具有悠久历史的民族。先秦时期的肃慎，汉、三国时期的挹娄，南北朝时期的勿吉，隋唐时期的靺鞨，宋、辽、金、元、明时期的女真是满族的先人。1616 年，女真族领袖努尔哈赤在赫图阿拉（今辽宁省新宾满族自治县）建立了后金政权。1635 年，皇太下令废除“女真”旧称，定族名“满洲”。1644 年清军入关后，建立了一代封建王朝清朝。满族主要居住在辽宁省、吉林省、河北省以及北京市、内蒙古自治区、新疆维吾尔自治区等地。满族现有 13 个自治县。满族的语言属阿尔泰语系满—通古斯语族满语支。满族有自己的民族文字，并有卷帙浩繁的古籍文献存世，其中重要满文古籍，如：

《满文老档》是满文最早的第一部历史文献。共有 180 册，以编年体的形式记录了从明万历 35 年（1607 年）至清崇德元年（1936 年）之间的重要历史事件。其中包括努尔哈赤统一女真各部、建立后金政权、与明代的战争、建都辽沈以及皇太极继位等一系列大事。《满文老档》还从多方面反映了满族早期的社会历史生活，如满族的社会组织、八旗制度、法律规范、风俗习惯、宗教信仰等方面。由于老满文使用的时间较短，用老满文记录的满文文献比较少，因此，《满文老档》也成为研究满语文的重要材料。

《清太祖武皇帝实录》全书共 4 卷，修于天聪年间，成于崇德元年（1636 年）。《实录》是由皇太极谕旨纂修的，由希福、刚林等人参加撰写，并且最终以满、蒙、汉三种文字完成。《实录》的主要内容取材于《满文老档》，但也有一些自己的特点。现存《满文老档》缺少努尔哈赤以十三副盔甲起兵的记录，最早的记录年代是明万历三十五年（1607 年），而《实录》的记载则始于明万历十一年（1583 年），比《满文老档》早 24 年，从而填补了《满文老档》的不足。

《清太祖武皇帝实录》以努尔哈赤生平为线索，比较完整、详尽、准确地记录了十三副盔甲起兵、灭九部联军、扫四路劲旅、雄据辽沈、奠定了清朝基业的历史功绩。书中所记“满州源流”“诸部世系”“满州国”等节尤为重要，并为后人多方引用。《实录》不仅记史详尽，而且语言生动、颇具文采。

《清入关前内国史院满文档案》现存中国第一历史档案馆，共 47 册，其中天聪朝 18 册、崇德朝 29 册，记录了清太宗天聪元年（1627 年）至崇德八年（1643 年），共十六年间所发生的历史事件。这文献比较完整地反映了清入关前太宗皇太极朝的社会历史生活。在体例上与《满文老档》基本相同，在文字上采用了实录的方法记事。对于每一件事的记录有详有略，像对明战争、对蒙联姻、与朝鲜的关系、八旗设置以及改诸申为满州、修建盛京实胜寺大事都有较详尽的记载。尤其是在“天聪九年”的档案中比较完整地记录了满族族源神话“长白仙女神话”。这个神话在后来清代的许多史书中都有出现，其出处当源于满文的记载。此书不但有重要的史学价值，说明了满族的来源，而且还有重要的文学价值，保留了满族著名的族源神话。

《御制盛京赋》是乾隆皇帝第一次东巡，初到盛京，拜谒福陵、昭陵时所作。乾隆八年（1743年），正直乾隆皇帝33岁。当他东巡所见先祖正战故地，缅怀祖上功德，饱览沿途风土人情时，激起了他的创作欲望，写下了这部宏大诗篇《盛京赋》。现存《盛京赋》的版本较多，有乾隆年间的满文本、满汉合壁本和满文篆字本。最早的版本为乾隆八年本，现存于辽宁省图书馆。满文篆字本是用满文篆字抄写的本子，全书共32册，包括了31种满文篆字。《盛京赋》由序言、赋、颂三个部分组成。

《满文诗稿》成书于光绪二十九年（1903年），著作不详，现收藏于中国社会科学院民族研究所。诗稿共收17首满文诗，其诗长短不一，内容包括写景、抒情及人生的感叹，其中以写人生和个人感情为主。

三、东北其他少数民族古籍

（一）赫哲族古籍

赫哲族因地区不同，自称有“那贝”“那乃”“那尼傲”等，史称“黑斤”“黑真”等，是中国人口最少的民族之一。主要分布在黑龙江省同江、抚远和饶河等县沿江地区。少数在抚远镇、勤得利、苏苏屯、佳木斯和富锦、集贤、桦川、依兰等县境内。名称始见于清康熙初年《清圣祖实录》及《皇清职贡图》。与东北古代居民黑水靺鞨、“野人女真”等有密切的族源关系。赫哲族的语言属阿尔泰语系满—通古斯语族满语支。与满语、锡伯语接近，清代时期通用满语文，后来一直通用汉语文。无文字。信仰萨满教。

赫哲族的古籍文献只有口传文史资料，其中首推史诗“伊玛堪”（也有写作“伊玛坎”）。“伊玛堪”为赫哲语的音译，意为说唱故事。其说唱形式，以唱为主，以说为辅。有长篇、中篇和短篇之分。赫哲族史诗“伊玛堪”中有民族史诗和英雄史诗之分，但是民族史诗流传至今的为数很少，而英雄史诗则流传篇目繁多，流传范围也很广，主要有：《满都莫日根》《香叟西雅丘莫日根》《木杜里莫日根》《牟哈莫日根》《安徒莫日根》《爱珠力莫日根》《满格木莫日根》《哈斗莫日根》《宁蒂奥莫日根》《希尔达鲁莫日根》《马尔托莫日根》《毛古鸠力莫日根》《木出空》《西热勾》《杜西里》《木鲁莫日根》等。

“莫日根”是赫哲族英雄史诗中男性人物的美称，意为“打鱼、打猎的能手”。《五体清文鉴》解为“智者”；《清文汇抄》中注释为“圣贤之贤、智，围场射着的多，捕捉拿的多，比较出众之人。”因此，“莫日根”一词，可以注解为“英雄、好汉”。

赫哲族的英雄史诗是历史的缩影，从中可以窥见赫哲族的历史发展足迹。“伊玛堪”所反映的历史较为古老，所包含的内容非常丰富。它不仅具有重要的文学价值，而且更具有民族学、历史学、语言学、地理学、社会学、民俗学、宗教学等学术价值。

（二）达斡尔族古籍

达斡尔族自称“达斡尔”，史称“打虎儿”“达呼尔”“达瑚尔”“达古里”“达胡尔”“达瑚里”“达古儿”“达呼里”“达乌尔”等，又称“爱门人”。主要分布于内蒙古呼伦贝尔盟莫力达瓦达斡尔族自治旗、鄂温克族自治旗、黑龙江齐齐哈尔，以及新疆塔城、霍城等地，多与蒙古、汉等民族杂居。达斡尔族的族源，有辽代契丹族等多种说法。可靠的历史记载始于16世纪初清初“索伦部”和“萨哈尔察部”（满语，意为“黑貂皮”），内均包括有达斡尔人。达斡尔语属阿尔泰语系蒙古语族，无文字，一般通用汉语。

达斡尔族的古籍只有口传文史资料，主要有神话传说、叙事诗、民间故事、民歌等。如：

《薄坤绰》是达斡尔族民歌中最有代表性的一部，反映了清王朝统治时期达斡尔族人民的苦难生活及人民的悲惨命运。

《小郎与代夫》是一部反映达斡尔族农民起义的叙事长诗，有多种唱法，它是根据清末明初发生在黑龙江齐齐哈尔市郊区农民起义的事实编唱的。

清末，有两位杰出的达斡尔族文人。一位是阿拉布丹（1809年—?），他一生写过很多散文、游记和诗歌。大多数作品已经佚失，现仅存20多首。另一位庆同甫（1880—1938年），姓孟，名庆元，字同甫。达斡尔名叫乌尔恭博，通晓满、汉语文，他一生写过不少作品。如《达斡尔民族志》《打鱼》《伐木》《耕种》《戒酒》《四季诗》等。达斡尔族古籍在民间用手抄本形式流传很多，亟待收集、发掘和整理。

（三）鄂温克族古籍

鄂温克族　自称“鄂温克”亦作“艾温克”“埃文克”，通古斯语音译，意为“住在大森林中的人们”。史称“索伦”“通古斯”“雅库特”。鄂温克族，主要分布在内蒙古自治区的呼伦贝尔盟鄂温克族自治旗、陈巴尔虎旗、布特哈旗、阿荣旗、鄂伦春自治旗和黑龙江讷河县。鄂温克语属阿尔泰语系，满—通古斯语族通古斯语支。无文字。信仰萨满教。

鄂温克族古籍，只有口传文史资料，其中有神话传说、故事、寓言、歌谣以及叙事诗等。长篇叙事诗，如：

《两棵白桦》叙述一对有情人的悲剧故事。双双徇情，在埋葬两人尸体的土坑里，长出两棵白桦树的故事。本诗具有鲜明的人物性格和动人的故事情节，有很高的艺术性。从中我们可以看到鄂温克族人民的勤劳与智慧。

鄂温克族的古籍同其他北方没有文字的兄弟民族一样，许多古籍文献亟待收集和抢救。

（四）鄂伦春族古籍

鄂伦春族 自称“鄂伦春”。清代文献上称“俄伦春”“俄尔吞”“俄乐春”“俄尔吞”等。意为“打鹿的人”“山岭上的人”。主要分布在内蒙古自治区呼伦贝尔盟和黑龙江呼玛、逊克、爱辉、嘉阴等县。人口6965人（1990年）。明清时期，同达斡尔、鄂温克等族，被统称为“索伦部”。17世纪中叶，因杀俄入侵，陆续南迁大小兴安岭一带。康熙年间，被分为“摩凌阿鄂伦春”和“雅发罕鄂伦春”。鄂伦春语属阿尔泰语系，满一通古斯语族通古斯语支。无文字，通用汉语。

鄂伦春族的古籍，由于历史原因，只有口传文史资料。其中有神话传说和民歌等。如鄂伦春族起源神话《恩都力创造了鄂伦春人》，流传较广、影响较深。另外，在传说中还有关于历史事件和历史人物的传说，在这类传说中，反抗沙俄入侵的英雄人物的故事、传说，影响及流传较广的是《毛考代汗进北京》《吴达内的故事》《阿雅莫日根》《吴成贵莫日根》《坤玛布库》等。此外，还有反映民族迁徙及山河、风物的传说，如《嘎仙洞和奇奇岭的传说》《白嘎拉山的传说》《多布库尔的传说》《兴安岭与甘河的传说》等。这些传说都从不同角度反映了鄂伦春人的历史、迁徙、狩猎以及反抗沙俄侵略与压迫和歌颂民族英雄等内容。

鄂伦春民族的口传文史资料，内容十分丰富，有反映民族历史的，有歌颂劳动的，有揭露旧社会黑暗统治的，有歌颂反抗斗争精神和反映爱情生活等，具有重要文献资料价值，亟待抢救和整理。

（五）朝鲜族古籍

朝鲜族　主要分布在吉林、黑龙江、辽宁等地。19 世纪 70 年代自朝鲜半岛迁入我国东北地区定居。在与当地各族人民共同劳动和斗争的过程中逐步形成了自己的特点，成为我国少数民族之一。朝鲜族有自己的语言。一般认为，朝鲜语属阿尔泰语系，但至今尚无定论。有文字，公元 5 世纪前用汉字，6 世纪之后出现了借用汉字的音或义来标记朝鲜语的吏读（吏读文）。1441 年 1 月，创制了“训民正音”。从此朝鲜族有了自己民族文字。19 世纪 70 年代前，我国的朝鲜族同半岛上的朝鲜人民有共同的历史文化。19 世纪 70 年代后，移居我国东北地区的朝鲜人，在长期的历史发展过程中，不断吸收汉族及其他兄弟民族的文化，从而创造了具有中国特色和本民族传统文化交融的民族文化。

朝鲜族的古籍文献，从时间上可分为 19 世纪 70 年代以前和 70 年代后两大部分。从形式上可分为口传文史资料和文字古籍文献。口传文史资料主要是民间传说，主要是 19 世纪 70 年代前的民谣，有的已用文字记录下来，成了文献。历史上把用汉字记录整理的朝鲜族民间歌谣称之为“民谣汉译诗”，如 14 世纪时就用汉文记录《沙金花》：

“一年农事不曾知，
黄雀何方来飞去。
鳏翁独自耕耘了，
耗尽田中禾黍为。”

类似的劳动歌谣在朝鲜族的民歌中，不仅起源早，而且数量很多，尤其以描写插秧捕鱼者最多。

在收集整理朝鲜族古籍中，不论是口传文史资料，还是文字文献，重点都应该放在 19 世纪 70 年代以后。即朝鲜族成为中华民族大家庭的一员以后的传统文化。当然也不排除整理 70 年代以前的我国朝鲜族同胞和朝鲜人民共同创造的历史文化。但要有选择，有比较，收藏在我国境内的历史文献，更要抓紧抢救和整理。譬如，辽宁图书馆收藏的吏读文文献（有关李朝的史料）。这些文献整理出来之后，会添补一些史学空白。

第三节　西南少数民族古籍概况

我国西南地区是少数民族成分最多、分布较广的一个地区。居住在这里的少数民族有藏族、羌族、门巴族、珞巴族、彝族、白族、傣族、哈尼族、纳西族、傈僳族、景颇族、佤族、布朗族、拉祜族、阿昌族、普米族、德昂族、怒族、独龙族、基诺族等民族。

在这些众多的少数民族当中，由于历史的原因，各民族的社会和经济发展不平衡，文化的发展存在一定的差异。在古籍文献方面，除了藏族、彝族、纳西族和白族等有文字古籍外，其余大多数民族都没有文字古籍而只有口碑文献。当然，口碑文献也很重要，而且很有特色，在继承、弘扬、传播民族文化与交流方面发挥了积极的作用。本节重点介绍藏文文献、彝文文献、东巴文献和白文文献，从中我们可以看到这些民族形式多样、内容丰富的民族古籍文献。

一、藏文古籍

藏族，自称“博巴”，少数又称“堆巴”“安多哇”“嘉戎哇”等。藏族是我国历史悠久、文化独特、文献资料十分丰富的少数民族之一，主要分布在西藏自治区以及四川、青海、甘肃、云南等省的部分地区。操藏语，属汉藏语系藏缅语族藏语支，使用藏文。信仰喇嘛教。远古时聚居于西藏雅鲁藏布江中游两岸，在聂拉木、那曲、林芝、昌都等地区曾考古发现旧、新石器时代的遗存。据藏文文献载，西藏山南地区最早由氏族成员组成称为“博”的六牦牛部，在《后汉书·西羌传》中称为发羌。6世纪，山南雅隆部落首领，成为当地诸部的领袖，号称“赞普”（王），建成自称为“博”的奴隶制王朝。7世纪初，赞普松赞干布统一整个西藏地区，定都逻婆（今拉萨），在汉文史籍中称为“吐蕃”。吐蕃与唐朝的接触日益频繁。641年松赞干布与唐文成公主联姻，曾封为驸马都尉西海郡王。710年赞普墀德祖赞又与唐金城公主联姻，在政治、经济、文化等方面的交往，有了很大的发展。元朝在藏族地区设置由中央管理的三个宣慰使司都元帅府，管理包括西藏在内的全部藏族地区。明朝对西北、西南藏族地区除设朵甘行都指挥使司外，还承袭元朝土司制度管理；西藏地区设乌思藏行都指挥使司。又先后在西藏地区分封三大法王和五个王爵。清朝在中央设置理藩院，管理西藏、蒙古等地事务。对西藏地区，正式册封了喇嘛教格鲁派两大活佛为达赖喇嘛（1635年）和班禅额尔德尼（1713年），并任命驻藏大臣（1728年）会同地方办理西藏行政事务。早在公元 7 世纪，松赞干布当政时期就创制使用藏文至今，在一千多年间，留下了丰富的藏文古籍文献，如：

《善逝教法史》郭和卿译为《佛教史大宝藏论》，俗称《布敦佛教史》，布敦·仁钦珠（1290—1364 年）著。成书于 1322 年，是一部论述印度佛教和西藏佛教的史书。

《红史》蔡巴·贡噶多吉（1309—1364 年）著，1346 年开始编写，成书于 1363 年。本书所涉及的内容有古代印度王统及释迦世系、汉地历代皇朝、蒙古王统和吐蕃王统以及萨迦等佛教派别掌政的历史。

《青史》廓诺·迅鲁佰（1392—1481 年）著，元代藏族著名译师，是被一般史学家奉为顶上装严大宝般的人物。此书分为：教法来源、后宏期佛教、旧译密乘、新译密乘及随来是《道果》等法类、阿底峡传承录等共 15 辑。

《西藏王统记》（也称《王统世系明鉴》），萨迦·索南坚赞著，生卒年不详。1388 年成书。此书着重叙述了松赞干布、赤松德赞、赤热巴巾“藏王三杰”的事迹，也着力叙述了汉藏关系。

《贤者喜宴》巴俄·祖拉陈瓦（1504—1566 年）著。成书于 1564 年，共 17 章，791 页，以木刻本传世，藏版于山南洛札代瓦宗拉垄寺。本书广征博引，内容丰富，特别是其中第七章吐蕃王臣史和第十三章噶玛派教史最具特色，记录了许多极为珍贵的史料，其与后来敦煌出土的古藏文史料大都可以互相印证。书中还收录了很多具有十分重要资料价值的古代碑铭石刻。可以说它是提供吐蕃奴隶社会史料较多的著作之一。

《土观宗派源流》全名为《善说一切宗派源流和教义晶镜史》，土观·罗桑却吉尼玛（1737—1802 年）著，清代著名藏文历史文献，成书于 1801 年，1802 年刊版。书中除叙述印度外道和佛教、西藏苯教和佛教以及各教派的历史外，对内地的儒、释、道三教及蒙古、于阗等地的佛教法脉源流和教义，也有广泛涉及，在汉藏文化交流方面作出了一定贡献。

《菩提道灯论》阿底峡（982—1054 年）于宋庆历二年（1042 年）作于阿里，是藏传佛教噶当派的一部主要著作，概括了显密教大小乘的重要义理，并解决了许多“大小相违、显密相违”等问题，在藏传佛教起过重要作用，故为一般藏族佛教学者所推崇。

《菩提道次第广论》宗喀巴（1357—1419 年）著，明建文四年（1402 年）成书于热振寺，有略本。此论针对时弊而发（当时藏传佛教戒行废弛，僧侣生活放荡，需要整顿寺规，倡行戒律），对当时整顿西藏佛教具有指导作用，整顿后的教轨为教派名称（格鲁及善轨），因此此论为藏传佛教各鲁派的根本典籍，共24卷。

《入中论》（又称《明句论》）印度月称（7世纪人）著。有颂本和著作自释本，颂本由纳措、巴操合译成藏文，自释本由巴操译出。法尊由藏文译成了汉文。此论是为龙树的《中观论》作注释的，共11地，从“发菩提心”起到“佛果功德”止，详论入观次第。其中第六地讲慧度、抉择二谛，破斥唯识学说，十分详细。

《现观庄严论》印度弥勒（约270—350年）著，全论共8品274颂，即：一切相智品，73颂；道相智品，31颂；一切智品，16颂；现证一切相品，63颂。顶现观品，42颂；渐次现观品，1颂；一刹那现观品，5颂；法身品，40颂。8品前有归敬颂1颂，最后有总结两颂，此论简要解释般若内涵，指出一个人从凡夫到成佛的全过程。

《量论摄义祛蔽论》恰巴·曲吉僧格（义译法狮子，1109—1169年）著，是藏人第一部专门为学徒圆满理解因明概念术语而写的教科书，书成之后，受到各寺院的广泛推崇，并成为后世西藏众多同书名的鼻祖。此书现已未存。

《正理藏论》萨班·贡噶坚赞著。有颂本和作者自释本以及索朗伦珠疏解本刊世。颂本共3685句（约合921颂），按意义关系分节，内容由“境论”和“量论”两大部分组成，分为11品。

《释量颂能无颠倒显示解脱道论》贾曹杰·达玛仁钦（1364—1432年）著。全书木刻版共436页，870面，5220行。著作在后记中写道，他写此书的根据有两个，一是上师宗喀巴等对天（天主慧）、庄严（庄严师慧护）、法上、婆罗门（商羯罗阿难陀）诸师的注释本所作的善说；二是宗喀巴所教导的如实修心之理则（解脱道）。并说只求多闻而不务如理修行、只修瑜伽而不依量理正道的人，是不可能获得胜如意（正果）的，声明他贾曹杰只是出于如此的同情心才写此书的。

《因明七论除暗庄严论》克珠杰·格雷贝桑（1385—1438年）此书分为三个部分：所知境、能知智和以智对境。全书整体框架与宗喀巴的因明小书完全一致，但部头要大得多。采用恰巴·曲吉僧格摄义辩论的行文格式，先破他宗，再立自宗，最后断诤。

《四部医典》是藏族医圣宇妥·元丹贡布宁玛的一部古代藏医学巨著，成书于8世纪末。全书共四部156章。四部医典的名称分别是根本医典、论说医典、秘诀医典和后续医典。全书内容从基础理论到各科临床实践，包括人体生理解剖、胚胎发育、病因病理、治疗原则、临床各科、方剂药物、诊断疗械和疾病预防等。由于本书的内容丰富、具有较普遍的实践意义，受到藏族人民的普遍喜爱。全书著成之后，经历各代藏医学家的修订、补充，直到11世纪，经医圣后裔宇妥巴第十四代新宇妥·元丹贡布进行了一次全面的修订，成为现行于世的《四部医典》，是为学习藏族医学之必读。

《时轮经》传为释迦牟尼晚年传法的记录。贡12000颂，内容分为五品。1072年开始译成藏文，共有14种不同译本。17世纪刊印的北京藏文大藏经被列为首函第二篇，遂一直成为西藏天文历算的基础。

《日光论》达摩师利（1654—1718年）著，作者是敏珠林寺著名译师。此书有作者注本。题名《金车释》，木刻本罕见；1988年由西藏人民出版社铅印出版。

《时轮历精要》降巴桑热著，1983年，四川省德格藏文学校铅印发行；1985年，西藏天文研究所按六十年更换一次历元的传统，再次作了校补增订，将历元换为十七饶迴丁卯年（1987年）由西藏人民出版社出版。

《马杨寺汉历心要》作者据说是乾隆初年雍和宫的一位喇嘛以及青海马杨寺的索巴坚参等人。成书之后，时宪历便以此书为准绳在蒙、藏地区流传开来，此后的一百二十年间甚少有研究时宪历的新著问世，据传只有《第十三饶迴甲子(1804年）汉历基数·文殊意旨庄严篇》和《汉历大海甘露一滴》到19世纪60年代才重兴。

二、彝文古籍

彝族自称诺苏、纳素、尼苏等，分布在云南、四川、贵州和广西，主要聚居在云南楚雄彝族自治州、四川凉山彝族自治州、红河哈尼族彝族自治州、贵州毕节地区和六盘水市以及广西的隆林等地。彝语属汉藏语系藏缅语族彝语支，有自创文字。彝族历史悠久，文化源远流长。但史书对彝族流源问题没有系统的记载，近一个世纪以来，史学界、民族学界对彝族族源问题有多种观点，概括起来有：僚人说、古濮人说、楚人说、马来人说、卢戎说、云南土著说、古氐羌说等。其中氐羌说的提出是关于彝族族源问题的重大突破。同时很快为大多数学者所接受。彝文古籍的产生与形成经历了非常复杂的过程，彝族文字的发明并用于文献记录标志着彝族社会进入文明时代。历史上留下了丰富的彝文古籍，如：

《西南彝志》彝语称“哎哺哈额”，意为“影形及清浊二气”，指宇宙和人类的产生，先有清气和浊气；由于清浊二气的发展变化，然后出现天、地、人乃至万物的影形。此书表达了古代彝族的哲学思想和基本观点，是一部比较系统地记载彝族历史古书，为研究彝族历史提供了重要资料，被《中国大百科全书·民族卷》列为研究民族史的重要文献之一。1983 年已由贵州民族出版社出版。

《宇宙人文论》全书以布慕笃仁和布慕鲁则兄弟对话的方式，论述了彝族先民对宇宙、人类、万物的产生与来源。此书由罗国义先生等翻译，马学良先生审定，1982 年由民族出版社出版。

《彝族诗文论》原著者为举奢哲、阿买尼等。由康健、王子尧等先生编译，于 1988 年贵州人民出版社出版。该书论及“历史和诗歌的写作”“诗歌和故事写作”“经书的写法”“医术的写法”“彝语诗律论”“纸笔与写作”“论诗的写作”“诗歌写作谈”等。本书的出版，在国内外文学界引起了极大的影响，我国著名的民间文学专家贾芝在《彝族诗文论》的序言中指出：“彝族诗文论手抄本的发现，是继引人瞩目的祜巴勐《论傣族诗歌》之后的又一重大发现，这次闪烁文坛的不是一颗而是一串璀璨的明珠。它的发现是我国民间文学普查继续深入的一个重要标志。”

《劝善经》是一部现所见木刻版本较早的文献之一。成书时间大约在明正德 12 年（1517 年），全书 22 900 多字。对于研究彝族社会历史、经济结构、文化艺术、民俗、宗教、语言文学等有重要价值。马学良、张兴等翻译，1986 年由中央民族大学出版社出版。

《阿诗玛》是一部世界著名的彝族撒尼人叙事长诗。流传于云南石林彝区。本长诗自 20 世纪 50 年代收集并在影坛出现以来，蜚声国内外，产生了极大的社会影响，在文艺界引起了轰动。现已出版的有彝、汉、英、日、俄、德、法等 12 种文字的版本。

《查姆》流传于云南哀牢山彝族地区。《查姆》是讲述史前社会的一部史诗，记载内容古老而珍奇。分上、下两个部分，上半部分讲述天地的产生和人类的起源；下半部分讲述棉麻、绸缎、金、银、铜、铁、锡、生产、生活用具、纸笔、书等的来历。对研究彝族远古社会、经济、风俗等有重要的参考价值。尤其是这部史诗为彝族先民的天体演化和早期人类演化的思想提供了颇具研究价值的资料。史诗中虽然充满了虚幻的想象，但包含了彝族先民朴素的唯物主义宇宙观。此书，1958 年由彝族知识分子施学生老先生翻译，郭思九、陶学良整理，1981 年由云南人民出版社出版。

《妈妈的女儿》主要流传于四川凉山彝族地区。全书 1000 余行，由序歌、出生、成长、议婚、订婚、接亲、出嫁、哀怨、怀亲等十节组成。长诗以抒情的方式诉说了“妈妈的女儿”从呱呱落地来到人世开始，度过了天真浪漫的童年，在繁重的劳动磨炼中长大成人，而后被迫嫁到婆家，终日哀叹、凄苦欲绝的惨淡一生。反映了奴隶社会父权制度买卖婚姻给彝族妇女带来的不幸和痛苦，同时也对买卖婚姻制度提出了强烈的控诉和抗议，唱出了彝族妇女对婚姻自主、妇女解放的美好憧憬。四川民族出版社 1985 年出版了彝文版。

《勒俄特依》主要流传于四川凉山和云南宁蒗彝族地区。共分 15 篇，主要描述了天地万物的形成、改天造地的经过及彝族先民迁徙状况和彝族两大系统——古侯、曲涅谱系。对研究彝族古代社会及彝族哲学思想发展史、彝族文学有重要的价值和意义。

三、纳西族东巴文古籍

纳西族　自称“纳西”“纳亥”“纳日”等，他称“么些”“摩挲”等。分布在我国西南边陲的横断山脉深处。西藏境内的盐井，四川的盐源、盐边、木里，云南的丽江、中甸、维西、宁蒗、永胜、华坪、鹤庆、剑川、德钦、兰坪等地。其中以丽江为主要聚居区。纳西族渊源于南迁的古氐羌人，其先民晋代史称“摩挲夷”，唐代称“磨些蛮”，分布于今川、滇雅砻江下游和金沙江两岸，属“乌蛮种类”。三国时内部已有阶级分化，唐初曾建立越析诏（磨些诏），为六诏之一，后为南诏所灭。元明到清初，一些首领先后被中央王朝授予世袭封建土司官职，如明代的丽江木氏土知府等，其管辖的地方基本上都已进入封建领主制发展阶段。明末尤其是清初改土归流后，大部分地区向封建地主制发展。人民生活极其困难，举行过多次反抗斗争。纳西文文献是纳西族古代社会及古老文化的百科全书，凡社会、宗教、民俗、哲学、天文、医药、文学、艺术等无所不包。它还是研究纳西族语言的极好材料，内容十分丰富。如：

《黑白战争》这部史诗是对纳西族古代部落战争、部族战争，乃至民族战争的曲折反映，是我们研究纳西族古代战争的起源、战争思想及武器、战略、战术、军事组织制度等的宝贵资料。

《东巴舞谱》在纳西语中叫“磋模”，记录了 73 种舞蹈的规范，其动作、场位、动律、道具、路线等都有十分准确的表现。如果将谱中所记述舞蹈作一分类，即成动物舞、神舞、战争舞、法杖舞、灯花舞 5 种。

四、白文古籍

白族，自称“白子”“白伙”“白尼”。他称有“那马”“勒墨”；旧称“民家”史称“白人”等。主要分布在云南大理白族自治州，丽江、碧江、保山、南华、元江、昆明、安宁等地和贵州毕节、四川凉山等有分布。一般认为，白族的渊源于南迁的古氐羌人，形成于唐宋南诏、大理国时期；与唐代今大理洱海地区的白蛮有亲缘关系，历史上与汉族关系密切。唐时白蛮首领参加南诏地方政权；历经白蛮所建大长和国、大天兴国、大义宁国三个短暂的地方政权。操白语，属汉藏语系藏缅语族，彝语支未定。历史上白族先民使用汉语文比较普遍，并曾用汉字的音和义再加上一些新造字来记录白语，被称为“白文”。白族的古籍文献，自 20 世纪 30 年代以来，在考古发掘、文物抢救、古籍整理、民族文化研究等工作中，陆续发现了不少珍贵的方块白文古籍文献。如：

《玄峰年运志》原作者、卷数、成书年代均无可考。其内容及年代与上书大致相同。

《西南列国志》清人陈鼎在其所著《蛇谱》一书中说：“杨升庵先生流寓滇中数十年，通彝语，识僰文。……乃译黑新逵西南列国志八百余卷，载蛇状甚详。予在大理浪穹何氏见其抄本，惜匆匆北还，不能尽录其书入中原以为恨。”据此可知其著者为黑新逵，其书内容除讲述南诏大理国的历史以外，也包括有关西南地区的政治、经济、风俗、特产等。

《白国因由》宗教类作品，其内容讲述密教梵僧（观音）到大理传教的传说故事。主要是降服当地巫教首领罗刹，后又帮助蒙氏和段氏建国，以法律开化当地人民、传播密教等。

《仁王护国般若波罗密多经·嘱果品第八》（附图片）……此卷，有汉文 1800 多字，白文旁注约 1700 字，白文疏记多达 4300 字。

《邓川石窦香泉段信苴宝碑》又称《舍田碑》，系大理第 11 代总管段信苴宝舍于（1379—1381 年）间舍给释觉真和尚常住地的记事碑。碑文共 409 个字。该碑为古白文记叙体的代表作。

《词记山花·咏苍洱境碑》明代白族诗人杨黼撰，全碑用白族民歌体“七七七五”写成，共 20 段，502 字。前半部分主要描述苍洱的秀丽景色；后半部分追忆先世，感叹怀才不遇，人世无常。据碑阴之《圣元西山记》，碑立于景泰元年（1450 年）。

《故善士杨宗幕志碑》立于明景泰三年（1452 年），“五峰兰雪道士”杨安道撰。此文是白族文人公开表明自己书写的文种是“白文”。

《故善士赵公墓志》1455 年杨安道撰文。全文 464 字，第一部分是几行小序，说明死者的家世；第二部分是用白族山花民歌体的形式写成的十段“哀词”。

《处士杨公同室李氏寿藏》碑立于1481年，撰者为“花溪教读儒士”，姓氏不详。

《史城芜山道人建庵尹敬夫妇预为家冢记》（据杨应新：《方块白文辨析》，载《民族语文》1991年第五期），碑立于癸未康熙42年（1703年），后附有《白曲一诗》。

方块白文在南诏中后期形成，此后一直在白族民间使用，至今已有1000多年的历史了。但是由于种种历史原因，方块白文古籍没有得到很好的保存，特别是明代以前的方块白文古籍，流传至今的只是极少数。因此，要加强对方块白文古籍的收集和整理工作。

五、傣文古籍

傣族　自称“傣”，按分布地区又有“傣仂”“傣哪”“傣雅”“傣端”等自称。旧称“摆夷”“摆彝”。主要分布在云南省德宏、西双版纳、耿马、孟连的河谷平坝地区，其他分布在新平、元江、景东、景谷、普洱等三十多个县市。傣族先民汉晋时称“滇越”“掸”或“擅”，唐宋时称“金齿”“茫蛮”“白衣”等，元明时称“白衣”“百夷”，清以后称“摆夷”“摆衣”。这些名称除“越”字应是本族自称之外，其余都是他称，常常是外人根据其形体装饰特点称呼的，带有一些民族隔阂和民族歧视的痕迹。今天以本民族的自称来命名，反映了新中国各民族互相尊重的平等关系。傣语属汉藏语系壮侗语族壮傣语支。与侗语、水语、仫老语、毛南语和黎语同属一个语族。

傣文古籍的形成大约始于唐代，即7～10世纪之间。当时随着小乘佛教的传入，西双版纳等地也传来了印度的文字系统。最初的傣文只是用于传播佛教，其主要用途是转写佛教经典。这是第一个发展时期；第二个发展时期从13世纪后半叶开始，到17世纪初，有人引傣文著作《多拉维梯》一书所说傣文创制于傣历639年，也就是指这次傣文的改进。后来在使用过程中又增加了两个声调符号，于是，傣文就不仅能转写佛教经典，而且能准确记录傣语，次后，傣文可以用于交际，可以书写文经，可以意译佛教经典和古代印度的文学作品，也可以用于撰写傣文著作。这个时期西双版纳一带佛教经典大量增加，傣文可用于官府行文和民间交际，翻译文学作品，如古印度的史诗《罗摩衍那》和《摩呵婆罗多》的傣文译本，就是这个时期的作品。西双版纳傣文古籍发展的第三个时期从17世纪到20世纪初期，这个时期也是傣族古籍最丰富的时期。如今保留下来的大量傣文古籍，多半是这个时期的作品。到19世纪中期，小乘三藏经典基本完备，长篇叙事诗与文学作品被大量记录成文，而且有了大量历史、法律、农田水利和天文历法著作。1748 年即清乾隆十三年官府设会同四译馆编撰《华夷译语》，其中的《车里译语》是有关西双版纳傣文有确切年代的材料。重要傣文古籍如：

《勐仂王族世系》全书记传本，不分章节，原书见于西双版纳自治州勐海县。1987 年由云南民族出版社出版。此书以叙述 6 世纪—7 世纪西双版纳修建寺塔开始，经历十数个王朝，至 11 世纪帕雅阿腊我逝为止，包括从召哈先窝到召蜡贡满大约 400 年的历史故事。

《麓川思氏谱牒》直译作《勐卯者阑思家官谱》，叙述麓川首领自芳罕当政（1256 年）经思可法袭职（1340 年）达鼎盛时期，直至思可法败溃（1449 年）近 200 年的历史，从中可知明三征麓川时期麓川内部王位更替详情。原件 1935 年时存孟定土府署，1981 年刊于云南省民族研究所编《民族学报》第一期。

《文书和传令官常用文牍》本书时西双版纳傣族最高政治机构“议事庭”经常使用之命令、委任状、宣誓文及地方来往文书之样式总集。本书抄写者为冈景（他名）帕召结印翁歇（人名），抄写时间为傣历 1301 年（1939）年 2 月。

《记事银片铭文》（一银片上的刻字）内容为：“云南省佛海县蒙混区众官员百姓首脑机构议事庭，……”此件时间当在 1926 年之后。原件存于中央民族大学博物馆。

《西双版纳向清政府交纳负担清册》记有交纳银两、实物清单、绵纸 8 张。

《召片领大判事条例》残本，没有抄写人和抄写时间，内容包括凶杀、偷盗、奸淫、抢婚、逃婚、借贷、遗产处理、奴隶逃匿、水利分配、牲口管理、庄稼保护、失火、招领养子、夫妇纠纷等。绝大部分案件都以罚款作为处理方法。

《事务准则》全书 40 面，80 页，开头部分讲述官员判断案件要坚持的若干原则，并列了许多案例，其中包括各种民事刑事的处理办法，而且有很多难案的判决方法。

《妇人诫》直译《丈夫恨》是一部教训妇女的道德说教书，要求妇女不要做丈夫不喜欢的事等说教，反映了傣族封建奴隶社会对妇女的约束。

《哈南纳底哈雅》意为《数算知识全书》，讲述傣族数学计算法，是傣族数学的基础教程。本书主要讲解四则运算。

《萨普善提》意译《音韵诠释》，是西双版纳老傣文文献中极为重要的一部语文学文献。即解释西双版纳老傣文的字母、发音和拼音、拼写方法。本书中我们可以看出傣族人民很早以前在分析自己民族的语言文字方面已经达到相当高的水平。该著作对研究傣语语音史和文字史有着重要的价值。

《傣族创世史诗》傣语原名《巴塔麻嘎捧尚罗》，内容叙述从开天辟地起，到万物起源，人类形成、兴旺和迁徙定居的过程。内容丰富，规模庞大，是一部傣族古代的神话集成。有多种抄本，以勐欣抄本最完整。1985 年编印刀金祥、刀新民的新傣文整理本。云南民族出版社于 1988 年出版老傣文整理本，云南人民出版社于 1989 年出版岩温扁编译的汉文本《巴塔麻嘎捧尚罗》。

《召树屯》讲述勐板加王子召树屯与孔雀王国的七公主囊玛诺腊的爱情故事。各地有多种抄本，北京图书馆存有一种手抄本。

《甘特莱的由来》傣语原名《蒙腊甘特莱》，西双版纳老傣文断案故事集。记述甘特莱如何机智准确地判断种种疑难问题和案件。此类文献还有《谆腊菩提》《苏帕息》《玛贺苏》等。“阿銮故事”，内含多种“阿銮”命名的故事集，如《牧羊阿銮》《四脚蛇阿銮》《三眼阿銮》《金皇冠阿銮》等等。

六、水书古籍

水族　自称“虽”，史称“僚”“夷”“水苗”“水家”等。主要分布在贵州三都水族自治县，部分居住在都匀、荔波及广西环江、南丹、河池等县境。水语属汉藏语系壮侗语族侗水语支；兼通布依、苗、汉语文。与古代“骆越”族有历史渊源。传说原从岭南北上，沿红水河、龙江入贵州。隋唐统称“溪峒蛮”，宋置抚水州，被通称“抚水蛮”。

《水书》是水族古老的宗教文化典籍，为水族先民卜筮用书。特点是：(1) 是用古老的文字书写的，这种文字不取书体，而是取近似篆书体或图形体或仿汉字古体方块字的方法创制的水族文字。(2) 水字只代表水族语言的部分符号，文中需要口语补充才能表达完整句子的意义。(3)《水书》各藏本多数系从右到左直行竖写。(4) 各家的藏本都没有标题，多以书的开头两个音节为书名。故有同书不同名的现象。例如《甲已》本，首句为“甲已巳巳”，故叫甲已本；《春寅》本，首句为“春寅午戌日”，故叫春寅本；《亥子》本，首句为“亥子丑年酉方”，故叫亥子本。三者都是朗读本，可能在传抄时因不同页起头之故而名异，其内容大致相同。水族虽然有古代文献——《水书》，但很少有关于本民族社会历史的记载，它记载的主要是与宗教信仰有关的内容，是巫觋用于择日、占卜、召神、驱鬼等活动的工具。因此，水书文献的形成与发展都和水族宗教信仰紧密相联。《水书》是水族古老的宗教文化典籍，同时它又记存了古代水族的语言文字资料，保存了珍贵的水族天文、历法和气象资料以及原始宗教资料，对于研究水族的社会历史和文化有重要的价值。水书的应用范围不广，其古籍文献种类亦不多。按水书的用途可分为两类：一类是普通水书，水语称为lepa：k，意为白色的书。为日常生活中占卜测吉凶使用；另一类则被称为 le? nam，在水语中意为黑色的书，即："黑书"。专门用于放鬼、收鬼、拒鬼等巫术活动。水书中的重要古籍如：

《甲己》本系用毛笔抄写在白棉纸上的抄本。长 29 厘米，宽 21 厘米，整本共 25 页，最后两页为干支或时间配十二生肖，或二十八宿的象形字。在右边用棉线装订，纸质变黄有残破无封面。记录丧葬宜忌条目 160 条，此系光绪年间抄本，现由三都县三洞乡吉留村潘全（80 多岁）老先生收藏。

《亥子》本系用毛笔写在白棉纸上的抄本。长 28 厘米，宽 20 厘米，整本共 20 页。本书用于丧葬，封面书有"此光绪壬戌十六年仲秋月中完荣轩潘德昌"字样。现由三都县三洞乡达便村潘永智老人收藏。

《春寅》本系用毛笔抄写在棉纸上，长 27 厘米，宽 20 厘米，整本共 25 页。书末附有二十八宿和七元历的甲字和形象字，右边用线装订，完好。现由三都县三洞乡板闷村潘永秀（八十多岁）老先生收藏。

《营造》本系用毛笔书写或绘制在白纸上的抄本，长 20 厘米，宽 25 厘米，整本共 23 页。内容主要记录与营造有关的宜忌事项。现存于三都县九阡区水各乡水兑寨吴老先生家。

《婚嫁》本系用毛笔书写在棉纸上的抄本。长 14 厘米，宽 20 厘米，共 26 页。内容主要记录与婚嫁有关的事项。现存三都县九阡区水各乡水兑寨吴老先生家。

七、苗文古籍

苗族 自称"果雄""模"或"蒙"。他称"长裙苗""短裙苗""红苗""白苗""青苗""花苗"等。主要分布在贵州、湖南、云南、广西、四川、广东、湖北等地。苗族的先民可能是古代三苗的一部分。一说渊源于殷商时代的"髳"人。秦汉时主要居住在湘西、黔东一带，包括在"长沙、武凌蛮"或"五溪蛮"的名称之中，以后逐渐迁徙，散布在西南各地山区。新中国成立前基本上处于封建地主经济发展阶段，并有一定程度的资本主义经济因素，有些地区内部发展较缓慢。

苗文的创制及苗文古籍文献形成与发展与基督教的传入有着紧密的联系。近代以来出现的多种苗文中，只有湘西苗文与宗教没有关系。新中国建立以前传教士在不同的苗族地区传教，分别设计了几种苗语方言的拼音文字，除了翻译基督教经书之外，人们还使用这些文字记录了传统的口传文学。苗族文献中涉及苗族历史的主要分为两类，一类是使用苗语文记录苗族口头传说中的历史；一类是石板塘根据自己的阅读和理解编写的涉及历史的诗歌，以及对当时湘西地区苗族的一些人物的记述。苗文重要古籍如：

《新约全书》（HiK TaiK Ndeud Chieb），1917 年，由传教士 WH Hudspeth 和苗族杨雅格带到日本印刷。HiK taiK 苗语的原义是“根据”人们把它引为“圣经”。1919 年在上海首次印刷。1929 年第三次印刷。1936 年第三版，增加了汉语书名《花苗新约全书》。1947 年中华圣经会在昆明印刷的《花苗新约全书》不知道是否与这个版本相同。

《黑苗赞美上帝的诗》（Ghab Nes Dlaib Zad Meix Wangx Waix Bies Hxak），1928 年中国内地会。

《黑苗耶稣教理问答》（Ghab Nes Dlaib Yed Sub Job Nais Dab），1928 年，Chefoo，这部译本的一些细节得到旁海苗族信徒的帮助。《马太福音》（Max Teet Fuf Yinb），1928 年，不列颠与海外圣经协会印刷。这个译本得到一个姓杨的苗族教师的帮助。1928 年译本再版，开始使用有声调的符号；1932 年，上海，不列颠与海外圣经协会印刷；1935 年，上海，不列颠与海外圣经协会印刷。（苗语与汉语标题不符）《马可福音》（Max Kox Fuf Yinb），1932 年，不列颠与海外圣经协会，在 Chefoo 印刷。

《格乌爷老和格娜爷老歌》（一）杨芝记译，叙述格乌爷和格娜爷两位军事首领在“纵走半个月走不尽，横走十三天走不完”“美丽而宽广”的直米立和当里木平原上保卫家乡的战斗。

《怀念失去的地方》杨芝记译，叙述苗族南迁之后，因为生存环境恶劣而怀念古代居住的盛产稻谷、糯米、红稗、高粱、棉花的平原田地，格炎爷老、格池爷老和嘎炎卯丙三位老人于是让姑娘们把旧居地的江流、城池、房屋、水田、水渠等绣在衣服上。

《苗族名人歌》石板塘创作的苗歌，把湘西苗族中著名的读书人、官员、地主、商人、民间歌手、民间医师、学口技人、种出双稻的农民等，都编成歌谣传唱，表现了民族自尊心和自豪感。

八、西南地区其他少数民族古籍

（一）门巴族古籍

门巴族多数自称“门巴”，部分自称“主巴”。主要分布在西藏东南部门隅地区，部分分布在珞渝地区的墨脱、梅楚卡、巴加西仁和更仁一带，另有少数散居在林芝排龙山地区。唐代受吐蕃政权管辖，在经济、文化和宗教等方面与藏族有长期的关系。新中国成立前属封建农奴制经济，受藏族僧俗领主统治。差赋、乌拉繁重。部分地区尚存原始农村公社制。门巴语有多种方言，属汉藏语系藏缅语族。无文字，部分人通晓藏语文。

门巴族古籍文献只有口传文史资料，内容非常丰富。其中有神话传说、民歌、故事等。如《镇压女妖》《吉萨格来战妖魔》等神话；有借助想象解释自然现象的传说《那嘎湖》《却吉桑姆和冬顿》《三兄弟河》等。另外，传唱较广的作品有《萨玛·白鹤歌》《萨玛·欢聚》《萨玛·流浪》《萨玛·建屋歌》《萨玛·牧人歌》《萨玛·长虹山》《萨玛·悲歌》《萨玛·逃亡》等。著名情歌《仓央加措情歌》，突出体现了门巴族情歌的特点。叙事长诗《太波嘎列》共分为《召唤歌》《神牛歌》《引牛歌》《牧牛歌》《四季歌》《四饰歌》《搭帐篷歌》《搭灶歌》《栓狗歌》等十四部分组成。长诗全面反映了门巴族农牧业生产及劳动、生活过程。

（二）珞巴族古籍

珞巴族 各部落分别自称为“博嘎尔”“巴达姆”“民荣”“崩如”“崩尼”和“德根”等。主要分部在西藏东南部的珞渝地区和隆子、米林、墨脱、察隅等县的边沿山区。据藏文史籍《红史》记载，松赞干布统治时期，该族所在地区即辖于吐蕃王朝。其后该族人民与藏族交往日益频繁。珞巴族语言属汉藏语系藏缅语族，语支未定。无文字。

珞巴族古籍文献只有口传文史资料，以神话传说为主。如流传较广、影响较深的是长篇神话《阿巴达尼》。这部神话传说由若干个部分组成。现已收集到其中的30多个。如：《阿巴达尼遇难》《阿巴达尼试妻》《阿巴达尼二子遇难》《宁崩鬼》《阿巴达尼与猴子比箭》《阿巴达尼向猴子报仇》《阿巴达尼与阿巴达珞》《阿宾肯日》《普苏达冬和罗马达当》《狗和麋鹿》《阿兵金娜》《勇士与雕》《阿巴达尼的四个儿子》《宾鸟追马》《种子的来历》《斯金巴娜达明与金尼麦包》

等。以上这些传说，从不同侧面反映了古代珞巴族的历史文化和社会发展情况，为研究珞巴族的社会发展与传统文化提供了重要资料。

（三）羌族古籍

羌族　自称“尔玛”或“尔咩”。主要分布在四川省茂汶羌族自治县以及汶川、理县、黑水、松潘北川等县。与羌族有着渊源关系的古羌人，汉时遍及中国西北、西南各地。魏晋时西北的宕昌、邓至等羌人尚属父系氏族阶段。唐时发羌等融于吐蕃。唐末宋初，除岷江上游的羌族外，大都发展为藏缅语族中诸多西南少数民族，或融于汉族或其他民族。据岷江上游新石器的发现，几千年前该地就有人类居住繁衍。现存的石棺葬，属羌人中戈基人的墓葬，经考古鉴定为西汉文物。在此的古羌人部落甚多，以冉、駹两部落最大。羌语属汉藏语系藏缅语族羌语支，无文字。羌族的古籍文献，以口传文史资料为主，其中有传说、神话、史诗、民间故事、民歌等。如关于宇宙和人类起源的神话《开天辟地》叙述了宇宙与人类的关系，以及人类与大自然的斗争等。比较著名的如：

《山沟平坝的形成》以神奇而生动的形象叙述了羌族妇女主宰天地的故事，备受族人的喜爱。

《羌戈大战》流传于四川羌族地区。由罗世泽收集整理，刊于《新草地》1981 年 4 期合刊上。1983 年，四川民族出版社将此诗与另一首长诗合为《木姐珠与斗珍》出版。全诗 400 余行。史诗充满着神奇的色彩，真实地反映了历史上古羌族人民的一支迁徙到岷江上游定居前后，与当地其他各部落进行斗争、融合而形成单一的羌族历史过程。此书具有历史学、民族学、文学等学术价值。

《木姐珠与斗安珠》是一首以争取自由婚姻、反抗封建礼教为主题的爱情叙事诗。从中既可以看到羌族封建社会时期的社会生活状况和矛盾，可以了解史前羌族人的生活方式。

（四）哈尼族古籍

哈尼族　自称、他称众多；自称以“哈尼”“卡多”“雅尼”“豪尼”“碧约”“白宏”为多；他称，如“僾尼”等，史称“和泥”“窝泥”等。哈尼族主要分布在云南南部，其中红河、彝族自治州的红河南岸、墨江哈尼族自治县、元江哈尼族彝族傣族自治县，以及江城、西双版纳、澜沧江等地均有分布。哈尼族渊源于南迁的古氐羌人，其先民唐代史籍称“和蛮”，10 世纪中叶部分地区进入封建领主制，14 世纪中叶以后又开始进入封建地主制发展阶段。唐宋时隶属南诏、大理国，以后又先后被元明清封建王朝统治。哈尼语属汉藏语系藏缅语族彝语支。无文字，新中国成立后设计了一套拉丁字母形式的文字方案，1957 年创制。

哈尼族在漫长的社会历史发展过程中，以口耳相传的方式，留下了大量的口传文史资料。其中，迁徙史诗《哈尼阿培聪坡坡》、长篇史诗《普亚德亚左亚》影响较深，具有十分重要的史料价值，被后人称为姊妹篇。此外，还有叙事诗《直、琵、爵》《英雄与花朵》；风俗歌《普祖代租》；祭礼歌《艾玛突》；赞颂始祖歌《阿波仰者》；丧葬歌《诗窝纳窝本》等。这些诗篇都是较为著名的作品，流传甚广，从不同侧面反映了哈尼族的历史与现状。部分重要口传资料已被整理为文本。如：《哈尼阿培聪坡坡》由朱子和等演唱，史军超、卢朝贵、杨叔孔等翻译整理，有 5000 余行，是一部哈尼族祖先迁徙史记，流传于云南南部的哀牢山民族地区，对于研究哈尼族的社会历史和生活状况有重要的资料价值。1986 年云南民族出版社出版了汉哈文对照本。

（五）傈僳族古籍

傈僳族 自称“傈僳”，史称“栗些”“力些”“栗栗”等。主要分布在云南省怒江傈僳族自治州，丽江、迪庆、大理、德宏、楚雄及四川凉山等地均有分布。傈僳族渊源于南迁的古氐羌人，其先民唐代史籍称“栗栗两姓蛮”或“栗蛮”及“施蛮”“顺蛮”“长裈蛮”，均属乌蛮。分布在今川、滇雅砻江、金沙江、澜沧江两岸等广阔地带；元时称“卢蛮”。元明时多受丽江诸地纳西族封建领主统治，16 世纪中叶因不堪纳西族木氏土司的奴役，大批向滇西北怒江等地迁徙，直至清代迁徙还在继续。傈僳语属汉藏语系藏缅语族彝语支，原有西方传教士创制的大写拉丁字母及其倒写变体作字母的文字，还有一种自己创制的没有字母的音节符号，均因结构不完善尚未通行。新中国成立后设计了拉丁字母形式的文字方案。

傈僳族的古籍文献，以口传文史资料为主，其中神话传说和民歌为重要部分。如反映古代农耕生产和歌颂纯洁爱情的《生产调》《种麦调》；反映古老习俗和风土人情的《猎歌》《骂龙调》《求婚调》《结婚调》《哭调》《送灵歌》；反映买卖婚姻抗争的《逃婚调》《重逢调》等。部分重要口传资料已被整理为文本。如：《逃婚调》徐琳、木玉章 1953 年记录整理，次年又校正补充，1980 年云南人民出版社将《重逢调》《生产调》与《逃婚调》一并出版。《重逢调》《逃婚调》的合集本，全诗 1200 多行，歌颂了一对倾心相爱的男女青年，挣脱包办婚姻的枷锁，经过千辛万苦，最终建立了幸福家庭的故事，是研究傈僳族的社会历史和生活状况的宝贵资料。

（六）佤族古籍

佤族　因地区不同，其自称“布饶”“阿佤”“佤”等。分布在云南沧源、西盟、澜沧、孟连、双江、耿马、永德、镇康等地。其先民在先秦时为百濮的一支，唐时称望蛮，分布在永昌一带（今云南西南部），先后受南诏、大理国的统治。佤语属南亚语系孟高棉语族佤崩龙语支。无文字。20 世纪 30 年代末至 40 年代初，美国基督教传教士为了传教，设计了一套佤语拼音文字，在“巴饶克”方言区部分信仰基督教的部落中使用，但没有被多数佤族人民所接受。

佤族的古籍文献，以口传文史资料为主，其中神话为多，被人们称之为“神话王国”。佤族神话分为：天地神话、人类起源神话、万物起源神话、洪水神话、婚姻神话等。其中《司岗里》神话最著名，它以诗的形式广泛流传于云南澜沧、沧源、耿马、双江等地。全诗十三章，1000 多行，由刘允提、陈学明翻译整理。1980 年云南民族出版社出版。又如：《兄妹成婚》在佤族地区有多种流传。（1）雷神原来住在地上，因为他与其妹同居，结果谷子就长不好。（2）从葫芦中出来的兄妹。盖房子、种谷子，因兄妹成了婚，庄稼长不好，饿死很多人。后来兄妹分开居住，庄稼又长好了。上述神话讲到兄妹通婚、谷子长不好，影射了佤族同姓不能通婚的戒律。佤族的神话、故事大多以当时的社会组织、生产方式、生活习俗以及宗教信仰有着密切的关系，是研究佤族社会历史的宝贵资料。

（七）拉祜族古籍

拉祜族　自称“拉祜纳”“拉祜西”“拉祜普”，旧称“倮黑”。主要分布在云南澜沧江东西两岸的思茅和临沧两地区，其中以澜沧拉祜族自治县为多。其先民渊源于南迁的古氐羌人，唐代史籍称“锅锉蛮”，分布在今云南的金沙江南岸地带，自后分东西两路继续南迁。先后受南诏、大理国和元明清历代封建王朝的统治，人民生活极为贫困。

拉祜族语言属汉藏语系藏缅语族彝语支。无文字，西方传教士曾创制过一种拉丁字母的拉祜文，但因欠科学未能长期推行。

拉祜族的古籍主要是口碑文献，有民间神话、史诗、叙事诗等。如：

《人是怎样传下来》《历法的来源》《各民族的来源》等创世神话；《牡帕密帕》《古歌》史诗；《扎怒扎别》《蜂蜡灯》等叙事长诗。

《牡帕密帕》云南人民出版社于1979年出版了由扎莫演唱、刘辉毫整理翻译的汉文单行本。史诗反映了拉祜族社会发展的基本面貌，有着历史的折射影子，是一部难得的历史文献资料。

《古歌》1981年的《民间文学》发表了纳海翻译、陶学良整理的第二部分，分三个部分：（1）叙述天地、人类起源；（2）叙述创造万物、抗旱、种植物、打猎、繁衍人类等；（3）叙述民族迁徙、战争、迁徙原因和路线等。《古歌》是深受拉祜族人民喜爱的优秀作品，每逢佳节或婚丧等大事都要唱《古歌》。

（八）景颇族古籍

景颇族 自称“景颇”“载佤”“浪峨”“喇期”等，他称有“大山”“小山”“浪速”“茶山”等。主要分布在云南德宏傣族景颇族自治州，少数分布在泸水、昌宁、耿马、澜沧等县。其先民为唐代寻传蛮的一部分，定居在云南西北部的怒江以西地区。

景颇语属汉藏语系藏缅语族，内部分操景颇语和载佤语。无文字。景颇族的古籍主要也是口碑文献。其中《创始纪》（穆脑斋瓦）就有五六个版本。在景颇族人民中影响很大，同时也反映了景颇族人民对大自然的认识和人类社会的认识。

另外，还有歌颂英雄人物的《凯诺和凯刚》；反映青年男女追求自由婚姻和美好爱情的《腊必毛垂与羌退必波》《恩戈弄与洛培马扎堆》《丁冬拉马石布郎与桑章盆楠》等。

民歌有《种庄稼歌》《建寨盖房歌》《结婚歌》《丧葬歌》和《情歌》等。这些作品都不同侧面反映了景颇族社会生活、生产以及风俗习惯等面貌。

（九）布朗族古籍

布朗族 自称“布朗”“阿尔瓦”“阿佤”等。其先民为先秦时百濮的一支，汉晋时称为“濮”；唐时称“扑子蛮”；元明清时称“蒲蛮”“扑子蛮”“蒲人”；新中国成立后定为布朗族。

布朗语属南亚语系孟高棉语族佤德昂语支，无文字。部分人通傣语和汉语。

布朗族的古籍主要是口碑文献，有神话传说、故事、诗歌等。如《顾米亚》神话，流传于云南金平一带，由朱嘉禄整理。神话讲的是太阳九姐妹和月亮十兄弟仇视神人顾米亚开天辟地的成功，集中热力暴晒大地，直晒得土地龟裂，庄稼枯死，万物无法生存。顾米亚发誓要射掉多余的太阳和月亮，经过艰辛万苦，爬到一座高峰上，向天上、地上各射了一箭，将多余的太阳和月亮射死。从此，大地复苏，世间太平，人民安康。

《艾洛卜我》神话，传说人王艾洛卜我与上天的帕亚夭决战的动人故事。这些神话以布朗族的图腾为题材，对大自然现象作了奇特的解释。这些是研究布朗族早期生活状况和宗教信仰的重要参考资料。

（十）阿昌族古籍

阿昌族　自称“蒙撒”“蒙撒掸”“衬撒”“汉撒”“峨昌”等。汉文史籍称“峨昌”“莪昌”或“阿昌”等。其先民是居住在滇西北的金沙江、澜沧江和怒江流域的土著民族。阿昌族的语言属汉藏语系藏缅语族缅语支。无文字。

阿昌族主要口碑文献，有神话传说、民歌、故事等。如影响较大的创世神话《遮帕麻与遮米麻》由创世、天公地母传人种、补天治水、妖魔乱世、降妖除魔五个部分组成。阿昌族人民把这部史诗视为本民族的历史诗歌。此外，还有叙事长诗《曹扎》《铁匠战龙王》《谷稗》《狗的故事》；情歌《黄鹂入圆》《永远把你放心窝》《仁义山歌》《结交山歌》《夸口》《送路》等。另外，阿昌族的民歌有劳动时和喜庆事时唱的，如“窝罗”“则勒扎”；也有祭歌性质的“麻朗调”“拉嘎调”等。这些作品从不同侧面反映了阿昌族远古时期的社会生活和文化，对于研究阿昌族的社会历史和文化有着重要的参考价值。

（十一）普米族古籍

普米族　自称“培米”“普英米”“普日米”等，均为“白人”之意。汉文史籍称“西番”“巴苴”等。其先民为南迁的古氐羌人。主要分布在云南的兰坪、宁蒗、丽江、维西、永胜及四川的木里和盐源等县。

普米族的语言属汉藏语系藏缅语族羌语支，无文字。普米族的口碑文文献有神话、诗歌、传说故事等。比较著名的有《捉马鹿》《贡嘎岭歌》《出嫁歌》《天亮曲》《给羊子故事》等。《天亮曲》反映了古代普米族人民的劳动生活和对未来美好生活的向往。

普米族人口较少，但该民族能歌善舞，热爱自己的民族和文化。因此，普米族的古籍文献还有待进一步发掘、整理。

（十二）怒族古籍

怒族　分布在云南怒江傈僳族自治州的贡山、碧江、福贡三县及兰坪县的兔峨公社，有少数分布在维西县。自称，有多种不同的叫法：住在福贡、贡山的称“阿怒”“阿龙”，古代与独龙族有亲属关系；住在碧江的称“怒苏”，其先民唐代称为“庐鹿蛮”，与大、小凉山彝族关系密切。其地唐宋时受南诏、大理国政权管辖。元称“路蛮”。

怒族的语言属汉藏语系藏缅语族。语支未定，无文字。其古籍主要是口碑文献。其中有诗歌、神话、故事等。神话方面有：人类起源、天地起源、民族起源等；也有有关民族迁徙的神话故事。如《女始祖茂充英》就是一部影响较大的神话。另外，流传较广、影响较大的有《祭猎神歌》《瘟神歌》《婚礼歌》等。

《婚礼歌》长达3000多行，在婚礼宴会上由老人吟唱，其内容由人类起源唱起，分为《创世》《谈情》《牧羊》《剪毛》《织毯》《迎亲》等章节。这是怒族人民家喻户晓的传世佳作。

在怒族的口碑文献中，神话占有很大的比重。近些年来，有关部门和学者收集了一定数量的文献及资料，但还有许多珍贵的资料或作品有待进一步发掘和整理。

（十三）德昂族古籍

德昂族 自称“达昂”，他称“崩龙”。主要分布在云南的潞西、瑞丽、陇川、梁河、盈江、保山、镇康、永德、耿马、澜沧等地。其先民为秦时百汉的一支。

德昂语属南亚语系孟高棉语佤德昂语支，无文字。

德昂族的古籍只有口碑文献，主要有神话、史诗、民歌等。神话传说主要是人类起源、族源起源等。如《达古达楞格来标》《洪水的故事》《保葫芦》《天王地母》等比较著名。

《下缅甸调》全诗600多行，主要叙述一对相爱的男女青年，由于无钱办婚礼，只好离开父母去缅甸打工，挣到了钱后回来欢欢喜喜地举办婚礼的故事。故事生动、语言质朴。

《芦笙哀歌》是一首叙述勇敢的艾丸爱上美丽的依南的爱情悲剧故事。在德昂族人民中家喻户晓，时代相传。有学者说，今天德昂族的婚姻之所以自由，与这首爱情故事有一定关系，因此，在举行婚礼时必须唱《芦笙哀歌》。另外，还有一些脍炙人口的情歌、山歌。如《像江河水长流不断》等。目前已经整理出来的文献不少，但还有很多作品在民间，需要进一步去收集和发掘。

（十四）独龙族古籍

独龙族　是我国人口较少的少数民族，主要分布在云南贡山县独龙江两岸和贡山北部的怒江两岸。自称“独龙长”为古老的居民。汉文史料称“撬”；明清时称为“俅”“俅人”“俅子”“曲人”。新中国成立后定名为独龙族。独龙语属汉藏语系藏缅语族，语支未定。无文字。

独龙族的古籍主要是口碑文献，有神话、史诗、民歌等。神话、史诗内容大都为人类起源、人类与自然斗争等。其中洪水神话与云南及其他少数民族的神话内容大体相同，只是加入了一些独龙族生活地域、环境的特点。如在神话基础上产生了《创始纪》，分“人类起源”“人与恶魔的斗争”“洪水漫天”“祭神的由来”“取媳妇”“卡雀哇”（年节）六个部分。

《创始纪》融神话、传说、歌谣为一体，折射出独龙族早期的社会发展过程，是独龙族人民的历史经典和百科全书。

（十五）基诺族古籍

基诺族　自称“基诺”，旧称“攸乐”，主要分布在云南西双版纳傣族自治州景洪县山区。其先民为南迁的古氐羌人。基诺语属汉藏语系藏缅语族，语支未定。无文字。

基诺族的口碑古籍主要有神话、传说、民歌等。流传较广、影响最大的是长是创世神话《女始祖尧白》和《玛里玛妞》。这些神话传说既反映了基诺族先民对人类社会及大自然的认识，同时也从另侧面反映出基诺族过去的社会发展过程和生活状况。对于研究基诺族的历史和文化有着重要的参考价值。

另外，民歌方面，《生活的歌》叙述了一对男女青年恋爱、婚姻，以及共同劳动创造美好生活及未来的向往。

《巴格勒》（情歌）堪称基诺族人民的经典作品，在喜庆和盛大场合时都要演唱这首歌，是一部歌颂青年男女纯洁爱情的故事。《巴格勒》从古至今一直在基诺族人民群众中传唱。

第四节　中东南地区少数民族古籍概况

居住在我国中东南地区的民族主要有壮族、瑶族、仫佬族、毛难族、京族、土家族、黎族、畲族、高山族九个民族。

这一地区民族古籍的特点主要以口碑文献为主。由于历史的原因和我国民族古籍工作开展情况和进展不一，在介绍各个民族的口碑文献时也只能按照具体情况分别介绍。如有的民族口碑文献很多，而有的民族文献少，所以，限于篇幅，只能重点介绍。

一、壮文古籍

壮族是一个历史悠久、文化灿烂、人口众多的民族。分布在广西壮族自治区的西部地区，其余分布在云南省文山壮族苗族自治州以及贵州、广东、湖南等省。壮族是岭南的土著民族，岭南越人后裔。商代初年，商汤取得天下，便命令壮族先民瓯、桂国、捐子、百濮等部贡献奇珍异宝。春秋战国时代，壮族先民被称为西瓯、骆越；汉代相继出现乌浒、俚等名称；三国称僚；宋呼撞；明称俍；新中国成立后统一称为僮，因有歧义，后统一称为壮族。壮语属汉藏语系壮侗语族壮傣语支。壮族有自己的文字——方块壮字。古籍文献比较丰富，如：

《粤风》清代广西民歌集，被认为是我国历史上辑解民歌的最高成就之一，在中国文学史上有一定的地位。辑者李调元（1734—1803 年）。

《壮族末伦》方士杰、黄英振收集撰写为壮文，1983 年由广西民族出版社出版。这是壮族第一说唱末伦选集，收入 29 篇末伦，内容包括《当兵叹》《毛红玉音》《梅良玉送陈杏元》《靖西鹅泉》《送烟》《妻亡叹》《断情叹》《出嫁叹》《乞丐叹》等。

《布洛陀经诗》第一部保存原文并完整译注的古壮字古籍，主编张声震，1991 年由广西人民出版社出版。这部史诗产生于父系氏族公社末期，经长期加工而成，后成为巫教的重要经典。由《序歌》（1）、（2）；第一篇《造天地》（1）、（2）、（3）；第二篇《造人》；第三篇《造万物》；第四篇《造土官皇帝》；第五篇《造文字历书》；第六篇《伦理道德》；第七篇《祈祷还愿》。全诗 5741 行，是从 22 本布洛陀经诗异文中节选出来的，各部分相对独立，又有内在联系，所选章节保持原貌。

《情歌·嘹歌》是流行于平果县等右江地区的长诗，该诗形成于明代。主编张声震，1993 年广西民族出版社出版。全歌为五言四句对唱山歌体，4012 首，16048 行，8 多字。内容分为《夜歌》和《日歌》，《夜歌》由《大路歌》《贼歌》《建房歌》3 套长歌及《入寨歌》《家穷歌》《川黑歌》《打十闸》《赞村歌》《惜别歌》6 组短歌组成。是夜歌圩的歌。《日歌》系由《三月歌》《献歌》及《建月歌》《时辰歌》《盘问歌》《对对歌》《天旱歌》等组成。《情歌·嘹歌》是一分不可多得的历史文献。

《古壮字文献选注》张元生、梁庭望、韦星朗选注。本选集包括《摩兵布洛陀》、《传扬歌》、《唱舜儿》三部长诗，共 3503 行。1992 年天津古籍出版社出版。

《廖士宽墓碑》为宜山清代著名壮族歌师廖士宽的墓碑。墓主廖士宽生前才华横溢，壮歌出口成章，远近叹服。但他生平坎坷，家道凋零，生活艰辛。

《控告土官歌》产生于 19 世纪末。清代末年，壮族地区改土归流已接近尾声，但仍然有少数土官存在，他们逆历史潮流而动，依然想利用传统势力压迫壮民，遭到人民强烈的反抗。

《特华信歌》是以歌为信的典型代表。时特华外出做生意，越走越远，又惦念寄居叔叔家的小妹妹，因作此信歌寄给她。这封信歌感情深沉细腻，读来令人心灵震撼，对研究一百多年前的壮族社会有一定的参考价值。

《传扬歌》壮族有一种专门传播伦理道德的歌，统称为《欢传扬》，意为将做人道理传播人间的歌。比较有名的有明代《传扬歌》、清初蒙廷守《传扬歌》。明代《传扬歌》是这类文献的代表，被称为壮人的“道德经”。全诗 2100 行。

《自明朝至民国史歌》叙述了从明代末年到民国的二百八十多年史，评价了崇祯、顺治一直到宣统 13 个皇帝，歌颂了李自成、张献忠、孙中山、冯子材等正面人物。抨击了吴三桂、土官李秉圭以及陈炯明等军阀。

《中法战争史歌》流传于广西凭祥、龙州一带，全诗一百多行，概括了中法战争的全貌，并保存了一些重要的历史资料。

《摩兵布洛陀》是红水河中游壮族巫教摩兵派的经诗，是由创世史诗加工而成的。全诗 482 行，五言排歌体。《摩兵布洛陀》体现了壮族先民宇宙观，表达了人类力图掌握自己命运的进取精神。

《布伯》是师公经书，异文甚多。流传于红水河中下游的一个古壮文手抄本，全诗 83 首，由三个部分组成，332 行，七言四句，上下句式，腰脚韵，不分章节。

《越人歌》(《龙溪精舍丛书》第五函《说苑》卷 11《善说》) 产生于公元前 528 年，时楚王弟鄂君皙初任令尹，举行舟游盛会庆贺时演唱，这首越人先人所唱的名歌是我国历史上第一首译成汉文的民歌。

《刘三姐歌谣》(《壮族民间歌谣资料》第三集。广西壮族自治区科学工作委员会、壮族文学史编辑室 1959 年内部铅印本。) 相传是刘三姐创作的歌。刘三姐歌谣以浅显、自然、优美、形象为特征，咏之余音绕梁。

《嘹歌·贼歌》以明代朝廷镇压八寨起义为背景，通过一对男女青年悲欢离合的故事，反映了壮族人民对这场不义战争的批判，从而肯定了人民起义的正义性。长诗共分三个部分，第一部分从拉兵丁开始；第二部分描写出征和打仗；第三部分描写退兵和忏悔。是一部难得的文献。

《幽骚》广泛流传于云南文山壮族地区，五言歌体。这首长诗反映了壮族历史上的“卷伴”（逃婚）风俗，是壮族青年反抗封建婚姻的一种手段。

《祝英台之歌》是壮化了的梁祝悲剧故事，与原汉族民间传说有很大的差异。

《李旦与凤姣》广泛流传在北部壮族地区，全本175首，2100行，五言勒脚体。这部长诗对研究唐代壮汉民族关系，提供了宝贵的感性材料。

《莫一大王》是师公戏剧本，据英雄史诗改编而成。内容说的是南丹莫一自幼失去父母，为人家放牛为生，备受欺凌。这出戏是民族反抗精神的颂歌。莫一被桂西壮人尊为祖先，立有神庙。

《二度梅》根据同名汉族长篇小说改编。原小说唐朝宰相卢杞陷害朝臣梅魁的故来。小说中突出梅良玉与陈杏元的爱情故事。

《吴亚忠歌》歌颂的是天地会领袖吴亚忠。他与其父吴凌云于1850年起义反清，1861年占领宁明，归附太平军，转战左右江，直至牺牲。

壮族古文字古籍代表作很多，此处仅举其要。从有限的文献中可以看到若干特点：一是按壮人习惯，文献多以韵文形式出现。二是内容丰富多彩，广泛反映了壮族不同时期的各个方面的社会生活，因而有历史学、民族学、经济学等多方面的价值。三是受汉文化影响很深，不少古籍题材取自汉族古典小说、戏剧、民间传说和历史文献。

二、布依族古籍

布依族 自称“布越”，旧称“仲家”“夷族”。主要分布在贵州南部和西南部，镇宁、紫云、关岭、平坝、清镇等地均有分布。与壮、侗、傣等族同属于古越人中的“西瓯和骆越”。魏晋南北朝至唐代，统称为“蛮僚、八番”。元明清时称“仲家”。1953年起统称布依族。布依语属汉藏语系壮侗语族壮傣语支，历史上仿照汉字创制了古布依字，留下不少古籍文献。“据史料记载，汉文化很早便传入了布依族地区，大约从唐宋时代起，布依族宗教祭司开始借用部分汉字记音，并在此基础上根据汉字‘六书’造字或用字法，创制了一种方块布依文字，用来记录布依族宗教经典，也有民间故事传播者和歌手用来记录民间文学作品。”方块布依字从文字形式和书写方法来看，与汉字差别并不大。然而，在记录语言的实际工程中，其字音、字义与汉语文的差别却很大。实际上用方块布依字记录布依语，如：方块布依字形“汏”，布依语读音为“大”，字意为“河水”。字形不同，读音更不同，表现的意义也不一样。并以其书写宗教经籍，只有布依族宗教祭司——摩师才能诵读和解释其经文之义。方块布依字写成的经书、傩书，以及所记录故事、歌谣，形成种类繁多、内容丰富的古籍文献。如：

《造万物歌》又称《造万物》，流传于黔西南安龙、册亨等地。长诗叙述了布依族祖先翁杰、神农、阿举等不怕艰难、创造和发明了宇宙万物的宏伟业绩。

《十二部问答歌》古歌，流传于贵州望漠、罗甸等地。由黄仁书收集整理，载于1984年由贵州黔西南州民委编印的《布依族苗族古歌情歌集》。

全诗分两大部分，前四个部分追溯天地万物的形成及人类起源；后八部叙述青年男女班哥与卢妹相爱以及反抗掠夺婚姻的故事，表现了青年男女对爱情的向往和追求。

《王玉连》布依族叙事长诗。由廖家国演唱，杨路塔记译，收入《民间文学资料》第四十一集，全诗共九百余行。

《六月六》由布哥收集，董寿昌、李子和、王清士、张亚新、陈训明等整理。收入1982年贵州人民出版社出版的《布依族古歌叙事歌选》。全诗共400余行。“六月六”为布依族的传统节日之一，通过“六月六”节日的由来及一些自然现象的描述，表现了人与大自然的冲突并最终战胜大自然的决心和顽强的斗志。

《傩书》傩书是记录傩祭、傩戏的书籍。荔波布依傩书是荔波布依族傩戏的唱本。荔波布依族傩戏，产生于唐宋年间，是布依族自然崇拜、图腾崇拜、祖先崇拜和神灵崇拜的综合体，在表演傩戏中，有对原始生命的崇拜和生命意识的冲动、有色彩艳丽的傩画像、造型奇异的傩面具、夸张的舞蹈动作、原始的服饰、旋律悠扬的唱腔，配上各种民族乐器和道具，表现了布依族心灵深处深沉的忧患意识和对美好生活的强烈欲望，蕴含布依族的民俗、音乐、舞蹈、美术、服饰、戏曲等的创造与认识。

这些古代流传下来的布依文经书、诗歌、唱本等，对研究布依族的历史和民俗等具有一定的参考价值。

三、中东南其他少数民族古籍

(一) 瑶族古籍

瑶族 自称“勉”“金门”“布努”“炳多优”“黑尤蒙”“拉伽”等。因经济生活、居住或服饰不同，又有“盘瑶”“山子瑶”“顶板瑶”“花篮瑶”“过山瑶”“白裤瑶”“红瑶”“蓝靛瑶”“八排瑶”“平地瑶”“坳瑶”等。新中国成立后统称为“瑶族”。瑶族主要分布在广西壮族自治区及湖南、云南、广东、贵州等省。关于族源，说法不一，或认为源于“山越”，或以为源于“五溪蛮”成分，或认为瑶族来源是多元的，既有“长沙、武陵、五溪蛮”，也有山越成分。大多数人认为瑶族与古代的“荆蛮”“长沙武陵蛮”“莫徭”等在族源上有关系。瑶族有本民族的语言，但支系比较复杂，有将近一半人使用的语言属于汉藏语系苗瑶语族的瑶语支；有五分之二的人使用的语言属于苗语支；广西金秀瑶族自治县的茶山瑶语则属于壮侗语族，侗水语支。各地瑶族语言差别很大，有的相互不能通话，通常用汉语、壮语或互相熟悉的其他民族的语言交谈。没有本民族的文字，一般通用汉文。

瑶族没有文字，其古籍只有口碑文献，一般由古歌、长诗、民间故事等构成。主要有影响的作品有：

《密洛陀》创世古歌。流传于广西的巴马、东兰、都安等地。有多种版本，如莎红整理的《密洛陀》，900多行，刊于《民间文学》1956年第一期；另外有蒙冠雄、潘泉胜整理的《密洛陀》，有三千余行。

《密洛陀》从讲述天地形成、人类万物起源，到民族的形成、生产、生活，内容丰富。它是瑶族社会生活的“百科全书”，同时，也是我们研究了解瑶族古代生产、生活、风俗习惯、宗教信仰等方面的第一手资料。它在瑶族文学史上占有重要的地位。

《盘王歌》瑶族古典歌谣集成，也称《盘古书》《盘王大歌》或《大路歌》，长达三千余行。《盘王歌》是瑶族人民进行还盘王愿仪式的主要唱本，凡是崇拜盘王的瑶族地区都有《盘王歌》。

《盘王歌》有其独特的艺术风格，形式多样，歌曲并存，在瑶族社会中是脍炙人口的作品，同时对后世瑶族民歌创作产生了深远影响，在瑶族文学史上有不可忽视的作用。它为我们提供了大量瑶族古代历史、生活习俗的珍贵资料。

《海南信歌》是一部反映瑶族古代迁徙的生活歌，以歌代信，忠实地记录了古代瑶族的迁徙路线，是我们研究瑶族历史、迁徙史不可多得的资料。该古歌流传在自称“勉”和“金门”的瑶族中。《海南信歌》1962 年由广西民间文学研究会收集。另外，还有《交趾曲》《桑妹与西部》（叙事长诗）、《过山榜》等民间文学作品。

（二）仫佬族古籍

仫佬族　自称“伶”“谨”。其中 80% 左右住在广西罗城仫佬族自治县，少数散居在宜山、柳城、忻城、柳江、都安、河池、环江、柳州、融安、融水、南丹等县、市，与壮、汉、瑶、苗、侗、毛难、水等族杂居。姆佬语属汉藏语系壮侗语族侗水语支，与毛难语、侗语、水语相当接近。大多数人兼通汉语，部分人还会说壮语。历来都用汉文作为交际工具。姆佬的族称，史书上曾称作“姆佬”“木佬”等。魏晋以来，仫佬族包括在“僚”“伶”的泛称之中。《古今图书集成》说，天河县东的伶种名叫姆佬；嘉庆《广西通志》说，天河（今属罗城地）僚又名“姆佬”。说明“僚”“伶”与仫佬族有直接关系。

仫佬族由于没有文字，其古籍只有口碑文献。在这些口碑文献中，民歌占有很大比重。民歌中分为“随口答”“古条”和“口风”三种。随口答为即兴创作的短歌，即问即答。古条为叙事长诗，以民间流传的历史故事、神话传说为主。一般 15～30 首为一条组成长歌，叫“古条”。口风为一种讽刺性歌谣，内容不拘，形式多样，富于讽刺和诙谐，深受群众的欢迎。主要作品有：《唱罗按》《凤凰山》《鸳鸯石》《垦王山》等神话传说和民间故事。仫佬族的古籍文献还有待进一步发掘。

（三）京族古籍

京族　在历史上自称“京”，他称“越”。新中国成立后定名为京族。主要分布在广西壮族自治区防城各族自治县江平区的山心、沥尾、巫头三地及恒望、潭吉、红坎、竹山等地区。京族语言系属未定，与越南语基本相同。京族自 15 世纪以后陆续从越南涂山等地迁来，最先居住在巫头岛和江平镇附近的寨头村，后来才逐渐向沥尾、山心、潭吉等地发展。清朝政府曾在江平地区设立“江平巡检司”，清末属防城县管辖。京族在历史上和汉、壮等民族人民联合进行过多次反帝反封建的斗争。

京族的古籍文献大都表现在诗歌和用字喃书写的唱本上。有古歌、叙事诗、民间传说、故事等。主要作品有：《十三哥卖鬼》《琴仙》《斩龙传》《金桃姑娘》《刘平扬礼结义》《宋珍与陈菊花》等。

（四）毛难族古籍

毛难族 自称“阿难”，意思是“这个地方的人”。从宋代开始，在汉文史料中记载，今广西环江县境内先后有“茆滩”“矛滩”“矛难”“昌南”等地名。毛难族的族称与地名有密切关系。主要分布在广西壮族自治区西北部的江环、河池、南丹、宜山、都安等地。其中70%以上居民聚居在环江县境内的上南、中南、下南山区，俗称“三南”，素有“毛难山乡”之称。毛难语属汉藏语系壮侗语族侗水语支。没有本民族文字，由于长期和汉、壮等族杂居，多数人能讲壮语和汉语，通用汉文。

毛难族因没有文字，其古籍只有口碑文献。其中有神话，如《盘古的传说》《格射日月》《三九的传说》《太师六官》等。还有许多风物传说，如：《顶卡花》《仕女峰》《恩爱石》等；除此之外还有民间故事，如，家喻户晓的《三界公爷养菜牛》的故事，三界公爷已成为毛难族最大节日的祭祀之主。毛难族也有反映祖先来源的史诗。

（五）侗族古籍

侗族 自称“甘”，旧称“侗僚”“侗家苗”。主要分布在湖南、贵州、广西三省（区）交界地带。其祖先与壮、布依、水、仫佬、毛难等民族同渊源于古越人中的“西瓯和骆越”，后为僚人的一部分，明清时称“侗僚或侗家苗”。

侗族的语言属汉藏语系壮侗语族侗水语支，有过“汉字记侗音”的文字，但因欠缺科学，不能完全、准确地表达侗语，因而没有发展成正式的民族文字。

侗族的口碑文献，题材广泛、内容丰富，主要有侗歌、款词和白话、神话故事、传说、戏曲等种类。主要文献有：

《起源之歌》广泛流传于黔、湘、桂毗邻的侗族地区。由杨权、郑国乔整理、译注，1988年由辽宁人民出版社出版。共5500行。长诗由“开天辟地”“侗族祖公”和“款”三个部分组成。这部史诗充分反映了从远古到封建末期侗族先民的物质生活和精神文明；生动形象地解释了侗族祖先对史前世界、自然万物的看法，反映了古代侗族社会绚丽多彩的生活画卷。它不愧是一部古代侗族社会的百科全书，具有文学价值和史料价值。

《娘梅歌》通过青年男女相爱、定情、抗婚、报仇等曲折的经过，反映了封建社会婚姻制度对青年男女的摧残，以及人们追求自由婚姻和幸福生活的强烈愿望。

《六面阴六面阳》侗族款歌，载于《侗族史诗—起源之歌》记述了六条重罪及六条轻罪的犯案过程及处罚办法。此书既是法律文献，又是一部优秀的文学作品，有助于了解侗族封建社会的乡规民约和习惯法。

（六）仡佬族古籍

仡佬族　是我国云贵高原中部的一个古老的少数民族。旧称“仡佬苗”。汉文史书上有不同的称法，如“木仡佬”“花仡佬”“红仡佬”“披袍仡佬”等。主要分布在贵州、云南、广西等省区。仡佬族的语言属汉藏语系，但未定语支。无文字。

仡佬族也只有口碑文献，主要文献有：创世史诗《十二段经》，包括《铁牛精阿约》《巨人由禄》《阿仰姊妹制人烟》《阿利捉风》《打虎擒獐射羊》《砍树造房》《挖矿炼铁》《找野果》等部分。

（七）土家族古籍

土家族　自称“毕兹卡”，汉语称为“土家”。主要分布在湖南省西部的永顺、龙山、保靖、桑植、古丈等县；湖北省西部的来凤、鹤峰、咸丰、宣恩、利川、恩施、巴东、建始、五峰、长阳等县。土家语属汉藏语系藏缅语族中的一种独立语言。无本民族文字，通用汉文。现绝大多数人使用汉语；只有 20 万人仍使用土家语。土家族先民史籍称谓较多。秦汉时，以其崇拜白虎被称为“廪君种”，或以使用武器特征称为“板遁蛮”，或以其人呼“赋”为“賨”而称为“賨人”；属“巴郡南郡蛮”和“武陵蛮”的一种。此后，多以地域命族，被称为“酉溪蛮”“偻中蛮”“巴建蛮”“信州蛮”“酉阳蛮”等。宋代，出现了区别武陵地区其他族别而专指土家的“土民”“土蛮”“土兵”等名称。以后，随着汉族居民大量迁入，“土家”作为族称开始出现。由于地理条件决定，土家族的文化与汉文化交流较早，相互吸收、影响。从而由元至清，在鄂西地区出现了一个土家族诗人群，如田九龄、田宗文、田玄、田圭、田珠涛、田甘霖、田舜年等诸家相继涌现，形成一个可观的诗人世家。他们留下了大批汉文著作，成为土家族古籍中的珍品。如：

《紫芝亭诗集》作者田九霖，原以手抄本汇集。1983 年被收入由湖北省鹤峰、五峰两县统战部、县志办等合编的《容美土司史料汇编》。被《历代土家族文人诗集》收录了 16 首诗。

《长阳竹枝词》作者彭秋潭，湖北长阳县人。著作有：《秋潭诗集》《秋潭外集》《秋潭败帚》《秋潭窃言》等。

除了汉文著作外，还有大量口传文史资料，如土家族古歌《摆手歌》，融神话、传说、故事、史诗、民歌为一体，在土家族文学史上占有重要的地位，也是研究该民族社会历史、经济文化、宗教信仰、民俗风情等方面的重要资料；另外，还有土家族习俗歌《哭嫁歌》、民间叙事诗《锦鸡》、劳动歌《挖土锣鼓歌》等。

（八）黎族古籍

黎族　因分布地区的不同和方言、服饰等差异，其自称有“孛”“歧”（杞）、“美孚”“本地”等。90%以上分布在海南岛。黎族源于古代百越的一支。西汉曾以“骆越”，东汉以“里”“蛮”，隋唐以“俚”“僚”等名称来泛称中国南方的一些少数民族，海南岛的黎族先民即包括在这些泛称之内。“黎”这一专有族称始于唐末，到宋代才固定下来，沿用至今。黎语属汉藏语系壮侗语族黎语支。不同的地区有不同的方言。由于长期与汉族接触，不少群众兼通汉语。1957年创制了拉丁字母形式的黎文方案。

黎族有着丰富多彩的口传文史资料，其中有神话、传说、童话、民间故事、家谱等。题材广泛、内容丰富、世代口耳相传。主要作品有：《人类的起源》《甘工鸟》《丹雅公主》《姐弟两》等。黎族的古籍文献还有待继续发掘、整理。

（九）畲族古籍

畲族　自称“山哈”。“哈”，畲语意为“客”“山哈”，即指居住在山里的客户。但这个名称不见于史书记载。分布在福建、浙江、江西、广东、安徽五省80多个县（市）的部分山区。畲语属汉藏语系苗瑶语族。99%的畲族操接近于汉语客家方言的语言，但在语音上与客家话稍有差别，有少数语词跟客家话完全不同。广东惠阳、海丰、增城、博罗一带的畲族约1000人，使用接近于苗瑶语族苗语支的瑶族“布努”炯奈话的语言。本民族无文字，通用汉文。

畲族的民族来源说法不一，有人主张畲瑶同源于汉晋时代长沙的“武陵蛮”（又称“五溪蛮”），持此说者比较普遍，依据的材料也较多；有人进一步追溯至春秋、战国时期生活在淮河与黄河之间的“东夷”里靠西南的一支“徐夷”，认为徐夷与武陵蛮有渊源关系，因而也与畲族有一定的渊源关系；有人认为由“南蛮”的一支发展而成，持此说者认为畲族来自古代“蛮”或“南蛮”，是广东的土著居民；还有古越人后裔说，认为畲族是春秋时期越王勾践或范蠡的子孙、秦汉时期“百越”的后裔或汉晋时代山越的后裔等。

畲族没有文字，但口传文史资料很丰富，尤其是山歌最为出名。流传下来的传统山歌有近千首，四五万行，其中以历史山歌流传最广。如《高皇歌》《麟豹王歌》和《高辛与龙王》等。神话传说《高辛与龙王》，由陈玮君整理，刊于1979年浙江人民出版社出版的《畲族民间故事》。史诗《高皇歌》1992年由中国广播电视出版社出版。

以上这些作品热情歌颂了畲族先祖的英雄业绩，同时也从各个方面反映了畲族的历史与文化以及社会的发展情况，对于研究畲族的历史和文化，无疑是宝贵的资料。

（十）高山族古籍

高山族 主要居住在台湾省台湾本岛的山地和东部沿海纵谷平原以及兰屿上。因地区、语言的差异，内部有阿美人、泰雅人、排湾人、布农人、鲁凯人、卑南人、曹人、赛夏人和雅美人等不同的名称。高山族的来源，据文献记载，其祖先是百越中闽越的一部分。三国时期称山夷，隋代称流求土人，唐代以后有马来人和其他民族陆续迁入台湾，与原居民融合，明代称“东番”“夷”，清代称为“番族”或“土番”等。日本侵占台湾期间，侮称为“蕃族”“高砂族”。抗日战争胜利后，祖国人民泛称台湾的少数民族为高山族。高山族有自己的语言，属南岛语系印度尼西亚语族。无文字。

高山族的古籍文献，只有口传文史资料。其内容丰富，形式多样，有歌谣、神话、传说和民间故事等。主要作品有：以反映劳动生产、娱神祭族为内容的《庆丰年歌》；反映狩猎生活、赞颂青年猎手勇敢刚毅和不怕牺牲精神的《打猎歌》；反映高山族原始宗教内容的《祭祀歌》等。

参考文献：

1. 张公瑾．中国少数民族古籍集解［M］．昆明：云南出版集团公司、云南教育出版社，2006. 1.

2. 朱崇先．中国少数民族古籍文献学［M］．北京：民族出版社，2005. 11.

3. 张公瑾．民族古文献概览［M］．北京：民族出版社，1997.

4. 史金波，黄润华．中国历代民族古文字文献探幽［M］．北京：中华书局，2008. 5.

5. 朱崇先．民族古籍文献研究［M］．北京：民族出版社 2014. 1.

第三章　中国少数民族古籍整理研究史

中国少数民族古代文字各具特色，各文种的古籍文献内容丰富多彩，涉及广泛的学科领域。各民族古籍文献分别形成于不同的历史时期，对促进本民族文化的发展、推动各民族之间的文化交流、丰富整个中华民族的文化都起到了非常重要的作用。中国各少数民族的古籍文献不仅是本民族的宝贵文化遗产，也是整个中华民族乃至世界文化宝库的重要组成部分。这些珍贵的文化遗产，以其多样的类型、丰富的内容、浓郁的民族特点和巨大的科学价值，为世界所瞩目。

对中国少数民族古文字及其古籍文献研究历史悠久。广义的民族文字及其文献的研究指的是以民族文字及其文献为研究对象的所有解读、整理、分类、收藏及传播活动。这些活动不仅包括汉族知识分子和国外研究者的研究工作，也包含了本民族知识分子所做的工作。狭义的民族文字及其文献的研究则仅指开始于近代，由国内外知识分子和学者对民族古文字及其文献所做的符合现代学术规范的、系统化的研究工作。事实上，在狭义的民族文字及典籍文献研究开始之前，我国古代各民族知识分子已经做了大量的研究工作。伴随着少数民族古文字的创制和文献的产生，由本民族知识分子和上层人士对它们进行的研究工作就已经在进行。他们在民族文字的创制、使用、传承和民族文献的产生、保存、流传过程中起到了非常关键的作用，可以说，没有他们的工作，就不会有民族古文字和文献的存在。此外，这些少数民族文字和典籍文献包括相关的语言也早就引起了我国古代汉族历史学家、文字学家和金石学家的注意。他们把自己接触到的一些民族古文字的情况进行了介绍，记录了一些有关的文献或语言资料。虽然他们对少数民族文字、文献重视不够，研究也远未深入，但仍然为今天的研究工作提供了重要的线索和有价值的材料。为了较全面地考察民族文字及文献的研究历史，我们不能忽略这两方面的内容。

清末民初，由于研究者的重视、新材料的发现和研究方法的日趋成熟，对少数民族古籍的整理研究工作逐渐开始体系化、学科化。这一时期，随着殖民主义在全球的扩张，国外一些传教士、探险家、外交家及学者出于种种目的，率先注意到了我国少数民族文化。他们着手发掘、搜集，大量攫取考古新发现的民族古文字文献，并盗运国外。我国的珍贵文物、文献因此流失极巨。幸而这些资料很快引起了国际学术界的巨大兴趣，同时也刺激了我国学者，使得他们转变了对少数民族文献不够重视的旧识，积极投入到研究中来，海内外掀起了中国少数民族古籍文献研究的热潮。西方学者以其独特的视角、强烈的资料意识和较为系统规范的科学研究方法介入研究，而我国学者则以深厚的考据功力为基础，借鉴西方研究方法，迅速跟进。不少学者取得了显著的成绩。此后战火频仍，磨难重重，但研究者们依然艰辛前行。抗战时期，为避战乱，包括清华大学、前中央研究院历史语言研究所等单位在内的一大批高等院校和高级科研机构迁至四川、云南等地，大批知识分子亦随之南下。传统研究资料的匮乏和信息的闭塞，使得他们迫切需要找到新的材料以突破研究困境，少数民族语言文字和文化于是占据了他们的视野。他们借鉴国外民族学和语言学的田野工作原则，对当地少数民族地区进行了较深入的调查，得到了大批的研究素材，也取得了丰硕的研究成果。

新中国成立之后，随着党的民族政策的确立和贯彻，少数民族语言文字研究工作受到空前重视。20 世纪 50 年代，中国科学院和国家民族事务委员会，以抗战时期西南民族调查经验为基础，组织了大规模、系统化的少数民族语言文字普查。这项工作不仅取得了丰富的研究资料，还促使民族语言文字研究方法得到较大发展，民族古籍文献研究工作也随之有了很大发展。但令人惋惜的是，迅猛发展的步伐不久即被打乱。直到 20 世纪 70 年代末 80 年代初，随着中国共产党十一届三中全会召开，民族语文政策的落实，民族古籍文献研究才开始了新的阶段。今天，在继承和发扬传统的同时，民族古籍文献研究者们一方面开拓新资源，获取新材料，另一方面借助网络、计算机等信息化工具，尝试新手段，因而在研究的广度和工作的深度上都有重大突破。

第一节　我国古代对民族古籍文献的整理研究

我国古代，少数民族古籍文献研究的主体包括本民族研究者及以汉族为主的其他民族研究者。其中，本民族知识分子和上层人士是研究的主体力量。他们不仅是研究者，更重要的是，他们首先是文字的创制者、使用者，文献的作者、编者和读者。实践应用是他们研究本民族文字和文献的最大动力。他们对本民族文字、文献所做的工作大致可以分为三类：文字的创制和改革；文字、文献的传承；文献的产生、搜集、整理、收藏。

一、各少数民族文字的创制和改革

关于少数民族古文字创制的最初情形和早期文字改革情况，多数是以民间传说形式流传下来的，因为与宗教信仰联系密切，往往归结为“天赐”“神授”，实际如何，后世并不清楚。尤其是其中的自源性质文字，更是如此。创制或改革情况有史料记载的少数民族古文字一般是依托已有的某种成熟文字为基础，借用、改造或仿制而得的，这类文字有藏文、契丹文、女真文、西夏文、八思巴文、满文等。不过，不管是在传说还是历史记录中，各族先民创制和改革文字一般都有比较明确的目的，也有一定的工作规则。由此可见，先民们已经对文字的作用、文字和语言的关系有了某种程度的理解。

例如，关于彝文及其书籍由来的传说之一：“……图纳出世后，小时没文字，长大不识字，长到十五岁，善良的图纳，朝思暮想，活在人世间，要是无文字，祖宗不认识，道理更不知，书籍和文字，究竟在人间，还是在天上？我要去寻找……天上六神主，把五卷理书，赠给了图纳。图纳善良人，接过五卷书，磕头又作揖，再把六神献，拜后站立起，脚板不落地，顺着一阵风，回到人世间。……”①彝族先民意识到“活在人世间，要是无文字，祖宗不认识，道理更不知”，有了文字，后人才能认识祖先，知晓道理。传说反映出彝族先民已经初步认识到文字能够辅助和扩大语言的交际功能，而历史和文明正是由于借助了文字得以代代相传。这一传说本身也是由于记录在滇南彝文文献《尼苏夺节》中而为后人所知。

再如西夏文的创制，更是目的性极强，充分说明了创制者已经意识到文字是信息的载体，在文化的传播和传承上具有重大意义。《宋史·夏国传上》② 记载西夏文创制情况为：“元昊自制蕃书，命野利仁荣演绎之，成十二卷。字形体方整，类八分，而画颇重复。教国人纪事用蕃书，而译《孝经》《尔雅》《四言杂字》为蕃语。”而元昊创制西夏文的动机则是：“臣偶以狂斐，制小蕃文字，改大汉衣冠”，实际上就是把文字创制当作一种政治手段，以此来标榜自己与中原宋王朝在文化方面的差异。

从民族文字的改革中也能看出少数民族知识分子对本民族文字的研究和认识。藏文自 7 世纪创制起至今，已有一千多年的使用和发展历史，先后经历过三

---

① 李八一昆等译.《尼苏夺节》，云南民族出版社，1985 年版。

②《宋史》卷 485，《夏国传上》。

次厘定。其中影响颇大，史籍记载也较为详细的是第二次厘定。这次厘定时间为公元 9 世纪初，以噶瓦·白则、觉若·路易坚参、尚·益西岱三大译师为首，带领一批译经师进行。藏文史书《贤者喜宴》中记载道：这次厘定废弃了藏文中难懂不便读的古词形式，代之以易懂便读的新词形式。并将双唇鼻音字母的下加字腭化音字母、在后加字的强化音字母、单根基字垫音等取消，以减少音节中累赘的字母。这些改革，使得藏文更加简明，更能适应时代发展、语言表达的需要，最终为现代藏文拼写法奠定了坚实的基础。

再如满文的改革。1599 年，清太祖努尔哈赤命大臣额尔德尼和噶盖创制满文，几乎完全借用现成的蒙古字母来拼写满语语音，甚至沿袭了其中的一些缺点。清太宗皇太极意识到了这些问题，于是在 1632 年命令达海对满文进行改革。改进后的满文被称为“新满文”或“有圈点满文”，改进前的满文则对应地被称为“老满文”或“无圈点满文”以示区别。新满文用在字母旁加圈或点的方法把老满文不能区分的音区分开，又新设计了一些字母来记录满语甚至外民族语言的语音等。这一系列的改进使得新满文具备了成熟文字的特性，形成了包括 6 个元音字母、24 个辅音字母及 10 个专用以拼写外民族语音的字母的一套字母体系，基本做到“一字一音”，而且书写规范，字形也与蒙古文有了显著区别。没有深入的研究，就无法对这种以借用他种文字为基础创制的民族文字进行改革，使之更好地适用于记录本民族语言，巧妙的设计体现了古代满族知识分子对文字和语言之间关系较深刻的认识。

二、各少数民族文字、文献的传承

我国各少数民族文字及文献的传承有一些独具的特点。这些特点，是古代各民族知识分子为适应本民族自然和社会各方面条件，在文字和文献传承的过程中发展起来的。由于特定历史时期的局限性，民族文字和文献早期的传承者往往是本民族的上层人士，包括喇嘛、毕摩、东巴等宗教活动从事者或是君主、头人、官员等统治者。文字和文献的作用往往因此被人为过高抬升，甚或被神秘化。传承也因而常被限定在某些特定的小圈子里，显得分外与众不同。例如彝文及其文献的传承，就有独特的毕摩师徒相授方式。“毕摩”是彝族对祭师的称呼，在彝族传统社会中，是非常受人尊重的。毕摩一般是父业子承，职务世袭祖传，文献也随之代代相传。只有在毕摩人手不足，毕摩家族又后继乏人的情况下，才通过严格的推举，从非毕摩家族的子弟中选取品行端正、仪表堂堂者来充当毕摩学徒。毕摩在授徒时，往往只能在做法事的过程中，或利用夜间及白日劳作间隙，因而学徒从师学艺相当艰辛，没有三年五载不能出师。学徒白天要为老师劳作，承担耕种、畜牧、樵采、炊餐等劳动，夜间才能在象征家庭，作为诸神灵、祖灵居住来往之处、人神沟通之地的火塘边随师学艺。比火塘边教学更具庄重、严肃意义的是祭场教学。老祭师在做法事道场时，也把弟子带上，一边作法，一边现场教授知识，并不因为教学而耽误工作的进行。徒弟则一边为老祭师效劳，一边留心学习，获取实践经验。毕摩授徒方式简单而严格，一般是先带领弟子逐句诵读、督促弟子熟记经文，再教认彝文。然后在祭场现场教授做法事的程序及方法，最后指导弟子主持祭祀，直至弟子完全掌握技艺，方可出师。要求弟子狠下苦功，绝不能增删修改经文节句，也绝不能遗漏内容、残缺步骤、颠倒顺序或敷衍应付。古时的普通彝族民众，罕有通晓文字者，因此，在当时彝族社会中，除了毕摩之外，能诵读彝文文献、懂得天文地理、本民族及本家支历史的人也备受推崇。彝族青年即使不当祭师，为了安身立命、出人头地，也愿意自发地向包括毕摩在内的老一辈知识分子学习。贵族等上层人士的子弟则更享有被保送去学习彝、汉文化的权利，以维护统治集团的利益和统治地位。

三、我国少数民族古籍文献的创作、编辑、翻译

少数民族文献的产生基本方式亦为创作、编辑、翻译。自创文献所表达的内容一般是本民族自有的文化内容。许多民族对本民族语言文字的使用、自创文献的写作均有颇为深入的研究，这些研究成果一般保存在语言文字类民族古文献中，尤其是集中于这类文献中的用于语文教学方面的古籍中。例如，傣文著作《萨普善提》（《音韵诠释》）、《嘎拉扎珊》（《至尊声韵疏稿》）是阐释傣文声韵结构和字母分类的早期文献，内容比较深奥，对于研究傣族语音史和文字史有重要的价值。再如托忒蒙古文文献《字母汇编》，成书于1649年，作者为托忒蒙古文的创制人咱雅班第达那木海扎木苏。此书以两首诗为序，以七首诗为结束语，书中介绍了梵文字母、藏文字母及它们的转写规则以及胡都木蒙古文和托忒蒙古文字母。作者在研究这几种文字和本民族语言等方面造诣颇高，从此书可以知道托忒蒙古文的创制原因，了解它的字母及正字法、正音法和对别种文字的转写规则等许多关键性问题。

在文艺理论方面最具代表性的少数民族古籍之一，是举奢哲所撰的《彝族诗文论》。此书为目前所知最早的一部古代彝族文艺理论专著。此书涉及当时彝族的几乎所有创作体裁，内容主要包括诗歌及故事的写法，历史、经书的写法，还包括医药和工艺制作方面知识记录的方法。指出一些很有益的写作原则，例如史

书的写作必须强调真实性，而文学创作方面则在真实的基础上“可以有假想，夸饰也不妨”。此书对后世影响巨大，彝族此后的文人学者叙述历史文化，谈论经典学问，品评诗歌时，常把此书作为经典来引证。时至今日，此书的许多理论依然值得我们借鉴。据与此书作者同时的另一位彝族文艺理论家阿买妮所在氏族家谱推测，他们生活的年代应在公元元年前后。阿买妮所著的《彝族诗律论》，是彝文典籍《把苏》（《训书》）中的篇章，也是有关彝族诗学理论的重要论著。阿买妮论述的核心为彝族的诗韵，指出彝族诗韵共有韵目“四百七”、韵部“四十三”，并以彝文“天、地、日、月、星”等四十三个字的字音代表韵部，每部各举两篇诗歌为例，加以说明。书中彝语诗歌韵律描述明晰，因而对后世彝族诗歌创作和流传影响非常深远。

翻译文献所表达的主要是外来文化的内容。一些民族对翻译很有研究，创造了一系列行之有效的翻译方法。其中十分引人注目的是公元 7 世纪上半叶，赤松德赞统治时期对藏译佛经翻译方法的研究。大约在此之前两个世纪的公元 7 世纪，松赞干布执政时期，佛教已经传入藏地，据说佛经的翻译也随之进行。经过几代藏王的大力提倡和扶持，到赤松德赞时，佛教经典译著已蔚为大观。但遗憾的是，译本优劣不一，名词、术语也各不相同，不便于阅读、传播。有鉴于此，赤松德赞于是十分重视佛经翻译方法的改进以便提高译经水平。他首先解决人力和人才问题。一方面在已有翻译人员中精选译师和大班智达，加强人员培训，另一方面从印度等地请进一批新的高水平班智达，配合翻译。赤松德赞将优秀的译经师组成高层次的译场，并亲临坐镇。在这类高级译场中，翻译工作不惜工本，进行得非常审慎。由一人在堂前逐句宣读梵文原典，同时有三位译师分别执笔译出藏文初稿，再比对三种初稿，集其长处，写为定稿，抄写发行。为确保翻译质量，赤松德赞还组织人力做了三件大事：厘定藏文字、统一翻译标准、编纂译经目录。这次厘定文字即藏文三次厘定中的记录较详细的第二次。统一翻译标准后，出自噶、觉、尚等著名译师之手的藏译佛经不仅在当时成为译经的典范，其用词及行文特点对后世亦影响极大。其时所编《丹噶目录》，后来被收录在《藏文大藏经》中，是了解前宏期译经状况的重要依据。

从少数民族数量众多的翻译文献还可以看出，少数民族对外来文化具有浓厚的兴趣，往往持有宽容接受、谦虚学习的态度。以满文文献来看，在其翻译文献中，译自汉文典籍的占绝大多数，也有一些其他文字的文献。满文翻译文献内容包括政治、经济、历史、文学、宗教、军事、天文、地理、农业、制造等各个方面，涉及范围相当广泛，除了经世致用的实用型书籍，还有大量诗词、戏曲、小说等文娱性质书籍。根据本民族的需要，满族译者在翻译时，早期（老满文创制后的后金时期）侧重实用性，所译书籍大都为《四书》《五经》《金史》《元史》，后期（尤其是入关前后）为满足文化需求及尽快了解中原、熟悉汉文化，则译书种类极为丰富，尤以文学类译书最为突出。通过书籍的翻译和阅读，实现了民族间的文化交流。

编辑而成的民族古文献内容来自本民族和其他民族文化的情况皆有。以本民族文化为主要内容的文献不少，其中之一为西夏文类书《圣立义海》。此书共15卷，为西夏人自行撰述，体例与汉文《艺文类聚》略似，现存版本为西夏乾祐十三年（公元1182年），刻字司所刻印。再如，回鹘式蒙古文文献《十善福白史册》，成书于至顺元年（公元1330年），为元朝政治制度和法律、规定的汇编。此书详细记述了元朝行政机构和宗教机构的设置、职能，各种礼仪、祭祀活动规程，以及包括上至君主，下及黎民的社会各阶层人员的道德规范和行为准则。它是14世纪重要的历史、法规文献，为后人研究元朝政治法规及古代蒙古族哲学思想、道德观念提供了重要依据。以其他民族文化为主要内容，而由本民族编者编辑的书籍很少，属于这类书的有西夏人曹道安据汉文史料所集译的西夏文《新集慈孝传》《德行集》等。以其他民族文化为主要内容的少数民族古文献一般是直接翻译其他民族已编辑好的书籍，例如西夏文译本《类林》，满文译本《大藏经》《诗经》等。还有一些书籍在编著的过程中兼采不同民族文化的内容。比如回族学者刘智（约公元1660—1730年）编写的《天方至圣实录》，即以波斯文《忒尔准墨》为底本，参考其他资料编写而成。此书是穆罕默德的传记，共20卷，内容大致可分为三部分。第一部分为自“人祖”阿丹到穆罕默德的历史及穆罕默德年谱；第二部分是主要部分，叙述先知穆罕默德的一生；第三部分为附录部分，其中的卷19《天方圣国风土考证略》，汇集了中国历代书籍中有关阿拉伯的记载，卷20则汇集了明代以来关于伊斯兰教的一些碑文、序文等资料。

文献编辑汇聚往往与文献收集、整理密切相关。规模恢宏的藏文《大藏经》可以说是最为典型的一个例子。这套佛教典籍从开始收集、整理、编纂到最终的制版、印刷历经百年。元朝武宗海山（公元1308—1311年）当政时，颇为信重大师尊巴降央，欧巴洛赛益西等人则得尊巴降央信任委托，汇编经藏、律藏的藏译文《甘珠尔》及论藏的藏译文《丹珠尔》。欧巴洛赛益西、索南沃赛、江惹强秋绷三人全面收集抄本，并编纂出西藏的第一套《甘珠尔》《丹珠尔》全集。当时苦于条件所限，未能印刷出版，仅有抄本。元末明初，大师布敦·仁钦珠（公元1290—1364年）再次搜集整理《甘珠尔》和《丹珠尔》，增添许多新目，并存放于夏鲁寺。此举促成了三藏的搜集风气，影响到泽塘、贡嘎、丹萨梯等地。明永乐十二年（公元1414年），宗喀巴的得意弟子释迦也失代师应诏入京，被永乐帝封为大慈法王，深受青睐。永乐下令在南京以铜制版印刷了数套《甘珠尔》《丹珠尔》，并将此藏文《大藏经》分别封赏给萨迦巴、噶玛巴、宗喀巴等大师。封赐给宗喀巴的一套由释迦也失代领，至今完好保存于色拉寺内。此版藏文《大藏经》为第一个印刷本，影响巨大，有力地推动了西藏的文化发展。

四、我国少数民族古籍文献的制作和收藏

少数民族在文献制作和收藏方面，也往往因地制宜，有一些各具特色、非常适合本民族文献实际情况、行之有效的方法，且成功地留存了大量古文献。彝族古籍的制作方法多为手抄法，也有刻版印制的方法，并不十分奇特，但收藏方式就非常特别。在彝族传统中，人们把彝文古籍视为神物，非常珍重，文献收藏有一整套技巧，保护得相当好。比较普遍的方式是采用专门的袋子收藏，袋子有皮质的、麻布质地或毛毡质地的等。除此之外，还有用专用木箱收藏的。为防潮湿和虫蛀，平时彝文文献一般放在能被烟火熏着的地方。更为讲究的还要先将书用斑竹笋壳包扎，外用皮纸密封，再涂抹鸡蛋清后烘干，然后藏于烟火上方能熏着处，每次都要焚香致礼，方可打开阅读。

少数民族古文献除了民间分散制作、收藏的方式之外，还有民间大量制作、收集且制度化管理的优良模式。数量极巨且历史悠久，值得注意的当属四川省甘孜藏族自治州的德格印经院。德格印经院全称应为德格吉祥聚慧经院，还被誉为“德格印经宗教宝库”，始建于1729年，距今已有270多年的历史。藏有二百余部经典的木质书版，共20余万片，刻字约2.5亿。书版之外，还藏有《大藏经》《宗喀巴全集》《汉地宗教源流》《四部医典》《诗例》《恶雍》（藏族乐谱）、《古茹体扎》（绘画专著）等大量各类古籍。

在1949年前，德格印经院的传统管理方法已相当成熟，一直严格遵循由创始人却吉·登巴泽仁和八邦寺活佛司徒·曲吉久勒所制定的《印经院管理规则》。该规则规定印经院的管理机构由院长、管家和秘书三人组成。他们的产生，由更庆寺堪布推荐本寺中藏文水平高、道德品质好并有一定组织能力和管理能力的喇嘛作为候选人，再提交管家会议研究决定，最后由德格土司任命。每届任期三年，经营管理有方者，则可连任。院长负责全院的行政事务和对外经营，包括任免组长、吸收和辞退工匠等权力。管家负责财务收支、验收印刷成品、供应印刷工具及原料、掌管仓库、支付工匠报酬等。秘书主管记账、制定全年收支预

算、订立合同和处理来往信函。德格印经院对于印版等设备和技术工匠的管理十分严格。各种印版雕刻完毕，必须经院长验收合格后，才能分类存放于库内的藏版架上。平时印版出入库房均要履行登记手续，存取时均须轻拿轻放。每年印刷时间，一般是从藏历3月15日开始，至9月20日止。为合理使用印版，尽量减小磨损，印刷文献的数量有一定限制，例如《甘珠尔》只能印25套，《丹珠尔》只能印20套，其余经典、文献印量控制在十套左右。每年印刷结束时，一定要将印版清洗干净，涂上酥油才准入库。全体人员都必须爱护印版等各种设备，如发生故意损坏者，由院长或土司予以制裁。同时还制定了印经院的防火、防潮、防虫等方面的规章制度。①

由于信息交流不便，对少数民族文化不够重视等原因，早期汉族知识分子一直对少数民族语言和文字缺乏认识，一直到宋代，才在著作中对少数民族古籍文献有零星的提及，但还远远谈不上研究。例如，《说郛》卷三八引了宋人王易重编《燕北录》上所抄录的几个契丹字，临写的字形严重失真，可见临写者并不懂契丹文。再如，汉字式的方块壮字，当时被称为“土俗字”，也是在宋人庄绰的《鸡肋篇》、范成大的《桂海虞衡志》、周去非的《岭外代答》等作品中略被提及。这种少数民族语文不受重视的情况一直到元代才稍有改观。元朝政府兼用蒙古文、汉文、西夏文及藏文，甚至一些诏书也是如此。在这一点上，明清两代也受到影响，产生一大批被统称为“华夷译语”的“杂字”体翻译手册。这批文献不仅包括我国的蒙、藏、维、彝等少数民族语言文字，还涉及诸如波斯、缅甸，乃至英、法、德、意等国的一些语言文字。此外，明人陶宗仪所著《书史会要》卷九，附带介绍了前代的几种少数民族文字，并摹写了少量文字样本。虽然内容不多，作者也未能掌握一手资料，但却是今天唯一能够见到的一篇对少数民族文字的综合介绍。明朝时直接抄录或引用民族文献原文的情况虽然依旧不多，但汉族知识分子已经愈来愈认识到少数民族文献的意义，把民族文献译为汉文并编入汉文文史书籍的情况并不罕见了。例如，在《明一统志》《蜀中广记》《天下郡国利病书》等汉文书籍中都被采录了自彝文典籍翻译而来的资料，《永乐大典》里收录了汉译名作《元朝秘史》，原稿为回鹘蒙古文的《蒙古秘史》。

---

① 参见：http：//www. degeparkhang. org/

第二节　近现代对中国民族古籍的整理研究

近现代对包括汉文文献在内的所有中国各民族古籍文献的研究热潮，掀起于19世纪中期以后。毋庸讳言，是在帝国主义列强对我国大肆进行侵略，尤其是进行文化侵略的背景下产生的。当时，形形色色、数量空前的各类“洋人”蜂拥而至，进入中国，一些人打着探险家、旅行家、外交家、传教士的幌子，对我国少数民族聚居区，特别是西北地区的文物、文献进行肆无忌惮的掠夺，而民族古文字文献是他们最为垂涎的一部分。因为民族文献的搜集和研究首先是他们殖民侵略总战略一个重要的文化组成部分，据此，他们可以了解中国的天文地理、风土人情，尤其是政治、经济、军事等各个方面，以此为殖民侵略鸣锣开道。但这并非西方搜集和研究中国民族文献的唯一动机，还有一些其他目的，其中包括出于学术研究、民间交往等方面的需要。

事实上，国外对我国民族文献的研究远早于19世纪。欧洲人对于汉语文的关注大约始于明朝末年。以利玛窦和金尼阁对汉语的研究为开端，自17世纪下半叶始，欧洲人研究汉语文的著作层出不穷。其时，虽然国外学者对文字的理解远不及国人，但他们把汉字和其他文字一视同仁，撇开了中国传统的义理和说教，直接对符号本身进行研究，迎来了现代意义上的文字学的曙光。

欧洲人开始瞩目我国少数民族，尤其是对边疆民族语文的时间也并不比注意到汉语文更晚。早在从17世纪20年代到18世纪40年代的百余年里，就曾有多批欧洲天主教教士或穿越喜马拉雅山，或自我国内地来到藏区，进行了长期的传教活动。借传教往来之便，搜集并带走了一批历史、宗教、民俗方面的藏文资料。类似情况一直持续到19世纪初。到了19世纪前半叶，与殖民主义活动肆虐的背景相适应，我国藏族古文献和其他民族古文献一样，流失的速度则急剧加快。

国与国之间、民族之间文化相互交流，文献互通有无，在正常情况下，本来不应是一件坏事。中国由于是文明古国，古代文化辐射的中心，古文献很早就开始通过宗教传播、政府间交流和民间贸易等正常交往的方式流传国外。期间虽也不乏巧取豪夺之事，但毕竟与在清末民初不同。从19世纪初直至新中国成立前，在积贫积弱的旧中国，精神文化财富和物质财产一样，处于被严酷掠夺的境地。尤其是1842年《中英南京条约》、1860年《中俄北京条约》等一系列不平等条约签订之后，随着殖民势力大举入侵，中国各民族文献更是遭受了一场长时间的浩劫。

我国当时与国际社会脱节，从朝廷到民间，远未建立文物所有国的国家主权意识。外国考察家、探险家于是长驱直入，所到之处上下官员一般都给以协助，不仅允许其行动、发掘、考察的自由，还为他们提供交通运输、物资补给及劳工等多方面的帮助。在对宝藏和成功强烈欲望的驱动下，探险考察者们往往不惧环境恶劣，全力以赴以获取并外运文物、文献，致使我国各种珍贵文物、文献大量流失，造成了我国学术史上难以弥补的损失。英、法、俄、德等国获取我国的文物难以计数，近邻日本甚至出动军队，更是有组织、有计划地疯狂攫取。西方学者在接触到这些丰富的第一手研究资料之后，开始关注中国的各民族古文献，并在资料和现代学术研究方法的支撑下，迅速取得进展，也因此大大地刺激了中国的学者们，民族大义和学术志趣促使中国学者立即奋力投身到祖国文化宝藏的保护和研究中来，并以对本国文化的热爱和稔熟很快打开了研究局面。为更好地梳理这段研究史，我们不妨按照各民族资料原始的发掘地点为基础，结合材料的基本类型来分类考察这一时期对民族古文献的发现及研究情况。

这一时期流失海外的中国古文献大致可以分为如下几大宗：一是西北地区的古文献，主要包括吐鲁番文献、敦煌文献、黑水城文献；二是西部地区的古文献，以藏族文献为主；三是西南地区的古文献，主要包括彝族文献、傣族文献、纳西族文献等；四是东北及北方地区的古文献，主要包括蒙古族和满族文献；五是中部内地的古文献，主要以政府档案、新发现甲骨文文献、公私藏书及文物等汉文文献为主；六是东南及南方地区的古文献，包括太平天国档案、台湾地方政府档案等汉文文献及一些当地少数民族文献。我们以少数民族文献为考察重心，在此，对汉文文献不加赘述。

一、国外对西北地区民族古籍的掠夺性收集与学界的初步研究

这一时期，着手对我国西北地区古文献进行收集的有俄国、英国、法国、日本、德国等国。俄国借与我国接壤的地利之便，最早动手。俄国人普丁谢夫在1811年即进入中国新疆收集资料，拉开了西方疯狂收集西北地区民族古文献活动的大幕。19世纪90年代至20世纪30年代，西方人对西北地区文化遗址的滥考乱挖达到极致，不仅盗走了大量文物、文献，还彻底破坏了文化遗址的文化生态，使得文物、文献遭受损坏，文物、文献之间以及它们与出土地之间的联系被人为割裂，许多宝贵的历史信息从此被破坏、湮没，学术研究因此更加困难重重。这种损害在我国其他地区也同样大量发生，而以我国西北地区文物和古文献

受害为最剧。

其一，敦煌文献。敦煌文献的主要组成部分即敦煌莫高窟藏经洞（第 17 窟）所出文献。1900 年，在敦煌莫高窟，道士王圆禄发现封闭了数百年的藏经洞。人们后来从中获得了汉文、藏文、梵文、龟兹文、于阗文、粟特文、突厥文、回鹘文多种文字文献及绘画、刺绣等文物，总计约为 5 万余件。文献产生的时间约为公元 4 世纪到公元 14 世纪，内容涉及社会生活各个方面，以宗教文献为主，另有不少世俗文献，包括官府文书和民间往来文书等。1905 年，俄国人库库什金第一个从王道士处骗取了两驮各种文字的写本和绘画，另一位俄人奥勃鲁切夫也骗得了一批文书。1907 年，斯坦因则在蒋师爷的帮助下入室挑选，盗走了 24 箱经卷和文书及 5 箱绘画和神幡等文物。1908 年，精通汉学的法国学者伯希和又得王道士帮助而入洞，选走了全部菁华，外运至巴黎。回国前，他曾在北京修裱展出，经中国学者上书清政府，部分文献被封存。日本大谷光瑞探险队又掠走 900 余卷，俄人鄂登堡则盗走 600 余卷。1923 年美国人华尔纳来时，文献已取无可取，于是剥走了面积达 300 多平方米的壁画。据不完全统计，敦煌藏经洞文献总共约 50 000 件，流失海外的大约为 40 000 件。除收藏于中国国家图书馆之外，流失海外的部分被分藏于十几个国家、30 多个博物馆。其中大宗收藏当首数英国国家图书馆、印度国家博物馆、俄罗斯院东方研究所圣彼得堡分所和艾尔米塔博物馆、法国国家图书馆和吉美亚洲博物馆，日本龙谷大学等各公私藏家也有一些收藏。

其二，吐鲁番文献搜集和收藏、研究概况。1897 年，俄国人克列门慈率领探察队到达吐鲁番，对高昌古城和百余个佛窟进行了探察，搜集、盗运了一批壁画、铭刻和古写本。1909 年，以俄国人鄂登堡为首的考察队进入吐鲁番，再次搜寻了高昌古城和近百个洞窟遗址，盗走大批文书、钱币、绘画、佛像和雕刻。1914 年，鄂登堡又进入新疆，盗走柏孜克里克石窟的大量壁画，以及阿斯塔那古墓内的文物，数量最巨，共运走 100 多箱。俄国人所收集的这些吐鲁番文书现收藏于俄罗斯东方学研究所。1902 年，德国人格伦韦德尔等在大资本家西蒙和克虏伯的资助下，来到吐鲁番，盗走了文书文物 46 箱。1904 年，以勒柯克为首的探察队又对佛窟、佛塔和其他遗址进行了历时 9 个月的搜索，发现了大量的古文书、经卷、钱币、石刻等，并剥取壁画，共盗走文物、文献 200 箱。1905—1907 年春，格伦韦德尔与勒柯克合伙组成的第三次探察队，又到吐鲁番共盗去文书文物 204 箱。1913 年，勒柯克带队第四次来华，他们在吐鲁番、库车等地，分三批掠走文书文物 397 箱。德人所获文书文物有一部分在第二次世界大战期间毁于战火，剩余部分现藏于德国国家图书馆、德国印度艺术博物馆。日本大谷光瑞考察队于1902、1908、1910年先后三次到新疆。大谷光瑞本人仅参加了第一次考察队，这次考察重点为库车以北的克孜尔和以西的库木土拉两处大型石窟群。第二次主要在吐鲁番的柏孜克里克石窟群及高昌、土峪沟、楼兰一带，盗取壁画、塑像、文书等。1910年开始的第三次考察长达四年，经过和阗、敦煌等地，并对吐鲁番的古墓重点进行了盗掘，席卷了大批出土文物文献。大谷考察队所获文献即后来的"大谷文书"，除了被零散卖掉的一些之外，主要部分现分藏于日本龙谷大学、我国旅顺博物馆和韩国汉城博物馆。众所周知的英国人斯坦因，他的几次考察前后历时19年。1900年来到新疆的和阗、尼雅，盗去一些公元一世纪至三世纪的文书文物，其中有8封用粟特语写成的书信，是迄今发现最早的字纸，还有一些简牍和羊皮文书。1906年，他第二次到新疆，在尼雅发现了一个古代官邸遗址，其中有文书架和排列整齐的木简、账簿等文书，还在玉门关附近的驿站遗址挖出了300多片木简。1913年，斯坦因第三次来华，又到敦煌、黑水城、济木萨古城盗掘。1914年11月，转到吐鲁番，这一次他共盗得182箱文书、碑碣、墓志、壁画、雕塑等。1915年2月，他雇用50匹骆驼，派人押运至印度。1930年，他第四次来华，但在我国文化界的抗议下，国民政府将他驱逐出境，盗窃未遂。斯坦因所盗文书、经卷、文物绝大部分收藏于英国国家博物馆及印度国家博物馆。吐鲁番文献包括汉文、藏文、梵文、龟兹文、于阗文、粟特文、突厥文、回鹘文、佉卢文等多种文字文献。

由于地域相近，当地各民族之间交流密切，学界往往都把敦煌文献和吐鲁番文献联系起来考察，合称为"敦煌吐鲁番文献"。因为这些资料发现的时间密集，而且总量巨大，很快引起了学界的关注，国内外许多学者对它们做过研究。例如，对回鹘文文献的研究，其中国外的主要有德国米勒、冯加班的4卷《回鹘文献研究》，勒柯克的3卷《高昌出土突厥语摩尼教文献研究》，班格、冯加班的6册《突厥语吐鲁番文献》；俄国拉德洛夫刊布的回鹘文佛经《十方平安经》《观世音菩萨》《金光明经》《回鹘语文献集》等，前苏联马洛夫的《古代突厥文献》；土耳其拉赫马《突厥语吐鲁番文献》（第七卷）等。国内学者也对回鹘文献作了一些研究，例如张维的《陇右金石录》介绍过《大元肃州路也可达鲁花赤世袭碑》《有元重修文殊寺碑》等，但将其上回鹘文皆误为蒙古文。向达则在十年后于《西征小记》文中对前者作了翔实记述。再如敦煌所出的藏文文献，与敦煌吐鲁番的其他种类民族文献比较而言，并不算少，而与藏文文献的总体对比来看，仅是一小部分。研究者于是将它们与其他藏文献结合起来，作为一个有机整体进行研究。但出于收藏的要求，对敦煌藏文文献，多有单独的目录。例如，藏学家布桑为英国国家博物馆藏敦煌藏文文献编纂了《印度事务部图书馆藏敦煌藏文写本目录》、拉露则为法国国家图书馆编纂了《巴黎图书馆藏敦煌藏文写本目录》。敦煌所出的这些藏文文献还有一个区别于其他地区的特点，就是有其中往往有少量卷子会由两种或三种语言写成，在藏文卷中包含汉文或于阗文、回鹘文等片段，包含汉文的卷子数量最多。这种情况应该是受到当地多民族杂居社会状况的影响。至于存世量稀少，解读难度较大的佉卢文献、焉耆－龟兹文献、于阗文献和粟特文献，这一时期的研究工作只是艰难起步，研究成果并不多，且多停留在资料刊布或转写及个别文本的简单翻译阶段。例如，波义耳（A·M·Boyer)、拉普森（E·J·Rapson)、塞纳特（E·Senart）等合作，在《Kharosithi Inscriptions, Discovered by Sir Aurel Stein in Chinese Turkestan》一书中转写刊布了斯坦因在新疆所获佉卢文献，拔罗（T·Burrow）则在此书出版十年后，出于语言学研究的需要，简单英译了文献的一些部分；焉耆－龟兹文献收藏于德国部分由西格（E·Sieg)、西格林（W·Siegling）在《Tocharische Sparachreste A》《Tocharische Sparachreste A》两书中整理刊布，法国的藏品则由勒维（S·Lévi）在《Fragments de Medicine et de Magie Texte》书中整理刊布；于阗文献则有贝利（H·W·Bailey）所著《Khotanese Texts》和《 Dictionary of Khotan Saka》；粟特文方面则可见本维尼斯特（émile· Benveniste)、西蒙斯·威廉斯（N·Sims·Williams)、亨宁（W·B·Henning）等人的一些研究文章。

其三，西夏文文献。西夏文创制于公元 1036 年，是少数几种明确知道创制时间和创制基本情况的民族文字之一。这一时期发现的西夏文物和文献主要出自黑水城遗址、甘肃宁武、敦煌莫高窟等处。

黑水城遗址位于我国内蒙古自治区额济纳旗，是发现西夏文献最多的一处遗址。此处所出文献总量大约有十万页，其中西夏文占 90% 以上，汉文等其他文献数量较小。文献内容以佛教文献为主，世俗文献比例较小。1908—1909 年，俄国人科兹洛夫率领的探险队在黑水城遗址将大批西夏文献和文物，全部运往圣彼得堡，文献部分现在主要收藏于俄罗斯科学院东方学研究所圣彼得堡分所，文物部分则收藏于冬宫博物馆。1914 年斯坦因也黑水城遗址大肆发掘，所获文物文献藏于英国国家博物馆和国家图书馆。大谷探险队在吐鲁番等地所获的西夏文献现藏于日本天理图书馆。此外，斯文赫定所获的西夏文献则藏于瑞典斯德哥尔摩民族博物馆。1919 年，灵武县出现了一批西夏文献和文物，被发现者余鼎铭等人或转卖或赠送或私藏，流散到各地。当时发现的绝大部分西夏文献均流失海外。

伊凤阁、罗振玉父子、王静如等国内外学者对西夏文献做了研究。其中，伊凤阁发现并研究了西夏文和汉文对照的字典《番汉合时掌中珠》，使得人们有可能凭借这一突破性的重要发现来解读西夏文献。

1892 年法国人杜特雷依在和田购到了一种写在烨树皮上的写本残卷，经研究认出这是写于公元 2 世纪的佉卢字佛教经典《法句经》。《法句经》共 2 卷 39 品，是从早期佛经十二部经和四阿含经中的蝎颂采集分类编成的，在古印度是佛教徒的初学入门读物。大月氏高僧支谦评论《法句经》道："其在天竺，始进业者不学《法句》谓之越叙。此乃始进者之鸿渐，深入者之奥藏也，可以启蒙、辨惑、诱人自立。学之功微，而所包者广，实可谓妙要者哉。"①《法句经》在三国时期（3 世纪上半叶）被译成汉文。佉卢字《法句经》译自巴利文，是公元 2 世纪桦树皮写本。经一千多年的沧桑岁月，桦树皮已有多处破损或折断，有的已断为两截，以致影响文字的对接拼读。

在这部写本中有一段题记，内容为"这部《法句经》写卷由法藏在阿兰若森林写成，属于沙门佛喜的同住佛侣"。这位法藏是佛教史上的著名人物，是小乘教法藏部的创始人②。佉卢字《法句经》在 1897 年巴黎举行的东方学大会上首次披露，引起了极大的轰动，因为在此之前，人们只知道佉卢字仅出现在古印度的碑铭上，它的写本还是首次面世。也是在这次大会上，俄国东方学家奥登堡（V. Oldenberg）宣布这一写本的主要部分在圣彼得堡。原来俄国驻喀什噶尔总领事彼德罗夫斯基早就在新疆地区大量收集古代文物，和田马钱就搜集到 21 枚，在和田附近买到了佉卢字《法句经》的大部分，收藏在圣彼得堡的埃尔米塔什博物馆。奥登堡只发表了这部抄本的一张残叶，主要部分至今尚未刊布。就这样，公元 2 世纪写在桦树皮上的佉卢字《法句经》成为迄今为止中国最早的少数民族文字图书。

二、国外对东北地区民族古籍的掠夺性收集和学术研究

这一地区民族古籍文献主要包括契丹文、女真文、蒙文、满文等多种文字。契丹文和女真文是长久被湮没在历史长河中，久已失传的古文字。后人可以看到的这两种文字的资料都很稀少，大部分是一些碑铭文献，契丹文的发现更是始于位于内蒙古昭乌达盟巴林右旗的辽庆陵的被盗掘后，闻风而至的比利时传教士凯尔所掘获的辽兴宗及仁懿皇后哀册。值得一提的是，这一发现证实了金代的"郎君行记碑"为金人沿用契丹字而造，纠正了学界此前将此碑误为女真大字，并因

而将金代“进士题名碑”误推作女真小字的谬见。综合看来，这一时期发现的契丹文资料有兴宗及仁懿皇后、道宗及宣懿皇后哀册等，中外的主要研究著作及拓片照片均收录于金毓黻所编六卷本《辽陵石刻集录》中。女真文资料较之契丹文资料稍丰，有《女真译语》《大金得胜陀颂》《进士题名碑》《奴儿干永宁寺碑》《奥屯良弼诗碑》《庆源碑》等，研究者则有威廉·格鲁（W·Grube)、渡边董太郎、田村实造等国外学者和罗福成、王静如等中国学者。这两种文字文献的原始资料和相关资料都相当匮乏，因而对它们的研究进展艰难，但这也正是对学者研究功力最好的考验和磨炼。

满文由于曾作为清代的官方文字，于是具备使用的范围广、文献数量巨大、文献内容非常丰富等特性。而这些宝贵的文献资料也在这一时期大量外流。其中，外国人最为关注的当属其中的档案文献。英、美、日等国掠走的满文档案数量极巨。这些文献现主要藏于英国公共档案馆、美国国家档案馆等各国的档案馆，及日本东洋文库。各国博物馆和图书馆也有少量收藏。保留在国内的则藏于中国第一历史档案馆等收藏和研究机构。即便到了今天，这些宝藏大部分还在沉睡，对这些文献档案的研究，还做得远远不够。

蒙古族用过几种不同的文字。最早是13世纪初以回鹘字母为基础创制的回鹘蒙古文，后来的1269年则由八思巴以藏文字母为基础创制了八思巴蒙古文，1648年则有卫拉特部那木海扎木苏改进了回鹘蒙古文而创制的托忒蒙古文，其间的1589年，还有喀喇沁部阿尤喜创制的翻译佛经时用于转写藏文及梵文的阿利伽利字母。自13世纪初至今，蒙古文献一直处在不断发展的过程中，文物和文献资料蕴藏丰富。除我国收藏量为世界之首以外，蒙古国、前苏联也藏有大量蒙文古籍，德国、丹麦、美国、法国、瑞典、芬兰、英国等国也有一些民族古籍藏品。其中的《甘珠尔》《丹珠尔》等宗教典籍，《蒙古秘史》等史书和《格斯尔》《江格尔》等文学典籍，以及《卫拉特法典》等法律文献，都为世人所瞩目。以著名的《卫拉特法典》为例，早在18、19世纪就引起了国外学者的关注。1778年，德国人巴拉勒斯整理出版了《蒙古族历史资料》，其中全文收录了该法典的译文。1880年，俄国人戈尔斯通斯基也翻译出版了俄文译本。

三、国外对南方民族古籍的掠夺性收集与学术研究

我国西南地区的民族文字古籍非常丰富，包括藏文古籍、彝文古籍、傣文古籍、白文古籍、纳西文古籍等。各文种古籍都有被国外收集和介绍的情况。

在西南各民族古籍中，藏文古籍具有历史悠久、体系完备、数量巨大、种类

丰富等突出的特点。于是成为最早被西方人注意到的民族古籍，早在17世纪20年代，他们就开始了对藏文古籍的搜集和外运。19世纪20年代，英国驻尼泊尔代办何德逊从拉萨运走全套藏文《大藏经》并赠与东印度公司；30年代，乔玛受东印度公司雇佣，带走全套藏文《大藏经》及关于历史、宗教、民俗等方面的一批藏文资料；1879—1883年，印度人达斯两次潜入我国藏族地区，盗走一批珍贵的藏文写本和刊本；1900年，俄国人策比可夫从拉萨带走了大批藏文文献。因为历史和宗教等多方面的因素，在我国境内的藏文古籍的使用和收藏并不限于藏族聚居地区，而是分布较广，因而在这一时期，从敦煌、新疆、北京等地也有藏文古籍大量流失到海外。国外对藏文古籍的研究除了对所收集民族文字古籍进行整理编目之外，还有编著字典等工具书和翻译解读具体古籍文献及对古籍进行综合研究等方面工作。例如，乔玛（Alexander Csoma de Koros）1834年即已编著的《藏英字典》《藏文文法》；图齐（Giuseppe Tucci）则用意大利文、英文、法文等多种文字撰写了《拉萨与藏传佛教》《梵天佛地》《1933年西藏西部科研考察日志》《西藏的宗教》《西藏考古》等十几部著作，另有相关论文近百篇。

在这一时期，西南地区的民族古籍收集和整理研究方面，除了本民族知识分子所作的工作之外，大致有两个高潮：一是19世纪中叶开始，由民族古籍文献被介绍到海外引起的国外学者研究的热潮。例如，国际上对纳西文古籍的关注始于1867年。这年，在云南传教的法国传教士德斯古丁斯将一本东巴经《高勒趣招魂》寄往巴黎，这本书仅有11页，却成为西方收藏的第一本纳西文古籍。此后的八九十年代，旅行家阿里埃斯·亨利也到纳西族地区收集东巴经，并于1898年将之整理结集出版。1904—1922年，英国植物学家乔治·福莱斯也在做植物考察工作之余，收集东巴经。此后，还有美国人约瑟夫·洛克及昆亭·罗斯福等人对纳西文献进行了收集。洛克的部分收集品后来被德国国家图书馆购买、收藏。再如彝文文献，也在19世纪末20世纪初经由传教士之手被介绍到国外，他们中对彝文文献整理研究成就最高的当属法国天主教神甫保禄·维亚尔（Palli·Viai），他著有《法罗词典》，且翻译过数篇彝文文献。二是20世纪三四十年代，国内学者对西南地区民族文献的研究热潮。在此期间杨成志、丁文江二位开了收集整理彝文古藉的先河，尤其引人注目的是抗日战争时期，随着高校和科研机构向西南地区迁移的大批国内学者所作的大量工作。例如：马学良等学者对彝族地区进行了深入调查，大量收集、整理彝文文献，并对彝族语言、文字和文化进行了深入的研究；纳西族学者方国瑜受刘半农委托，收集纳西文献，而陶云逵、芮逸夫、闻宥、吴泽霖、傅懋勣等学者考察了纳西族地区，并大力介绍纳西文化，画家李霖灿等人也曾有计划地学习东巴文、收集东巴经典；学者石钟健则收集白文古碑、铜像铭文及拓本等，研究白文的结构；学者岑家梧对水书进行了调查统计；而云南大学则刊印了张镜秋、李拂一等译注的老傣文文献。

南方的其他民族古籍文献。如古壮字等受汉文化的影响后，结合本民族的具体情况，在汉字基础上创制本民族文字。没有经过统一的厘定，用字并不规范，加上方言土语的差异，不同地区之间很难流通，影响不大。在这一时期，外界对它们的关注不太多。

四、国内外对各民族文字创制及文献翻译和整理性应用研究

除了上述各民族传统文字及其文献之外，这一时期，值得一提的还有新创制的“传教士文字”。19 世纪末至 20 世纪初，外国传教士进入我国云南、贵州等地的少数民族聚居区，为便于传教，他们以拉丁字母为基础，为当地一些少数民族创制了文字。例如，记录景颇族载瓦语的载瓦文、记录景颇语的景颇文、记录拉祜语的拉祜文、记录佤语的拉喇文、记录傈僳语的傈僳文等。这类由传教士主导创制的苗文则有好几种，分别是记录黔东苗语“克拉克苗文”、记录滇东北苗语的“党居仁苗文”及滇东北老苗文（亦称“波拉文字”），最晚的是为贵州凯里等地用汉语注音字母设计的“注音字母苗文”。为与新中国成立后，由政府主导设计的十多种少数民族文字相区别，这批传教士文字往往又被称为“老文字”。

这一时期，各种文字古文献大量被发现，对新材料学术价值的敏锐判断，使中外学者的注意力大部分被资料的收集所吸引。对民族文献所作的研究工作主要是资料的搜集和初步处理，包括确定文献基本性质并进行大致分类，以及在此基础上，对文献作简要介绍，仅有少量文献获得解读。不妨把民族文献的这一研究时期称为“资料导向”的研究阶段，文字研究、文献解读之外，还涉及一些语言学方面的研究，但综合运用各种文字资料以解决诸如哲学、历史学等其他学科问题的情况还比较罕见。

搜集、整理、收藏的基础上，在具体文献的解读方面，开始有一些突破。比较完整，特征明显，有代表性的一小部分文献逐步获得解读。此时的文献解读主要遵循两种途径。对于还在使用中的文字，由该民族通晓此种文字的知识分子解说古文献含义，学者则在了解文献的基本意思之后，以规范的现代学术研究方法对之进行处理。不少学者在这个过程中很快学会了民族语言和文字，可以独立阅读、分析、处理相关文献。例如，研究彝族语文的马学良、研究纳西文献的李霖

灿等。对于那些人们称之为“死文字”，已经不再使用的古文字，具体文献的解读则遵循另一途径。即借助现在还在使用的“活着”的语言和文字来理解这些曾被历史湮没的文字信息。借助于对与此类古文献相关语言的亲属语言的认识，以及对与此类古文字同源或同类型文字的认识，推进对这类古文字文献的理解。例如，人们对印欧语系语言的理解就是吐火罗语的坚实研究基础，而对粟特文献的解读，亦要借助与之相关而此前人们已经较为了解的文字。此外，还可以借助现在尚能够阅读的文字的译本或原本，与这类古文字文献的原本或译本进行对比，从而解读这些翻译文献，并借助对这些翻译文献的理解，来理解这些文字和相关语言，解决这些古文字文献中自创文献的问题。现代还在使用的语言和文字就成了学者们在研究途中跋山涉水的桥梁和拐杖。例如，汉文文献或汉文与其他文字相对照的文献在这类古文献的解读中起了至关重要的作用，比如，我们不妨根据汉文本的《金光明经》来解读它的西夏译本、回鹘译本。而对于藏于法国国家图书馆的一些由两种或三种文字写成的藏文写本，我们也不妨参考它们的藏文、汉文内容来解读其中的于阗文、回鹘文片段。

第三节　当代对民族古籍的整理和研究

自 1949 年以来，中国少数民族古籍整理和研究工作可以大致分为四个阶段：一、是从 1949 年至 1966 年上半年的快速发展时期；二、是 1966 年下半至 1978 年的停滞和否定时期；三、是 1978 年至 1989 年的恢复和崛起时期；四、20 世纪 90 年代以来的稳步发展时期。

一、民族古籍文献整理研究工作的快速兴起时期

从 1949 年新中国成立到 1966 年“文化大革命”之前为各少数民族古籍文献整理研究工作的快速发展时期，在这个时期民族语文工作领域认真贯彻执行党的民族平等政策，使民族语言文字事业欣欣向荣。在这一时期少数民族文字古籍文献也受到平等对待，逐渐开始被人们认可和重视。

新中国一成立，党和政府即十分重视民族工作。为了解少数民族生活状况、民风民情，很快就郑重派出中央访问团。中央各访问团陆续访问了西南的云南、四川、贵州，西北的新疆、甘肃、宁夏、青海，北方的内蒙、东北的黑龙江等少数民族聚居地区。访问内容涉及政治、经济、文化、教育、卫生等各个方面，参与工作的不仅有政府工作人员，还包括一大批学者，其中不乏民族研究方面的高

水平专家。虽然调查内容与民族古籍文献相关的并不多，但已经成为一个良好的开端。为表达感激和爱戴之情，一些少数民族把本民族视为珍宝的古籍交给中央访问团，赠送给国家。这部分古籍后来被收藏于中央民族大学和北京民族文化宫。中央访问团之后，国家又组织了少数民族语言文字调查队，分头深入少数民族地区调查各民族语言文字，少数民族古籍文献的情况也被包括在调查的范围之内。调查队征集了一些少数民族古籍文献，这些原始资料后来被保存于中国社会科学院民族学与人类学研究所和中央民族大学。学术界逐步把民族古籍文献作为民族语言文字研究的重要内容，于是这个时期民族古籍文献研究逐渐向独立的学科方向发展，民族古籍整理工作得到迅速推进。一是出现了民族古籍研究的专门机构，例如贵州毕节地区的“毕节地区彝文翻译组”。该翻译组在这个时期编译了《西南彝志》《六祖纪略》《水西全传》《德布史略》《德施史略》《洪水泛滥史》《寻医找药》等25部彝族典籍，共计约80万字。二是各少数民族古籍的整理成果大量涌现。如蒙古族的《江格尔传》《四部医典》，藏族的《格萨尔》，维吾尔族的《帕尔哈德与西琳》，壮族的《瞭歌》，苗族的《苗族民间文艺资料》，侗族的《侗族大歌》，布依族的《布依族文艺资料》，纳西族的《创世纪》，柯尔克孜族的《玛纳斯》等。三是在民族古籍文献的整理抢救之外，民族文献资料的大量收集，还促使学术界出现了利用少数民族文献资料进行研究，以及将少数民族文献与汉文资料结合映证以进行学术研究的新风气。例如，云南民族大学历史系编写了《云南史料目录解题》《元代云南行省傣族史料编年》《二十四史中有关民族史料资料汇编》《中国少数民族古代史》《中国少数民族近代史》《彝族史》《傣族史》《白族史》《中国历代疆域图西南考释》《历代在云南的汉族移民》《明代云南土司》《傣族在历史上的地理分布》等论著。

二、民族古籍整理研究工作的停滞和否定时期

令人遗憾的是，正当民族古籍文献整理工作日益走上正轨，局面欣欣向荣之时，“文化大革命”打断了民族文献研究事业的进程。传统文化一律被作为革命对象，“破四旧”之镰横扫，少数民族古籍也未能幸免，并且因为内容多涉及宗教信仰，甚至还包含有迷信及落后内容，成为被否定、破坏的重点目标。这一时期对民族古籍文献研究工作的损害可以归纳为以下几个方面：

一是全盘否定民族古籍文献及其研究工作。把民族古籍文献定性为“四旧”“封建糟粕”，对民族古籍文献进行大量收缴和销毁，造成民族古籍文献数量锐减。将民族古籍文献研究工作视为反动行为，对新中国成立以来十多年的民族古

籍研究成果彻底推翻。

二是对民族古籍文献研究者进行迫害和打击。不仅对研究者的论著进行批判，还对研究者本人进行人身攻击。许多学者专家著作被禁毁，本人被剥夺研究工作的权利，扣上“反动学术权威”“封建主义代言人”等帽子，送到农村进行劳动改造，甚至被关押起来。这使得他们被迫中断学术研究，浪费了宝贵年华，给民族古籍文献研究学科造成了难以弥补的巨大损失。

三是对少数民族的民间祭师、知识分子等古籍使用和保存者进行迫害、打击。这些民间人士因为从事过宗教活动或懂得民族古籍知识而被视为封建迷信的传播者，打成“牛鬼蛇神”，惨遭批斗、游行。迫害之深重，甚至殃及家人亲朋。一些民间祭师及老知识分子撒手人寰，幸存者也视民族古籍文献知识的传承为畏途，不敢再作民族古籍文献的保护、整理、收藏工作，也不愿再协助学者专家的工作。

三、民族古籍文献整理研究工作恢复与崛起时期

20 世纪 70 年代末，经过真理标准大讨论、思想政治领域的拨乱反正，党的十一届三中全会确立了“改革开放”的政策方针，各行各业开始了恢复和发展。民族古籍文献研究也在这一片大好形势下，于 80 年代初被真正提上了议事日程。1981 年中发第 37 号文件《中共中央关于整理我国古籍的指示》，对古籍整理工作做了全面部署。首先肯定了古籍文献的文化传承价值，把古籍工作提高到继承文化遗产、关系子孙后代的高度。强调不仅要以传统方法来整理古籍，还要实现古文今译、古为今用，尤其要在青少年中进行民族古籍文化知识的普及。要培养一批古籍整理的专业人才，对古籍文献进行保护抢救，流失海外的民族珍贵古籍则要促成它们的回归等。少数民族古籍文献作为中华民族古籍文献的重要组成部分的地位得到进一步确立。国家民委向国务院呈递了《国家民委关于抢救、整理少数民族古籍的请示》，国务院对此做了批示。1984 年国办发第 30 号文件《国务院办公厅转发国家民委关于抢救、整理少数民族古籍的请示的通知》明确指出：少数民族古籍是祖国宝贵文化遗产的组成部分，抢救、整理少数民族古籍是一项十分重要的工作。各地、各有关部门要加强对这项工作的领导，并在人、财、物方面给予支持，为从事这项工作的专门人员创造必要的工作和生活条件。要注意培养这方面的人才，把抢救、整理工作做好。国家民委随即出台了一系列相关政策。党和政府对这项工作的关心支持，使得民族古籍文献整理研究工作迅速开展起来。

1982 年初，李一氓任组长的国务院古籍整理出版规划小组恢复工作，制订了 1982—1990 年古籍出版的九年规划。相应的古籍工作机构也在各地陆续建立。1983 年教育部召开高等院校古籍整理研究规划会议。1983 年，全国高等院校古籍整理研究委员会成立。由周林任主任、中央民族大学学者张公瑾作为民族院校专家，参加了委员会的工作。委员会的任务是组织全国高等院校系统地对古籍进行整理研究。1984 年，在国家民委设立了负责少数民族古籍工作的专门机构，全国少数民族古籍整理出版规划领导小组。由国家民委副主任任英兼任组长。领导小组下设办公室，负责民族古籍工作日常运作。这一机构的设立，为民族古籍工作在全国的开展提供了组织保证。由此，中国少数民族古籍文献整理研究工作进一步走向正规。

为满足各民族古籍文献整理资源合理安排的需要，在政府相关机构的带动下，经国家民委批准，成立了“藏文古籍协作会”“蒙古文古籍协作会”“彝文古籍协作会”“壮文古籍协作会”“朝文古籍协作会”“满文古籍协作会”“回族古籍协作会”等全国性学术团体。这些协作会非实体，没有专职人员、办公地点及专项经费，但在中国少数民族古籍文献整理工作中起到了积极作用。促使民族古籍文献整理所需资源的合理配置，许多全国性的民族古籍学术研讨会都依托他们来举办，许多重大项目都由他们来分工合作。各地政府相关机构也出资出力，为各个协会的出版、会议等方面提供经费保障，各协会因而多年来保持着旺盛的生命力，切实推动了民族古籍工作的发展。

民族古文字及文献的研究组织中，必须提到的一个团体是“中国民族古文字研究会”。该学会成立于 1980 年，标志着各民族文字研究有了一个协作交流的平台。该学会在其成立至今的 30 年中，不仅在民族文字的研究方面而且在民族古籍文献的整理研究方面作出了巨大贡献。学会会员既有普通研究者，也不乏各领域的高水平专家，完成了大量学术著作和论文，培养了一批新的研究人员。而且在民族古文字、古籍文献和民族文化知识的传播普及方面也做了大量工作。

总之，在 20 世纪 80 年代，少数民族古籍文献的价值得到高度重视，政府出台了一系列政策方针，由上而下建立了一整套相关机构，搭起了古籍整理工作的大框架。这一时期，中国少数民族古籍整理研究所做的具体工作主要是恢复和初步发展。用当时提出的“三救”号召，可以很好地概括当时的情况，即“救书、救人、救学科”。民族古籍文献研究的根基是民族文献资料，没有它们，研究工作就无从进行。而这些宝贵资料历经磨难，已经大量损毁佚失，因此，“救书”被放在首位。主要的人力、物力被放在这方面，第一次全国少数民族古籍整理出版规划会议后，民族古籍文献的征集工作即在全国范围内展开。各民族古籍工作相关的政府部门、科研机构、学术团体、博物馆、图书馆、档案馆乃至学者个人和业余爱好者都积极行动起来参加“救书”，大量的民族古籍和文献、文物资料从民间征集上来。例如，四川省民委和文化局仅1982年3月就从甘孜藏族自治州征集藏文典籍12600包、唐卡2000多幅、鎏金铜佛像近700尊。

“救人”和“救学科”工作也紧锣密鼓地进行。一方面，积极为在“文革”中遭到迫害的专家学者和民族民间知识分子落实政策，提供必要的工作和生活条件；另一方面，在高校和科研机构建立相关学科部门，大力培养民族古籍文献研究新一代的人才。学科的建设也在人才培养和科研工作逐渐深入的过程中不断发展完善。例如，中央民族学院（现中央民族大学）于1982年开办彝文文献专业，1986年又开办面向全国招生的综合性的民族古籍班。随后，一些民族院校也陆续开设了民族古籍专业。一些新的民族古籍研究机构正式成立，一些原有的科研机构也增设了民族古籍研究方面的分支部门。例如，以研究东巴古籍为主的丽江东巴文化研究所（现丽江东巴文化研究院）成立，云南红河州民族研究所下增设了古籍研究室。民族古籍文献专业从民族语文、民族文学及民族历史等相关专业中分离出来，成为一门独立的学科。

四、民族古籍文献整理研究工作的稳步发展时期

20世纪90年代是民族古籍工作在前一个十年恢复基础上的稳步发展时期。这一时期，首先是对民族古籍文献整理的目标有了更清晰的认识。整理民族古籍文献，不仅是一项为学术研究提供详实文献资料的工作，一项研究各民族历史和文化的工作，更是一项培养爱国主义、增强民族自信心和凝聚力，有利于国家建设和民族团结的重要工作。其次是在保护和整理研究方法上进行了有意义的探索。为解决各地民族古籍整理工作各自为政、发展不均衡、协作不充分的问题，在第二次全国少数民族古籍工作会议上，作出了编纂《全国少数民族古籍目录》的决定。经过多次讨论，分片草拟了《全国少数民族古籍目录》编写方案。由专家组张公瑾、聂鸿音、黄建明三位学者对各个方案进行综合、归纳，并将题目改为《中国少数民族古籍总目提要》。1997年，在海南举行了编写纲要论证会，对方案进行了修改完善。报经国家民委批准后，进入实施阶段。编纂工作至今仍在进行中，截止2010年，已编纂出版了《纳西族卷》《白族卷》《哈尼族卷》《羌族卷》《东乡族卷》《裕固族卷》《保安族卷》《土族卷》《撒拉族卷》《回族卷》《锡伯族卷》《柯尔克孜族卷》等卷民族古籍目录提要。在实施过程中，举

办过《中国少数民族古籍总目提要》编纂培训班，壮大了民族古籍文献研究队伍。在编纂的实践中，逐步厘清了民族古籍的定义、分类原则，基本摸清各地民族古籍的保存与流传情况。

除了这样由政府全面提供人力、物力、财力保障的全国范围的大型研究项目以外，各地还在开展研究时灵活运用各种方法获取必要的资源。例如，为解决经费困难，丽江东巴文化研究所采用财政担保、银行贷款的方式筹集经费，出版了《纳西东巴古籍全译集》。开运用计划经济结合市场经济手段运作大型民族古籍出版项目的先河。

这个十年，是少数民族古籍文献整理研究取得丰硕成果的十年。据不完全统计，已整理的民族古籍书目达 11 万种，出版整理成果 3000 余种。其中许多是价值很高、影响颇大的书籍。既有具体的古籍，例如，《布洛陀诗经译注》《江格尔》《格萨尔王传》《正教真诠》《纳西东巴古籍译注》《月华》等；又有工具书和理论研究书籍，例如，《古壮字字典》《梵藏大词典》《彝族经籍文化辞典》等和《彝族古籍文献概要》等；还有大量的整理汇编的成果，例如《蒙古文献丛书》《布达拉宫典籍目录》《彝文古籍目录》《全国满文图书联合目录》《黑龙江少数民族历史档案汇编》《历代土家文人诗选》《中国傣族史料辑要》；以及口传文献的整理，例如裕固族《神奇的皮袋》瑶族《盘古歌》土家族《梯玛歌》苗族《古老话》达斡尔族《传统民歌》仡佬族《哭嫁歌》侗族《侗鼓》傈僳族《丧葬歌》锡伯族《萨满神歌》哈尼族《哈尼阿培聪坡坡》等。除对各民族古籍文献进行研究之外，对全面的情况也做了研究，例如，《中国少数民族古文字图录》《民族古文献概览》等。人才培养和学科建设方面也有长足发展。主要体现在：一是民族古籍专业的开设和细化，例如，出现了“藏文文献专业”“彝文文献专业”“满文文献专业”等。二是开始了民族古籍高层次人才的培养，例如，中央民族大学依托语言文学学科取得了民族古籍硕士、博士研究生的培养和学位授予权。

21 世纪开始后，随着“改革开放”的力度进一步加大，社会经济、文化各方面发展速度随之加快。民族古籍整理研究工作也进入一个飞速发展的新时期。在这一时期，一是党和政府对古籍整理研究工作继续重视，并针对新形势下古籍保护面临的新问题，对古籍保护工作做了全面部署。2007 年，国办发第 6 号文件《国务院办公厅关于进一步加强古籍保护工作的意见》强调了古籍是中华民族重要文明成果和人类文明的瑰宝，对促进文化传承、联结民族情感、弘扬民族精神、维护国家统一及社会稳定具有重要作用，保护工作具有高度的重要性，是建设社会主义先进文化，贯彻落实科学发展观和构建社会主义和谐社会的客观要求。指出了目前面临的“底数不清”“古籍老化、破损严重”“修复手段落后”“人才匮乏”“珍贵古籍海外流失严重”等突出问题。要求贯彻“保护为主、抢救第一、合理利用、加强管理”的方针，完成如下主要任务和基本目标：“十一五”期间，大力实施“中华古籍保护计划”和“十一五”国家古籍整理重点图书出版规划，全面、科学、规范地开展保护工作。对全国公共图书馆、博物馆和教育、宗教、民族、文物等系统的古籍收藏和保护状况进行全面普查，建立《国家珍贵古籍名录》；完成一批古籍书库的标准化建设，命名“全国古籍重点保护单位”；加强古籍修复工作，培养一批具有较高水平的古籍保护专业人员。通过努力，逐步形成完善的古籍保护工作体系。

为贯彻落实这个文件，国家民委和文化部针对少数民族古籍保护工作联合发文《国家民委、文化部关于进一步加强少数民族古籍保护工作的实施意见》，强调了做好少数民族古籍工作的重要意义，并指出了少数民族古籍工作面临的“保存条件差”“修复手段落后”“人才匮乏”等方面的问题。指出了近期少数民族古籍工作的重点：继续做好少数民族古籍的抢救、普查、登记、整理、翻译工作；高质量地完成《中国少数民族古籍总目提要》的编纂、出版任务；建立“少数民族古籍保护与资料信息中心”；建立“少数民族古籍文献人才培养与科学研究基地”；加快少数民族民间口传文献传承人的抢救工作；加强少数民族古籍保护工作，建立完善的保护制度。并对具体实施需要注意的“健全工作机制”“保障经费投入”“加强人才队伍建设”“加大民族古籍市场监管力度”“加强工作宣传力度”等方面做了有针对性的指导。落到实处就是做好“国家珍贵古籍名录”的少数民族古籍部分的评选工作。确立了适合少数民族古籍具体情况的评选标准，使保护工作顺利实施。少数民族古籍文献研究工作迅速跟进，学界掀起了翻译、整理、研究珍贵名录收录的古籍文献的热潮。中央民族大学在第三期“211 工程”中，把这项工作列为重点项目之一，组织校内有关文种专家学者分头进行整理研究。

这一个十年，随着经济、科技的发展，国家综合国力的提高，我国民族古籍整理研究水平也整体有了提高。一是民族古籍整理除了零星的单行本之外，还大量出现了大型丛书。例如，纳西族的百卷《纳西东巴经全集》彝族的百卷《彝族毕摩经籍译注集》傣族的百卷《中国贝叶经全集》以及西夏文献的《中国藏黑水城文献》《俄藏黑水城文献》等。二是研究方法趋向规范化和国际接轨。许多文种文献的研究水平在世界上属于前列地位，尤其是八思巴文、回鹘文、西夏文、契丹文、女真文等被称为绝学的古文字文献研究工作，深得各国专家的认可。三是利用现代技术研究民族古文字和文献。尤其是利用现代计算机信息技术和网络信息传播手段来进行研究工作和推广研究成果，更是自 20 世纪 90 年代至今的一大亮点。一些收藏机构将民族古文献原件拍成照片，做成数据库，并在网络上公开展示。例如，中国国家图书馆的 IDP“敦煌吐鲁番文献”项目中，将馆藏部分古文献，包括西夏文献等少数民族古文献集合成数据库，实现了网络查询和传播。有关政府和研究机构将民族古文字及其文献典籍的研究成果做成网页，进行宣传和知识普及。例如，中国社会科学院民族学与人类学研究所的科研成果“中国少数民族字符集”，以及各地区政府网站上的民族文化栏目频道等。研究者和民族文化爱好者可以借助电脑进行民族古籍文献研究工作，并从网络上汲取民族古籍文献的信息资源。中国民族古文字文献研究已经出现了全面发展、日渐繁荣的可喜局面。

参考文献：

1. 史金波、黄润华．中国历代民族古文字文献探幽［M］．北京：中华书局，2008. 5.
2. 朱崇先．彝文古籍整理与研究［M］．北京：民族出版社，2008. 9.
3. 朱崇先．彝族典籍文化研究［M］．北京：中央民族大学出版社，1996. 5.
4. 朱崇先．中国少数民族古籍文献学［M］．北京：民族出版社，2005. 11.
5. 张公瑾等．民族古文献概览［M］．北京：民族出版社，1997.

第四章　中国少数民族古籍装帧艺术与版本特点

中国少数民族古籍以纸质书籍为主，其装帧艺术与版本和汉文古籍相比，既有许多相同和相似之处，又有一些特殊的艺术风格和不同的个性特征。我国历史上各民族创造使用过30多种文字，在纸书出现之前，分别用各种材料作为古籍文献的载体，记录自己的历史文化。当纸张成为古籍的主要载体之后，催生和影响着有关纸质书本的一系列书写、刊刻、印刷、装帧形制等工艺技术的产生和变革。特别是雕版印刷术产生之后，古籍的装帧艺术和版本特点成为人们研究古籍的重要内容。为此，本章重点论述纸的发明、纸书的产生以及中国少数民族古籍的装帧艺术和版本特点。

第一节　纸的发明与纸书的产生

我国造纸工艺技术有着悠久的历史，纸的发明应用是文化史上的一件了不起的大事，给手抄或印刷书籍提供了极为有利的条件，从而极大地推动了书籍的发展。用纸写书、印书，造纸发明以前的其他文献载体形式具有很多优点。造纸的原料容易取得、成本低廉，又可以大量生产。纸质书籍的出现，不仅是文献载体形式的重大变革，也使人类文明进入了一个新纪元。

一、纸的发明与普及应用

关于纸的发明，过去一般认为是东汉蔡伦发明了纸。据宋范晔所著《后汉书·蔡伦传》记载："自古书契多编以竹简，其用缣帛者谓之为纸。缣贵而简重，并不便于用，伦乃造意，用树肤、麻头及敝布、鱼网以为纸。元兴元年（105年）奏上之，帝善其能，自是莫不从用焉，故天下咸称蔡侯纸。"但考古实物证明，早在蔡伦以前就已经有了纸。如：1933年中国西北科学考察团在新疆罗布泊汉烽燧亭遗址发现过一片残纸。纸为白色，长 10 厘米，宽 4 厘米，质地粗糙。经现代手段化验，认定是麻类纤维所造。同时出土的还有西汉宣帝黄龙元年（前 49 年）的木简，因而被测定为公元前 49 年左右的遗物，早于蔡伦 154 年。又如：1942 年在内蒙古额济纳河附近发现了写有文字的纸团。经化验测定，其为植物纤维所造的纸。根据同时出土的东汉和帝永元年间的若干木简推断，该纸当属公元 93—98 年左右，也比蔡伦发明纸的时间早。此类出土实物证明，早在蔡伦之前我国就已经造出了纸。尽管最初造纸的目的是否用于书籍的制作，还没有充分的证据，但从西汉到东汉蔡伦时期，经过了 200 多年的实践，蔡伦总结了前人的经验，从书籍制作材料的角度，发现了纸的新用途及其广阔的前景，并在造纸技术及原料上加以改进，使造纸术向前迈进了一大步，这是无可质疑的。自从有了纸，并逐步推广应用到最后完全取代竹木简及缣帛而成为书籍主要载体形式，则经历了漫长的过程。

二、古代纸书的产生与发展

自东汉蔡伦之后，纸虽已用于写字著书，但汉代用纸写书的文献记载和出土文献，还都是罕见的。这一事实说明，纸作为新兴的文献载体还没有得到普遍的注意和广泛的应用。究其原因主要有两点：一是当时的社会生产力仍很低下，纸还无法普及；二是长期使用竹帛已成习惯。因此，从东汉至魏、晋，一直是缣帛、竹木简、纸并用，到东晋元兴三年（404 年），桓玄帝下令："古无纸，故用简，非主于敬也。今诸用简者，皆以黄纸代之。"① 纸作为唯一的文献载体的地位才得到确立。21 世纪初，敦煌莫高窟千佛洞发现的大批纸质遗书也证明了这一点。纸取代缣帛、竹木简而成为文献的主要载体之后，不但避免了缣帛的成本昂贵及竹木简的笨重，而且由于纸较缣帛和竹木简更易于着墨，所以自东汉至五代，纸逐渐用于抄写文献，自唐代开始用于雕版印刷及宋代用于活字印刷书籍。由此可见，纸书的出现催生了雕版印刷和活字印刷等工艺技术，各项工艺技术的提高，为书籍的规模化生产奠定了坚实的基础，极大地推动了纸书的发展。

三、纸书古籍的基本样式与主要结构

我国历代纸书古籍的基本样式和主要结构与现代出版的纸制图书相比，无论是装帧形制，还是版面设计布局，都有很大的差别。下面主要从古籍的单页版

---

① 《初学记》卷二十一引"桓公伪事"。

式、外形结构、内部结构等几个方面加以介绍：

1. 古籍的单页版式

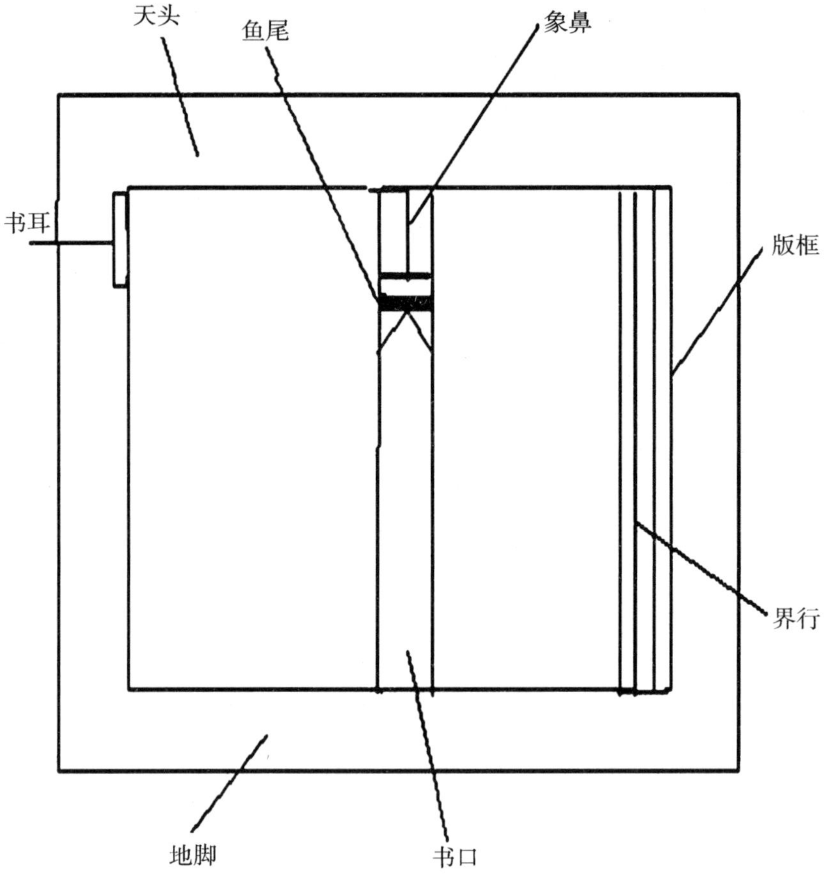

（1）版框

古籍的版框，又称边栏，指一张印页四周的围线。版框有很多种，以栏线的条数分，有四周单边、左右双边、四周双边等。四周边栏只有一条围线的，叫四周单边；左右边栏各有两条线组成的，叫左右双边；四周边栏都是两条围线的，叫四周双边。四周双边又叫文武栏。以栏线的图案来分，有卍字栏、竹节栏、博古栏等。卍字栏是以卍字组成的栏线。竹节栏是以竹节图案组成的栏线。博古栏是以各种乐器图案组成的栏线。

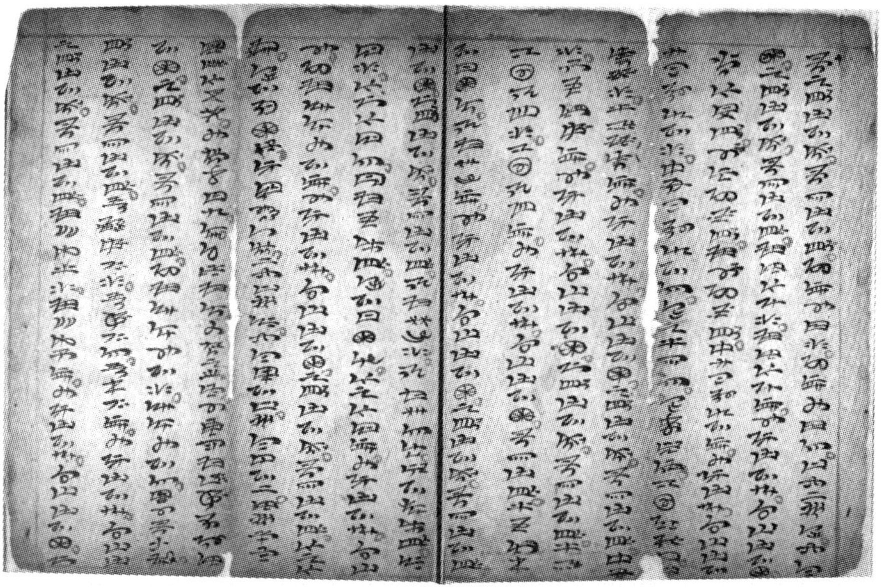

（民族文字古籍边栏——四边单栏）

（民族文字古籍版框——四边双栏）

（2）界行

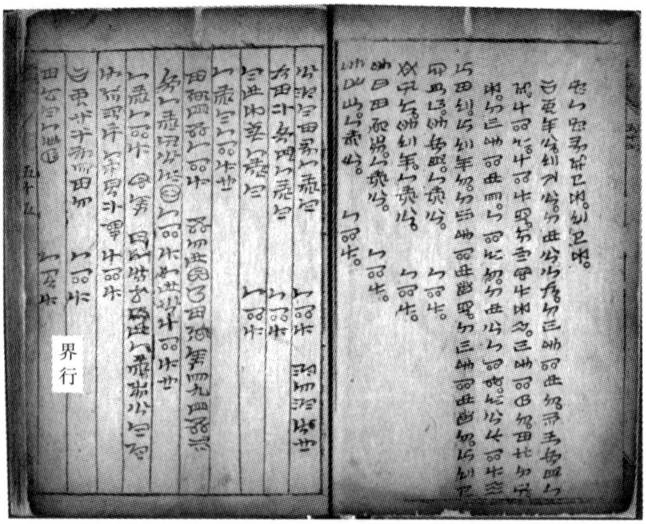

（民族文字古籍界行——左：有界行；右：无界行）

古籍版面的界行，是字行之间的分界线。界行和栏线有朱墨二色，红色栏线称朱丝栏，黑色栏线称乌丝栏。

（3）版心

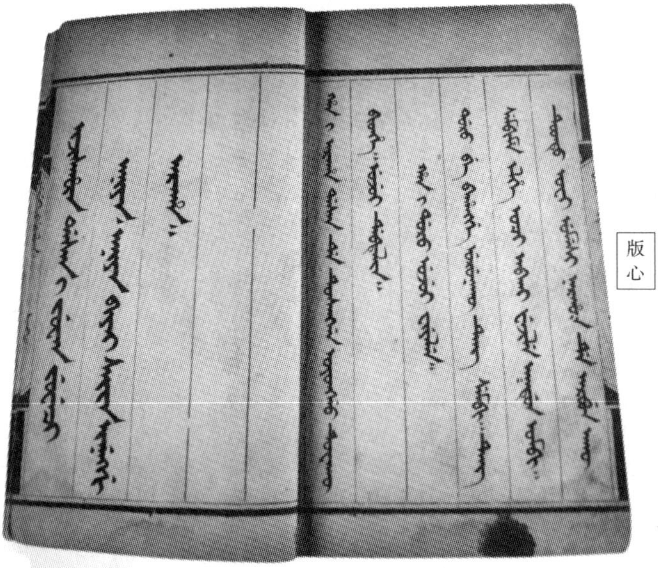

（民族文字古籍单页版式之版心）

古籍版面的版心，又称中缝、书口、版口，指每页正中较窄的一格，格内常常刻有书名、卷次、页码、字数和刻工姓名。

（4）鱼尾

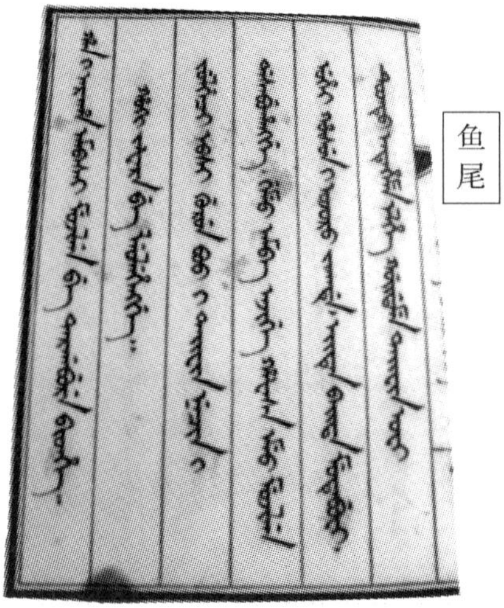

（民族文字古籍单页版式鱼尾）

古籍版心鱼尾，是指版心全长四分之一处的鱼尾形标志。鱼尾的种类很多。以鱼尾数量来分，有单鱼尾、双鱼尾、三鱼尾等：版心只有一个鱼尾的，叫单鱼尾；版心有两个鱼尾的，叫双鱼尾；版心有三个鱼尾的，叫三鱼尾。以鱼尾的方向来分，有对鱼尾和顺鱼尾：两个鱼尾方向相反的，叫对鱼尾；两个鱼尾方向相同的，叫顺鱼尾。以鱼尾的虚实来分，有白鱼尾、黑鱼尾、线鱼尾、花鱼尾等：只有鱼尾外部轮廓的，叫白鱼尾；鱼尾轮廓用黑墨填实的，叫黑鱼尾；鱼尾由线条构成的，叫线鱼尾；鱼尾由图案构成的，叫花鱼尾。

（5）象鼻

象鼻，是连接鱼尾和版框的一条线。这条线有粗细之别，粗线的叫大黑口或阔黑口，细线的叫小黑口、线黑口或细黑口。没有象鼻的，叫白口。白口刻有文字的，叫花口。

（民族文字古籍）

（6）天头和地脚

天头，又称书眉，是指上栏以外的空白处。

地脚，是指下栏以外的空白处。

书耳，又称书格或耳子，是指版框外边上端的小方格，用以书写篇名、室名等。

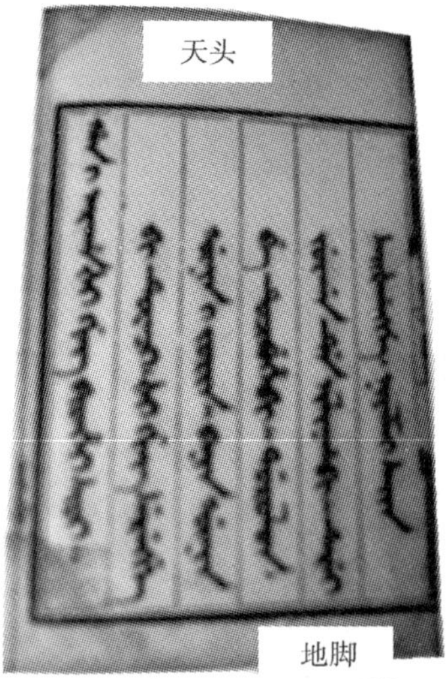

2. 古籍书本的外形结构

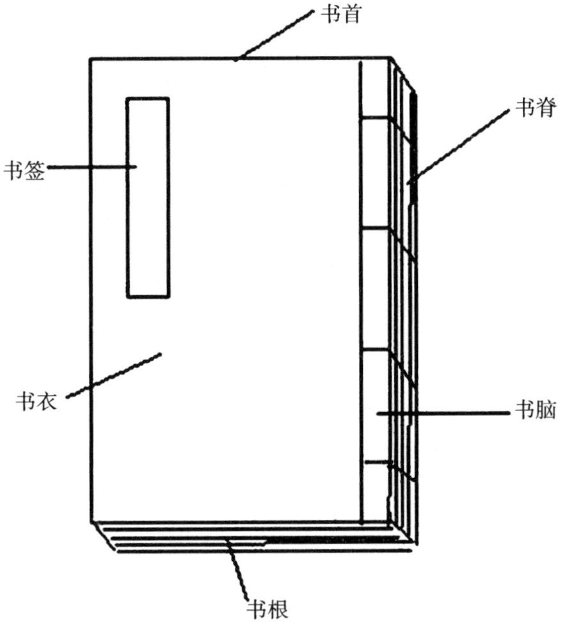

民族文字古籍的外形结构与汉文古籍大同小异，包括书衣、书签、书名页、书首、书根、书脑、书脊等。现分别介绍如下：

书衣，又称书皮，指包在全书最外层的一张纸。这张纸较厚，有保护全书的作用。

书签，是贴在书衣左上方的一个长方形纸条或丝条，上面标有书名。书签常常请名人或师长题写。

书名页，是书衣之后题有书名的一页。

书首，又称书头，指书的上端。

书根，指书的下端。古书不便直立，多平放在书架上。为了翻检方便，常常在书根上题写书名、册数和册次。

书脑，指装订线右边的部分。

书脊，又称书背，指装订线右侧的截面。

副书，又称护页、扉页，是夹在书衣和书名页之间的空白页子。其作用是保护书页、防潮防蛀。

包角，是用细绢所包订线一侧上下之角，既美观又有保护作用。

衬纸，是修补旧书时在书页内所加的白纸。

金镶玉，是修补旧书时，因书品太小，不可剪裁，书页之内衬一张长于书页上下两端的白纸。因原书旧页如金发黄、新衬白纸如玉发白得名。

书帙，是包装卷轴装书籍的外衣，因为往往一书多轴，容易混乱。为了避免混乱，用布帛或竹帘把一部书的许多卷轴包在一起。

书套，是书函的一种，指保护古籍文献的外套。这种外套多以草板纸为里，外包蓝布。书套有四合套、六合套之分。外露书首、书根，仅包前后左右四面的书套叫四合套；前后左右上下六面包起来的书套，叫六合套。

木匣，书函的一种，指专门盛放珍贵图书的木制匣子。

夹板，是夹在图书上下的两块木板。制作方法是：先找两块木板，大小和书衣相当，再在板的两端各穿两孔，最后穿带系紧。

高广，指书的页面长度和宽度。记录纸书的页面尺寸，一般长度在前，宽度在后。古人以尺寸计量单位，今人多以厘米为计算单位。

书品，有两个意思：一是指书籍的大小，例如开本较大的本子，通常称为“书品宽大”；一是指书籍的质量以及新旧完损程度，例如破损严重的本子，通常称为“书品太坏”。

3. 古籍书本的内部结构

古籍的内部结构主要有序、目录、跋、凡例、卷首、卷末、附录、外集、卷端、小题和大题、牌记、墨钉、墨围、阴文、白文、行款、藏章、帮手等。

序，是正文之前说明写作经过、刊刻情况、学术源流等内容的文字。

目录，是正文之前的篇章名目，包括全书的所有篇名。

跋，是图书在流传过程中写上的有关版刻源流、流传源流的文字。

凡例，是全书编制体例的说明文字。

卷首，是正文之前独立成卷的部分。其内容大多是圣谕、先人著述文字或著者生平资料。

卷末，是正文之后独立成卷的部分。其内容大多是后人著述文字、著者生平资料、著者同人赋赠之作或与正文相关的一些内容。

附录，是正集之后的附加部分，和卷末的情况基本相同。

外集，是正集之外的部分。一般比卷末、附录的篇幅要大。其内容主要包括：（1）释家以佛理为内学、以儒论为外学，因此，释家别集均以无关佛理作品作为“外集”；儒家以儒论为内学、以佛理为外学，因此，儒家别集均以无关儒理的佛理作品为“外集”。（2）与内集不同文集、不同内容的作品。（3）补遗之作。

卷端，是每卷正文前两三行表示书名、著者、编纂校刊姓氏、版刻情况的文字。

小题和大题，小题指篇名，大题指书名。文献卷端书名写在篇名之下者，叫作“小题在上，大题在下”。

牌记，是刻书者用以宣传刻书情况的特殊标识。

墨钉，是正文中表示阙文的黑色方块，如“■”。

墨围，是为了强调“注”“疏”等有关字眼，在其四周标上墨线，如注、疏等。

阴文，指笔画凹下的字，多用于“注”“疏”等字。

白文，是指只有正文、不含注疏的本子。

行款，是书页版面的行数和字数，一般以半页为计算单位。

藏章，又称藏书印，是文献在流传过程中钤上的印章。

帮手，指藏章、序跋等可以帮助鉴定版本的一些东西。

除了纸书外，中国各少数民族都有以单页纸记录的各种文书档案等纸质文献。这些文书档案大都记载了各民族人民的日常生活，是研究这些民族难得的第一手资料。

第二节　民族文字古籍的装帧形制

一、民族文字古籍的装帧

中国少数民族文字古籍装帧形制，深受汉文古籍装帧形制的影响，有的装帧形制与汉文古籍并无二致。虽然，多数古籍的装帧形制和基本样式与汉文常见装帧样式相同或相似。但是各民族知识分子根据当地民族实际藏书用书的需要，结合本民族审美情趣，创造性地丰富了古籍的装帧形制和样式，有些民族古籍的装帧形制独具特色。以国家珍贵古籍名录中的古籍书影材料为例，第三批国家珍贵古籍名录共入选 221 部民族文字古籍。其中线装 127 部，梵夹装 50 部，卷轴装 14 部，缝缋装 18 部，经折装 8 部，包背装、蝴蝶装各 1 部。从这批珍贵古籍的装帧情况看，藏文佛教经典、蒙古文佛教经典、傣文佛教经典以梵夹装居多，察合台文古籍以缝缋装居多，满文除了奏章之外的古籍以线装为主。而西夏文古籍则卷轴装、经折装、缝缋装都有。彝文古籍则以裹卷装居多，兼有经折装、毛装等。常见的中国少数民族文字古籍的装帧形制主要有以下几种：

1. 卷轴装（卷子装）

卷轴装又称卷子装。这种形制早在简帛流行的时代就已经产生了。纸书出现以后，这一形制更加完善，主要盛行于汉魏六朝和隋唐五代时期。

（藏文《大乘无量寿宗要经》卷轴装，31.2cm×156cm，西北师范大学博物馆藏品）

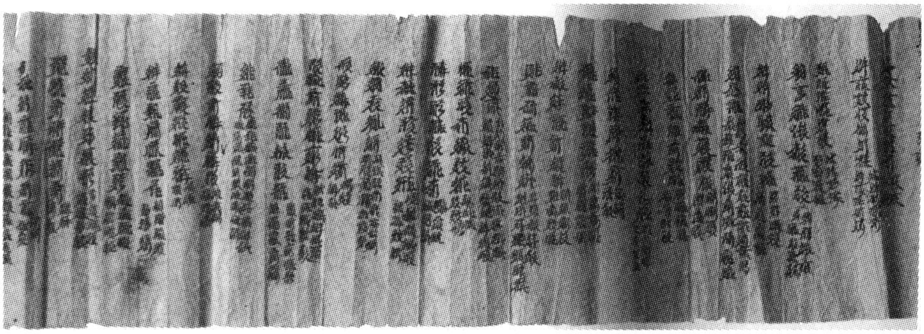

（西夏文经卷《至公大师十二时歌注释》高17cm，长120cm，武威市博物馆藏品）

卷子装又称卷轴装。这种形制早在简帛流行的时代就已经产生了。纸书出现以后，这一形制更加完善，主要盛行于汉魏六朝和隋唐五代时期。

卷子装由卷、轴、褾、带、签五个部分组成。“卷”是整个卷子的主要部分，由若干张纸粘连而成。卷的长短不一，主要取决于文字的多少。“轴”是一根短棒，卷子缠绕其上。“轴”的用材多种多样，主要依据藏书者的地位和卷子的价值而定。“褾”又称包头，是卷端另加粘连的厚纸或丝织品，用于保护卷子。“带”是褾头的丝带，用以捆扎卷子。“签”是指轴头所系标明书名、卷次等内容的牌子。卷子装书籍按卷次摆放，有签的一头朝外，便于看书时按签抽书。有些卷子外面还包有用布、帛做的套子，名叫“书衣”。

2. 封底裹卷装

封底裹卷装既保留了卷书的旧俗，又吸取了册页的方法，是彝族知识分子为方便保存、应用书籍而创造的一种装帧形式。

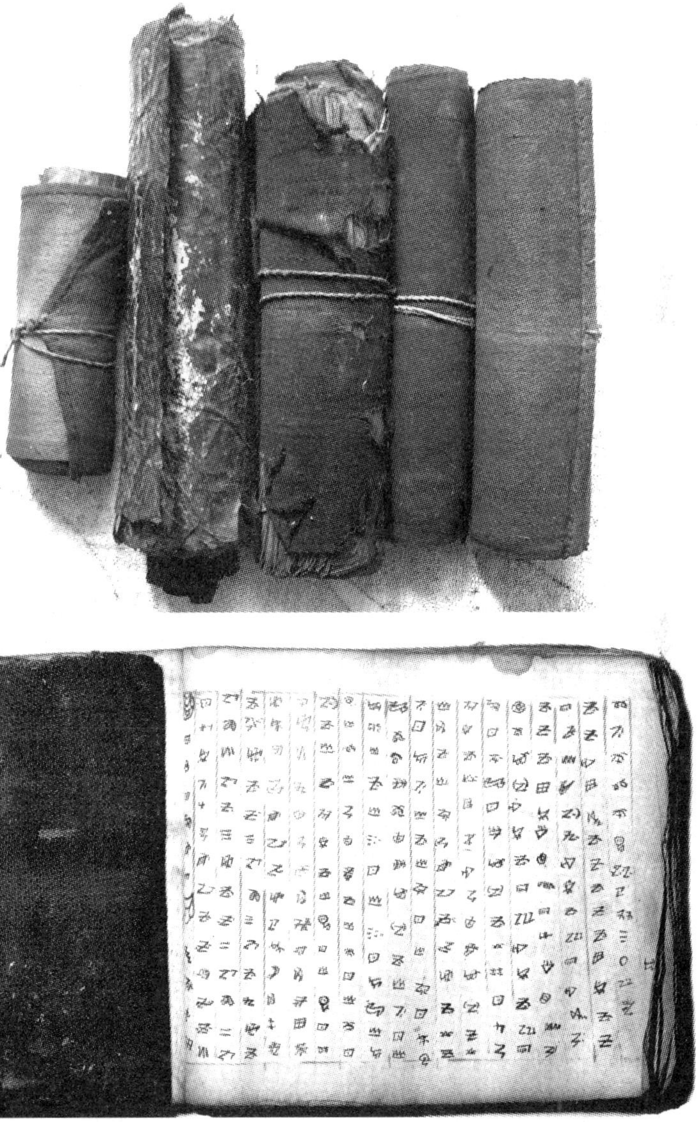

封底裹卷装

用一幅面长宽均超于纸张的皮革或布料为封底，将写好的书页无字的一面对折置于封底，对齐边缘，余幅处用线装订，封底末端的中间部位装一根细绳，不用时将书倒卷，以绳束紧，成卷存放。

3. 轴夹纸线订裹卷装

轴夹纸线订裹卷装，与封底裹卷装类似，不同之处就是加一木棍或竹条为轴。这种装订形式主要在大小凉山彝区流行，且多为宗教经典的装帧形式。杨成志对四川彝文古籍作如此描述：“以一幼竹缝联经的左缘，用黑布为经皮，由左而右可卷成一捆，竹的上端系一线，当经卷成捆时作结束之”。

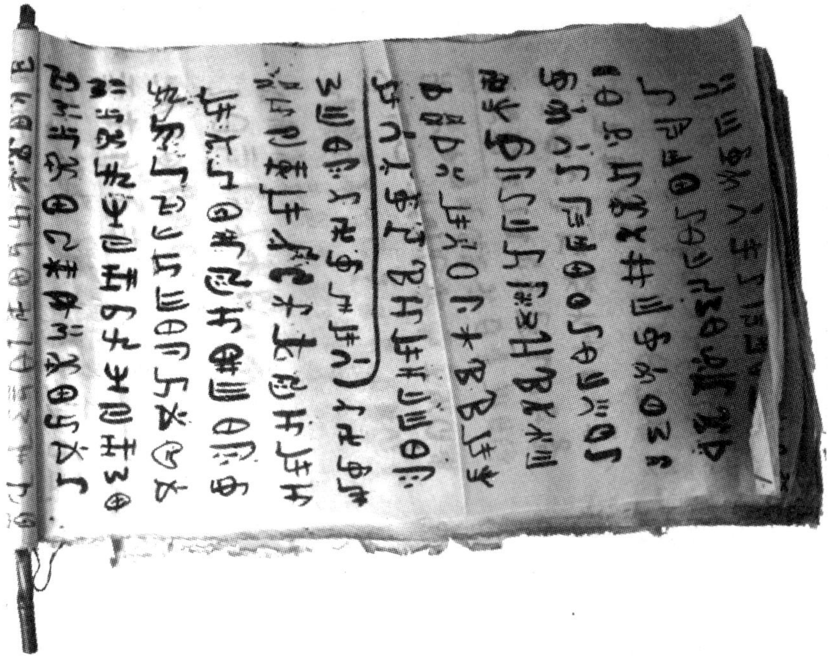

轴夹纸线订裹卷装

4. 经折装

经折装又称折子装，是唐代后期产生的一种书籍装潢形制。其制作方法是将写好的长条卷子，按特定的行数，像折扇子那样，均匀地折叠成长方形折子，再在前后分别加上两块硬纸片，作为封面或封底。经折装的产生与唐代佛教的盛行有着密切的关系。它是由卷子装改造而来的。由于经折装古籍文献不仅在阅读、翻检、保管、收藏方面比卷子装更为方便，而且在制作、材料方面也比卷子装省工、省时、省料，所以经折装出现不久，就取代了卷子装。北宋时期雕印的佛、道经典，绝大部分都采用了经折装形式。同时，历代王朝的奏折也采用这种形式。清朝的满文奏折就很流行。

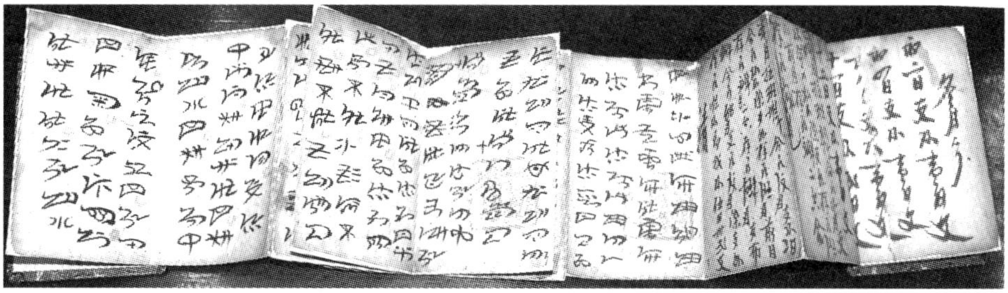

（彝文账册经折装，清华大学图书馆藏品）

（彝文经折装，清华大学图书馆藏品）

彝文纸书经折装多为小型本，如以上书影图片所示。特别是彝文家谱多以小型经折装形式流传。如：武定县发窝乡大西邑村，钱氏家谱；禄劝县云龙乡栋康村，杨氏家谱均为小型经折装。

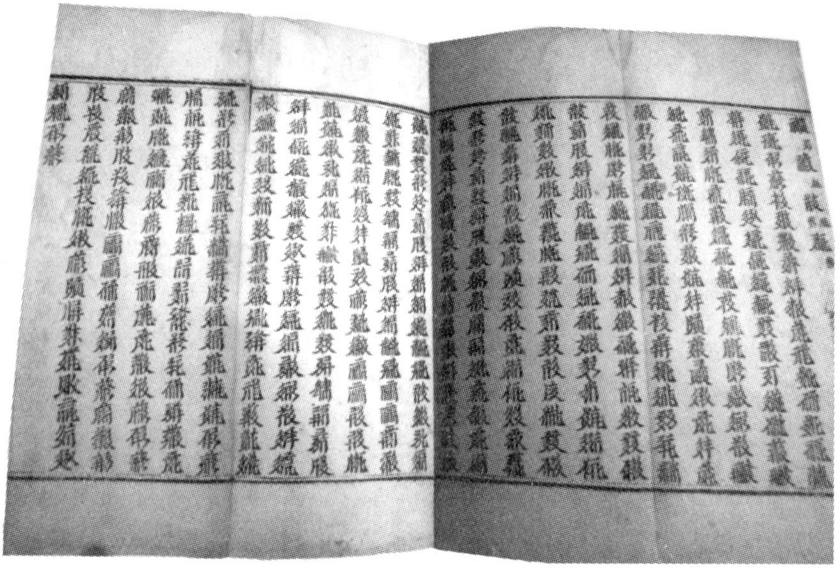

（西夏文经折装）

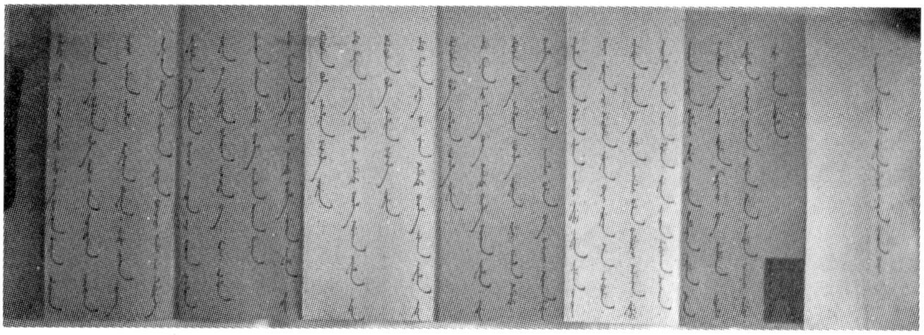

（满文奏折）

5. 梵夹装

梵夹装原本不是中国古籍文献的装潢形制，而是对古印度用梵文书写贝多树叶上佛教经典装潢形制的一种称呼，又称为贝叶经。隋朝杜宝《大业杂记》中说东都洛阳的“承福门即东城南门。门南洛水有翊津桥，通翻经道场。新翻经本从外国来，用贝多树叶。叶形似枇杷，叶面厚大，横作行书。约经多少，缀其一边，牒牒然今呼为梵夹”。

梵夹装

梵夹装的具体制作方式，是将写好的贝叶经按经文段落和贝叶多少，依经文的顺序排列，然后用两块竹板或木板，将排列好顺序的贝叶经夹住，再在夹板和贝叶经上穿一个（在中间）或两个（在两端）洞，用以穿绳。一个洞者，穿绳之前，先将绳的一端挽上疙瘩，以另一端将夹板和贝叶经串连，然后用绳绕捆夹板。两个洞者，将绳的两端同时串连夹板及贝叶经，然后绕捆起来。

尽管我国少数民族中也有用贝叶写经的，如北京图书馆收藏的一些傣文贝叶小乘经，但由于我国与印度的制作材料不同，我国的古籍文献（包括写本和印本）大多以纸张制作书籍，将纸裁成长条，模仿贝叶制成梵夹装。如北京图书馆所藏敦煌遗书中，有一件唐写本《思益天所问经》，麻纸书写，其装潢是典型的纸书梵夹装。这是迄今所见到的纸书梵夹装最典型的实物。

6. 旋风装

旋风装与经折装同在卷子装的基础上产生于唐代后期，其制作方法是：以一长卷子作为底纸，首页单面书写，全幅裱于底纸右端。从第二页起，双面书写，将每页右侧底部无字的边缘部分相错粘裱于前页下面右侧的底纸上。收藏时从右至左卷起，从外形看仍然像卷子装。阅读时，除首页不能翻动外，其余各页均与现代书籍一样，可以自由翻转。旋风装虽然没有从根本上摆脱卷子装的旧制，但它克服了卷子装不便翻阅的缺点，开创了后世册页装的先河。

7. 蝴蝶装

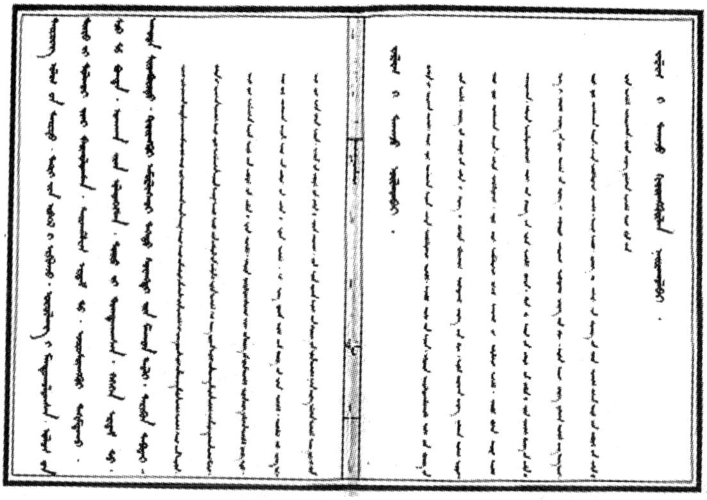

蝴蝶装

蝴蝶装简称蝶装，因书页展开形似蝴蝶而得名。它是册页装的最初形式，盛行于宋代。其制作方法是：将每一印页有字的一面向内对折，然后把书口的背部粘连在裹背纸上，再装上硬纸作为封面。

蝴蝶装古籍文献可以在书架直立，书口向下，书背向上，书根向外，与现代图书的排架形式差不多。由于这种装潢形制是版心向内、单口向外，因此，书背保护完好。其余三边若有污损，可以裁去，而不影响文字内容。

8. 包背装

包背装始于南宋，流行于元、明，因用一张厚纸对折包裹书背而得名。早期的包背装是将书页有字的一面正折，然后粘在包背纸上。后期的包背装是在书页边栏外的余纸上打孔，用纸捻穿订，然后加上封面。用纸捻穿订比用浆糊粘连要牢固得多，但在装订时书脑要留宽一点，打孔处要远离边栏。包背装与蝴蝶装的区别在于：包背装书口在外，用纸捻穿订；而蝴蝶装书口在里，用浆糊粘连。包背装克服了蝴蝶装每读一页必须连翻两页的麻烦。

9. 缝缋装

缝缋装是在包背装的基础上发展而来的一种装帧形式，是我国古代书籍装帧技术发展的最后阶段。这里所说的"缝缋"大概就是指"线装"。由此看来用线订书早已有之。现在的线装形式是在明朝中叶才形成的。装订的方法是把包背装的整封面改为两张半页的软封面，分别作为封底和封面装订成册。现在尚存的许多察合台文古籍为缝缋装，如：入选第三批国家珍贵古籍名录的 13 部察合台文古籍均为缝缋装。

缝缋装

10. 民族古籍卡片装

彝文古籍中有一种卡片式装帧形制，因彝文历算书使用频率极高，又需要几种推算结果相互印证，将书页制作成卡片，平时把卡片重叠在一起用布包裹，并用细绳捆扎成包。使用时可以打开抽取其中需要的卡片，加之卡片用多层纸张裱糊而成，比较结实，能够经得起反复抽取使用。

（卡片装正面）

（卡片装背面）

（卡片装包布与卡片）

（卡片装卡片）

11. 民族文字古籍包背线装

我国古籍包背装是古代图书的一种装订形式，起于北宋后期。包背装将书页背对背正折起来，使有文字的一面向外，版口作为书口，然后将书页的两边粘在书脊上，再用纸捻穿订，最后用整张的书衣绕背包裹。由于包背装的书口向外，竖放会磨损书口，所以包背装图书一般是平放在书架上的。包背装图书的装订及使用较蝴蝶装方便，但装订的手续较复杂，所以不久即被另一种装订形式——线装所取代。当今留存的少数民族文字古籍中有此种装帧形制之外，彝文古籍中有一种集包背装和线装一体的特殊装帧形制。

（彝文古籍包背线装书封面图）

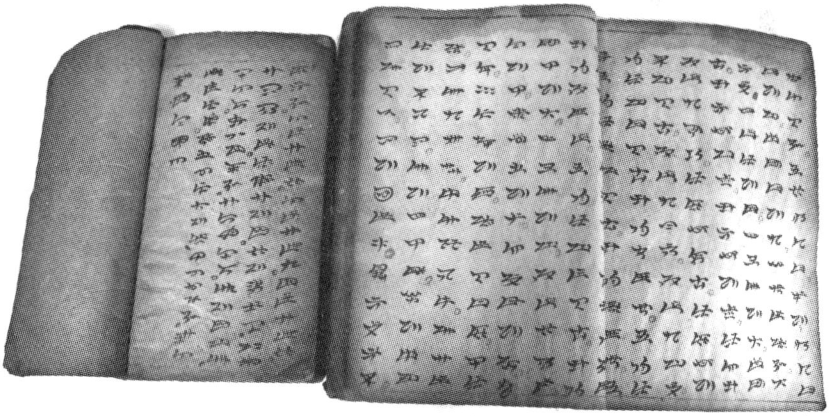

（彝文古籍包背线装页面图）

12. 线装

线装始于南宋初期，通行于明代中叶，至清初大盛。其装订方法是：(1)折页，即把书页对折为两个半页；（2）分书，即依卷页顺序分为若干册；（3）齐栏，即每页以书口为准对齐；（4）添副页，即加入书衣内的空白页；（5）草订，即先用纸捻穿订；（6）外加书衣；（7）截书，即用刀把书口之外的三边截齐；（8）打磨，即用砂纸磨去毛边；（9）包角，即珍贵书籍用绫绢包其订线一侧的上下两角；（10）订眼，即打印线孔；（11）穿线；（12）贴签，即贴上书签。线装与包背装的区别在于：线装不用整纸书衣包背，而是在书的前后各加书衣，然后订眼穿线。一般的线装书多打四孔，开本大的也有打六孔的。线装的优点有两个：一是比包背装结实，不易脱落；二是书本旧了可以重装，整旧如新。其缺点是重装次数越多，针孔也就越多，有损原书。从目前了解的少数民族文字古籍中以线装书为最多。

线装与包背装的区别在于：线装不用整纸书衣包背，而是在书的前后各加书衣，然后订眼穿线。一般的线装书多打四孔，开本大的也有打六孔的。线装的优点有两个：一是比包背装结实，不易脱落；二是书本旧了可以重装，可以整旧如新。其缺点是重装次数越多，针孔也就越多，有损原书。

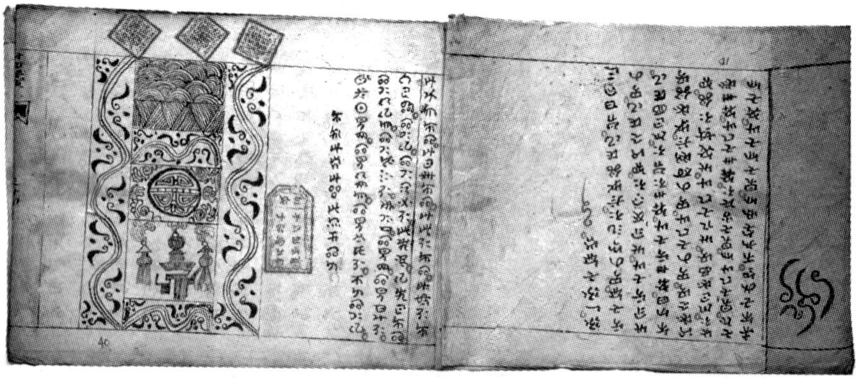

（彝文线装书）

（清华大学图书馆藏彝文古籍修复并重新装订的古籍线装书）

第三节　民族古籍的版本类型

民族古籍的版本类型和汉文古籍基本一致，可以按刻书的时间、地点、单位，也可以按装订形式、制刻工艺、写本种类、字体、行款、纸张、颜色、版式、内容、用途等进行分类。

一、以制版工艺区分

以制版工艺区分，有写本、拓本、刻本、活字本、套印本、钤印本、石印本、影印本、铅印本等。

写本，是人工抄写而成的书。

拓本，是把刻在金石器皿上的文字图案用纸拓下来装订而成的书。拓本又可分为墨拓本、朱拓本、初拓本等类：用墨色拓印的，叫墨拓本；用朱色拓印的，叫朱拓本；初次拓印的本子，叫初拓本。

刻本，是雕版印刷而成的书。

活字本，是用活字印刷而成的书。

套印本，是将书中的正文、评点等不同内容各刻一版，然后用不同颜色依次加印在一起而成的书。

钤印本，是将印章直接钤盖在纸上而成的书。

石印本，是用药墨将文字刻在特制药纸上，再将药纸上的字迹移置到石板上，然后滚刷油墨印成的书。

影印本，是将原书逐页照相制版印成的书。

铅印本，是用铅活字排版印成的书。

二、以写本种类区分

以写本种类区分，有写本、稿本、抄本等。

写本，是以手写形式流传的本子。

稿本，是著者的原稿。稿本又分为手稿本、清稿本等。手稿本是著者亲笔写成的稿子；清稿本是指用以增补、校订或付印的著作誊清本。

抄本，又称传抄本，是指根据底本传录而制成的副本。抄本又有乌丝栏抄本、朱丝栏抄本、精抄本、影抄本、旧抄本之分。乌丝栏抄本是用墨栏格纸所抄写的书；朱丝栏抄本是用红栏格纸所抄写的书；精抄本是指纸墨精良、书法工整、内容错误较少的抄本；影抄本是指把透明纸覆在底本上面，按其原有字体、行款照样摹写的本子；旧抄本是指时间不详的早期抄本。

三、以活字种类区分

民族文字古籍以活字种类区分，有泥活字本、木活字本、铜活字本、铅活字本等。

泥活字本，是用泥活字摆印而成的书。

木活字本，是用木活字摆印而成的书。

铜活字本，是用铜活字摆印而成的书。

铅活字本，是用铅活字摆印而成的书。

四、以颜色区分

民族文字古籍以颜色区分，有朱墨本、朱印本、蓝印本等。

朱墨本，是用朱墨两色套印而成的本子。

朱印本，是用红色刷印的本子。

蓝印本，是用蓝色刷印的本子。

五、以内容区分

民族文字古籍以内容区分，有单刻本、合刻本、抽印本、丛书本、增订本、删本、节本、足本、残本、校本、注本、批点本、真本、伪本、序跋本、插图本、过录本、X 卷本等。

单刻本，是指含一种书的刻本。

合刻本，是两种以上的著作合刻在一起的本子。

抽印本，是抽取一种（套）书的部分内容刻印而成的书。

丛书本，是汇刻多种著作而成的书。

增订本，是增订原本内容而成的新书。

删本，是删节原本内容而成的书。

节本，是节选原本内容而成的书。

足本，是卷数完整的本子。

残本，是卷数残缺不全的本子。

校本，是经过校勘而成的本子。

注本，是带有注释的本子。

批点本，是带有眉批、圈点的本子。

真本，又称正本，是指内容无误的原本。

伪本，是指通过各种手段作伪而成的书。

序跋本，是带有某人序跋的本子。

插图本，是带有插图的本子。

过录本，是指将名家批校文字移录而成的本子。

X 卷本，是指正文包含 X 卷的本子。

六、以用途区分

民族文字古籍以用途区分，有底本、样本等。

底本，是作为校勘主要依据的本子或据以编纂、刊刻的本子。选择底本是校勘、编刊古籍的重要环节。底本选不好，就会以讹传讹，影响古籍的质量。

样本，是待审查、校订、观赏的本子。

七、以流传情况和价值区分

民族文字古籍以流传情况和价值区分，有俗本、孤本、秘本、善本等。

俗本，又称通行本，是指流布较广、容易得到的本子。

孤本，是指举世无双的本子。

秘本，是指秘不示人的本子。

善本，是指文物价值、艺术价值或学术价值均较高的本子。

参考文献：

1. 李致忠．古书版本学概论［M］．北京：图书馆出版社，1990.
2. 肖东发．中国图书出版印刷史论［M］．北京：大学出版社，2001.
3. 曹之．中国古籍版本学［M］．武汉：武汉大学出版社，1992.
4. 乌谷．民族古籍学［M］．昆明：云南民族出版社，1994.
5. 中国民族古文字研究会．中国民族古文字图录．北京：中国社会科学出版社，1990.

第五章　中国少数民族古籍的调查、搜集和收藏

我国是一个统一的多民族国家，56 个民族共同创造了光辉灿烂的中国文明。中国少数民族古籍丰富多彩，是中国文化宝库中的重要组成部分。历史上各个民族的文人、史圣们分别用本民族的语言文字著书立说，为我们留下了丰富的文化遗产，值得我们认真继承和开发利用，并予以弘扬。以少数民族作家用民族语言文字创作为例：

如藏族的作家文学，可以追溯到敦煌发现的公元 8—9 世纪用藏文写作的吐蕃《赞普传略》。从 11 世纪开始，藏文作家文学有了较大的发展，产生了不少作家和作品。如诗人米拉日巴（1040—1123 年）和他的《道歌》；贡噶坚赞（1182—1251 年）和他的哲理诗《萨迦格言》；元代初年，金刚幢及弟子洛追丹巴把印度诗学著作《诗镜论》译成藏文；桑吉贤赞（1452—1507 年）的传记文学《米拉日巴传》；六世达赖仓央加措（1638—1706 年）的《情歌集》；才仁旺阶（1697—1746 年）的长篇小说《旋奴达美》等，都很有特色。

又如古突厥书面文学的成就在历史上也是举世瞩目的，回纥人玉素甫·哈斯·哈吉甫在 1070 年写成的叙事长诗《福乐智慧》、无名氏编写的《突厥大词典》，里面记录了大量的回纥诗歌。12 世纪，喀什噶尔的盲诗人阿合迈德·尤格纳克写成的哲理长诗《真理的入门》。元代以后，维吾尔文作家文学有了很大的发展，先后出现了玉格乃、鲁提菲、海尔克特、阿不都热依木·纳扎里、毛拉·比拉勒等杰出诗人。

再如蒙古历史上也出现了一批蒙古文作家和作品。出现于 13 世纪中叶的《蒙古秘史》对蒙古族后来的文学和文化影响很大。到了近代，重要的蒙文作家有丹金旺金拉、尹湛纳希。尹湛纳希（1837—1892 年）长篇小说《青史演义》等代表了蒙文书面文学的最高成就。

中国少数民族古籍文献中，除了大量的文学典籍之外，其他文献典籍不仅文

体种类繁多，所涉及的学科知识极为广泛，内容也非常丰富。

在各民族古籍文献当中不但有很多神话、史诗、叙事长诗、歌谣、传说故事和历史记载，还有大量的宗教经典、法律文书和天文历法、音乐舞蹈、绘画雕刻、建筑工艺、医药养生等方面的论著。因此，我们在收集少数民族古籍文献时，一定要对各种类型和文体做到系统全面地调查搜集和征集馆藏，为今后各民族古籍文献的可持续性发掘利用打下良好的基础。

第一节　民族口传文史资料的收集

民族古籍文献，包含所有的有关民族历史文献资料。而文献学研究的范围也就涉及各式各样包罗古今的文献。我们从时间上说，有古代文献、近代文献、现代文献、当代文献。从学科上则有语言文献、文学文献、历史文献、哲学文献、医学文献、法律文献、经济文献、宗教文献、科技文献等。从文献组群看，则可分为出土文献、敦煌文献、地方文献和少数民族文献等。以上我们所说的是指有文字记载的古籍文献。那么，没有文字记载的民族口传文献是否算古籍文献呢？民族古籍是相对汉文古籍而言的，民族古籍包括55个少数民族的古籍。民族古籍是一个总的称呼，55个少数民族中的任何一个民族的古籍，（包括文字古籍和口传文史资料）都属于民族古籍范畴。

我们所说的民族古籍文献的涵义是个广义的概念，它不仅指用各民族文字手写记录或印刷的图书资料，还包括至今仍流传在民间的那些具有重要社会历史和传统文化研究价值的口传文史资料。

在漫长的社会历史发展过程中，由于社会、地域和历史条件的不同，各民族的历史进程不同；经济发展和社会文化发展也不平衡。有的民族不仅有悠久的历史，而且有丰富的文化遗产；有的民族虽然历史悠久，但因为没有文字，他们的历史与文化全靠口耳相传，一代一代地延续下来。新中国成立前，在55个少数民族中只有蒙古族、藏族、维吾尔族、哈萨克族、柯尔克孜族、乌孜别克族、塔塔尔族、俄罗斯族、傣族、彝族、纳西族、傈僳族、拉祜族、景颇族、苗族、锡伯族、满族和朝鲜族19个民族有自己的文字，再加上使用汉文的回族和畲族，总共21个少数民族使用本民族文字或汉文。其他34个民族没有文字。没有文字的民族自然就没有文字记载的书籍了，如果我们严格按照“古籍”的定义去要求，那么，34个少数民族就没有古籍了。其实，从某种意义上说，古籍的概念也包括了没有文字记载的历史与文化。没有文字，不等于没有历史文化；没有文字的民族，用口耳相传的形式，把他们的历史文化代代相传，正如侗族诗歌中所说："古人讲，老人谈，一代一代往下传；树有根，水有源，好听的话儿有诗篇；汉家有文字记载，侗家无文靠口传"。

在文字产生之前，人类文明早已存在，人类的历史由于无法用文字记载，只能靠口耳相传，这段历史叫作传说历史或叫历史的传说阶段。其中神话和长篇史诗较为常见。进入阶级社会又产生了长篇叙事诗。

长篇史诗和长篇叙事诗，都靠少数聪明人背诵下来并讲唱给别人，以达到流布和流传的目的。每一代讲唱人又有所充实加工，使内容越来越丰富、情节越来越曲折，逐步接近历史题材的文学作品。

我国汉族没有流传下来的长篇史诗，一般认为《诗经·大雅》中的《生民》《公刘》《绵》《皇矣》《大明》叙述了周民族始祖后稷到武王灭商的全部历史，应是周代史官和乐官利用民间口头传说或民间史诗改编而成的，其故事情节和人物都无法与我国少数民族的几大史诗相比。汉族史诗不发达，主要原因是汉民史官制度健全，历史有系统的书面记载，史诗失去作用。

比如藏族史诗《格萨尔王传》（一名《格萨尔》）、蒙古族史诗《江格尔》、柯尔克孜族史诗《玛纳斯》，都是篇幅宏大，情节曲折，语言生动朴素的优秀史诗，被称为代表少数民族的三大史诗。

另外，世界上最早的英雄史诗是巴比伦的《吉尔伽美什》（1981 年辽宁人民出版社出版赵东胜中译本），描写主人公吉尔伽美什征讨森林魔怪芬巴巴和杀死害人天牛的故事。前者是征魔故事，与各国史诗的相关情节类似。后者为洪水神话传说，是《圣经》"诺亚方舟"故事的起源。

印度著名史诗《摩诃婆罗多》是篇幅很长的史诗，有十万颂（在印度每颂二行，每行十六个音节。汉译每颂四行）仅次于我国藏族《格萨尔王传》。叙述了许多印度部落和国家兴亡的故事。中心故事是月亮族之王婆罗多的后裔般度与俱卢族之间的战争。经过 18 天战斗，般度五弟兄获胜，俱卢族一百个儿子阵亡。其中有几百个人物形象。中心故事外，另有两百多个插话，可以相对独立。这一史诗被称为印度古代传统文化总汇。印度另一部著名史诗《罗摩衍那》（又译作《腊玛延那》）有二百万四千颂，描写阿逾陀城十车王的继承人罗摩出生、结亲、流放、复国的一生，对东南亚及我国都有很大影响。其中神猴哈奴曼，对《西游记》中孙悟空的形象有很大影响。

亚美尼亚的英雄史诗《沙逊的大卫》（1957 年人民文学出版社出版霍应人中译本）有一万一千多行，描写了亚美尼亚沙逊家族四代英雄抗击外来侵略的故事。每一章以一代英雄命名，大卫是第三代英雄，更突出，所以成为全诗的总名。亚美尼亚处于高加索南端，是东西交通要道，历经波斯、阿拉伯、土耳其人的侵略。本诗即描写亚美尼亚人的反抗斗争。在民间流传千年，1938 年才由亚美尼亚科学院语言所编写出版。

希腊荷马史诗《伊利亚特》《奥德赛》，是公元前 9—前 8 世纪在小亚细亚流传的英雄短歌基础上，由民间歌人加工传唱而成，约公元前 6 世纪两部史诗进入书面，公元前 3—前 2 世纪才由亚历山大里亚学者编定。相传两大史诗由盲诗人荷马创作并传唱，所以称“荷马史诗”。

欧洲著名史诗还有芬兰史诗《凯莱瓦尔》、德国史诗《尼伯龙根之歌》、法国史诗《罗兰之歌》、西班牙史诗《熙德之歌》。

史诗是各民族早期的集体创作，靠口头流传，主要靠少数人传唱。人类进入阶级社会之后，还创作了不少叙事诗。

叙事诗也大都是集体创作、口头流传的，与史诗不同的是叙事诗较晚，反映的是阶级社会的生活。

我国汉族叙事诗如《孔雀东南飞》《木兰诗》都是优秀的代表作。我国少数民族叙事诗的优秀作，如蒙古族的《嘎达梅林》；苗族的《张秀眉之歌》；彝族的《阿诗玛》《梅葛》《阿细的先基》；傣族的《召树屯》，其艺术成就很高，在世界民间文学史上都有重要地位。这些诗篇原先也同样是集体创作、口头流传的。

在古代印度，长期习惯于口耳相传，文字记录较少。长篇史诗《摩诃婆罗多》《罗摩衍那》都是口头流传的、篇幅庞大的佛经，在相当长的时间内也是靠高僧们记诵而不断流传的。据记载，佛逝世那一年（释迦牟尼约生于公元前 565 年，卒于公元前 486 年，相当于我国春秋时期，与孔子同时），佛弟子，以摩诃迦叶为首的五百人集会在王舍城外的七叶窟，诵集佛陀生前所说的教法，以传后世。当时由阿难陀诵出佛所说的经，由优波离诵出佛所制的僧团戒律。由摩诃迦叶当时诵出，后来又补充结集关于教理的解释和研究的论著。从而形成经、律、论三藏。这是第一次结集（“结集”即僧众大会，含有“会诵”之意）。当时还没有文字记录，只凭口头传诵。据《锡兰简明史》记载：“这些教法分为两大类，即达摩与毗奈耶。组成达摩的教法被编成五集，即长阿含、中阿含、杂阿含、增一阿含及小阿含。这五部达摩集和毗奈耶分别付托于一位教师传授其弟子，使其以口授方式得以保存”。

当时除七叶窟的五百佛弟子外，还有不加入摩诃迦叶团体的许多佛弟子，以跋波为首，在窟外不远的地方另行结集，所以王舍城结集分窟内、窟外二部。所结集的都是小乘三藏。大乘三藏相传是文殊师利、弥勒等菩萨和阿难陀等在铁围山结集的。小乘佛教则不承认大乘经典是佛说的。

第二次结集是在佛去世110年后，在毗舍离国僧团中有关于戒律的争论，于是长老耶舍召集七百位学德兼优的僧众，依据律藏断定当时争论问题中有十件事为非法。

第三次结集是在佛去世235年后，据《锡兰简明史》，在阿育王时代，由于阿育王护持僧团，产生了不良后果，不少人为分享国王及人民布施而参加僧团，这些动机卑鄙、身穿黄衣的人们行为放逸，真正的佛教徒们不肯与这些骗子为伍。为净化僧团，阿育王邀请以长老目犍连子帝须为首的一千长老，在巴利弗城（今印度比哈尔省省城八纳）集会，诵三藏，以决定什么是真正的佛教教义。据说今日存在的巴利文佛经就是那次大会编定的。

第四次结集是在佛去世后四百年左右（约公元前1世纪，我国西汉时期），据北方佛典记载，在大月氏国迦腻色迦王统治西印度时代，以世友菩萨为首的五百比丘造论解释三藏，共三十万颂，九百多言。前四次结集都在公元前。

第五次结集约在20世纪初，缅甸明顿王邀集众多比丘校勘巴利文三藏，并将三藏全文和校勘记刻在石碑上，现仍保存在曼德勒城。

第六次结集在1954—1956年，缅甸联邦政府为纪念佛涅槃2500年，邀请缅甸、柬埔寨、锡兰（斯里兰卡）、印度、老挝、尼泊尔、巴基斯坦、泰国等国比丘2500人参加，进行了两年的工作，根据各国的各种版本和第五次结集的校勘记，对巴利文三藏进行了严格校勘，印成了最完善版本的巴利文三藏。

“巴利”是古代印度的一种语言，是佛时代摩揭陀国一带的大众语，据说佛用这种语言说法，所以弟子们也用这种语言记诵佛的经教。

当阿育王时期举行第三次结集时，长老们还有个重要决定，即派遣传教师到帝国边区及国外弘传佛教。当时派往锡兰的使团由阿育王的儿子（一说兄弟）摩哂陀长老率领。摩哂陀传人锡兰的是上座部（小乘）。上座部的圣典是用巴利文编集的，但摩哂陀和他以后的教师们用锡兰本地语言——僧诃罗语来讲解佛经或戒律以及有关宗教传说的文集。后来僧诃罗族教团长老们感到依赖某一个人不可靠的生命记忆的方法保存经典，是一件冒险的事，因此他们用文字把经典记录下来。

大约在5世纪（我国南北朝时期）摩揭陀国三藏法师觉音来到锡兰，鉴于其信奉小乘佛教的国家不懂僧诃罗文，所以把锡兰的僧诃罗文佛典以及注疏译成了巴利文。《锡兰简明史》说："保存印度早已失传的巴利文上座部圣典，是僧诃罗民族对人类文化遗产最伟大的贡献"。僧诃罗文佛典到公元10世纪还保存着，其后失传。

佛教分南传、北传。南传佛经用巴利文，是小乘佛教。传到北方的佛经用梵文，多大乘佛典，也有小乘。巴利文是俗语，梵文是雅语。汉译佛经据梵文居多，也有巴利文。藏译主要据梵文。

我们从佛经的流传来看，大约在佛去世四百年后的公元前后佛经才开始传写。在此之前完全靠口耳背诵流传。

即使在有了文字记录以后，佛经仍在很大程度上靠讲诵流传。例如东晋时北方姚秦的译经大师鸠摩罗什，翻译佛经三百余部（卷）。据《出三藏记集》记载，有外国沙门来华，说罗什谙诵甚多，所译不及什一。可知鸠摩罗什所译佛经的"底本"在他自己的大脑中。

以上强调的是那些单纯靠口耳相传而得以流布的古籍文献。其实，那些被完整用文字记录的文献也大量靠讲唱来传播。例如我国封建时代的儒家"经书"就在很大程度上靠经师讲授而传播。至于那些说唱文学作品，即使有了"唱本"，也主要靠讲唱来传播。优秀的讲唱者往往要对"唱本"进行改良加工，形成新的"唱本"。讲唱是早期重要的文献流传形式。

因此，我们不能完全用汉文古籍的定义来要求少数民族古籍，这很不符合历史发展规律，是不科学的。因为人类在没有发明文字之前，社会生活中的一切活动，都是靠口耳相传。在古代，这种口耳相传的材料就是史料，也就是古人研究历史和记载历史的依据。随着时间的推移，这些口耳相传的材料也被历史化了，被人们利用了，记录在史册上。我们不能因汉字产生早、文献浩瀚，口传文献早已被记录成册，便不顾及各少数民族历史发展的差异，甚至将少数民族的口传文献从古籍范畴中排除。倘若坚持主张民族古籍中不应包括口传文献，而只限于文字记载的书，那就不符合中国历史和现实；不符合中国灿烂的历史文化是由华夏五十六个民族共同创造这一历史事实；就不能正确地反映中华民族历史文化的全貌，从而违背了党中央、国务院提出的整理古籍的方针政策和任务。我们在前面已谈到，中国的古籍文献包括政治、经济、历史、宗教、民俗、哲学、法律、语言、文学、艺术、农学、医学、科技等各门学科。其中文学类本身就包含作家文学和非作家文学，非作家文学里就包括民族民间文学和口头文学，而口头文学就是我们所说的口传文献。

既然口传文献是民族古籍的一个重要部分，我们在搜集过程中就应该予以重视，扩大搜集范围。因为口传文献实际上是存在人们的大脑里、记忆里，口耳相传，世代承袭。因此，收集工作应该从多方面进行。文艺工作者深入到民族地区，深入民间，要有目的、有计划地拜访那些在当地很有威望、有名气的老艺人，向他们拜师求学，请他们演讲或演唱。收集者要进行录音或记录。如有条件还可以摄像，形成有声音有图象的资料，这无疑是最佳的收集途径和方法。但是，要想在收集过程中得到民间老艺人及广大群众的支持和帮助，使得收集工作比较顺利地开展，有些工作还需要做得细一点。

比如，我们要到民间，特别是到边疆少数民族地区收集、采访，了解当地的民风民俗。首先，在去调查之前，就要对那里的情况（包括那里的民俗、宗教、教育、经济等）有一个初步的了解，对采访的人要事先通知，让他有个心理准备。被访问者一般年事较高，让他回忆遥远的事情，需要一定的时间。因此，在采访之前事先让老人回顾过去，这样，在采访的时候才有条有理，内容集中，疏而不漏，在短时间内达到预期的访问目的。如果你不提前通知而突然到那里，你只说上边有什么指示或有什么文件精神，那是不够的。要对他们做耐心细致的思想工作，甚至要和他们吃住在一起，反复说明调研者到这里来的目的和意义，一般来说，需要一定的时间，甚至要和他们同吃、同住、同劳动。这主要是为了同人民群众打成一片，与他们交朋友，这对我们的搜集整理工作者来说是非常重要的。因为过去“文革”期间，对民间艺人搞得实在太残了，他们受怕了。十年浩劫的“文化大革命”使民族民间文化遗产又遭到一场严重破坏。“四人帮”恶性推行极“左”路线，他们以“破四旧”为名，在全国范围内发动了一场史无前例的大清抄，民族古籍遭到了严重的破坏。一批批珍贵的民族典籍成为灰烬。熟悉民族古籍文献的知识分子和熟知口传文献的民间艺人曾被当作“牛鬼蛇神”遭到批斗，本来就很脆弱的民族古籍工作受到了摧残，造成了无法弥补的损失。所以，这些民间老艺人至今还心有余悸，不轻易地接受采访或更进一步地演唱、演讲。在此背景下进行调查采访需要当地领导和广大群众的帮助，从多方面说明调查工作的重要性，才能顺利地开展工作。

收集口传文献有多种方法，一种是用国际音标或新创制的民族文字记录、整理；一种是可以直接用汉文翻译记录。像这样直接到民间收集，只是收集口传文献的一个方面。另一个方面我们不能忽视，那就是各级地方的文化馆、艺术馆、图书馆和民间文艺研究会。这些部门藏有长期收集来的原始口传资料。因为新中国成立以来，从事民间文艺工作的专家、学者曾经多次到民族地区收集、调查民族民间文学。因此，他们对珍藏在各地的口传文献资料，了解得比较清楚。有的甚至早就已经收集并进行整理、研究。各省（区）的《民间文艺》刊物上不仅发表过大量的民族古籍文献和民族民间文学作品，而且取得了很多研究成果。他们对收集和整理方面积累了很多丰富的经验。完成收集中国少数民族古籍的工作任务，只靠少数的专家、学者是不够的，还需要广大文艺工作者的积极参与。以往彝族的创世史诗《梅葛》《阿细的先基》；壮族的《嘹歌》《布洛陀》；柯尔克孜族的《玛纳斯》；赫哲族的《依玛堪》；藏族的《咕咚》《凤凰和葫豆雀》等寓言；蒙古族的《嘎达梅林》《红色的勇士谷诺干》；维吾尔族的《阿娜尔汉的歌声》《木马》等故事；纳西族的《人类迁徙记》《猎歌》；苗族的《古歌》《苗王张老岩》；傈僳族的《逃婚调》；侗族的《一幅侗锦》等，大批优秀的民族民间文艺作品是地方的各级文艺工作者集体合作收集整理的。这些文艺作品不能不引起广大读者的衷心赞美和喜爱。许多形式不同、风格各异的民间诗歌，像藏族的“拉伊”；蒙古族的“好力宝”；回族的“花儿”；侗族的“欢”，以及南方各省的四句头山歌等，都各有其优美的佳作。另外，民间艺人、民间歌手的作品像高元钧的《武松传》、毛依罕的《铁牦牛》受到了广大读者的欢迎；汉族的民间故事，除了《牛郎织女》《梁山伯与祝英台》、著名传说《地主与长工》一类简短的生活故事之外，像《蛇郎》《石榴》《找姑鸟》《龙三公主》《山东长白山区的传说》《秃尾巴老李》《望娘滩》等富于幻想的民间传说和神话也逐渐收集起来，为繁荣我国的社会主义文化事业作贡献。

民间文学是劳动人民的语言艺术。我国各民族人民的这宗巨大的文化宝藏，是新中国成立以后才开始调查研究的，1957 年至 1959 年的工作成绩比较显著。这期间，我们不仅发掘了大量的珍品和资料，而且积累了一些宝贵的工作经验。民族古籍工作不能只是坐在书斋里去做；它必须有实地的调查采录。我国五十六个民族中有三四十个民族没有文字记载的古籍文献，这些民族的口头创作，过去被记录下来的为数廖廖，绝大部分至今还流传在人民群众的口头上、保留在老年人的头脑里，若不赶快去搜集，说不定哪一天会忽然失传。因此，我们要有一个统一的思想认识：发掘各民族的古籍文献（包括口传文献）宝藏，是建设我国社会主义伟大事业不可缺少的一个重要内容，所有参与这项工作的领导及少数民族文艺工作者，都应当树立保存国家文化财富的观念。

我们对于已往的搜集、整理工作应当怎样评价和估计呢？新中国成立以来，我国各民族的口头文学的搜集整理工作在各地区逐步展开，各民族的长诗、短歌，许多名著，大放异彩。虽然我们的工作还没有做完，仅仅是个开头，但我们已经搜集到的资料、作品基本上是可信的；搜集、整理的根本任务和方法是科学的。搜集整理历代劳动人民的口头创作，这个工作的好坏，决不单纯是一个技术问题，也不能孤立地提出记录的方法是否科学。收集口传古籍工作有一个重要的前提，就是对劳动人民的作品采取什么样的态度。只有站在与劳动人民的利益一致的立场，对人民的创作有正确的态度和观点，才能贯彻运用科学的方法，使科学技术更好地发挥作用，才能做到真正准确地记录人民的创作，并且加以科学的整理。在这个问题上，我们首先要树立无产阶级世界观；树立为人民服务的思想，要解决立场、观点以及美学趣味的问题。此外，要扩大我们的科学知识领域，提高一定的文学修养，懂得民族古籍、民族语言文学专业知识并掌握进行工作所必需的基本技能。这些条件对于一个民族古籍工作者是不可缺少的。

另一方面，过去每个搜集工作者搜集的目的和侧重点不一样。大体有三种情况：一种是从科学研究的需要出发，例如研究各民族的历史发展、社会状况、语言文字、宗教信仰、风俗习惯、伦理道德、心理素质、哲学思想等。他们除了通过很多方面进行调查研究外，也通过记录劳动人民的文学作品来进行研究。另一种是为了继承和发扬劳动人民创造的文学财富，他们要把长期流传在劳动人民中间的口头创作全部搜集起来，以便长期保存它们、学习研究它们、传播发扬它们。第三种是为了丰富和提高自己的文学创作。有的以民族文学作为自己进行创作的素材；有的想通过民间文学作品，学习劳动人民的表现技巧和方法；而有的想从中学习一些民族语言、词汇等。以上三种情况，由于搜集的都是少数民族的文学作品，所以有很多一致的地方，在工作中可以密切配合，互相借鉴。但是也由于需要的不同、目的不同，所以搜集的重点、记录的方法就会不尽一致，这是十分自然的。这不可能强求统一，也没必要强求统一。郭沫若先生在《关于大规模搜集民歌问题》（人民日报 1958 年 4 月 21 日）答民间文学编辑部一文中说过："研究文学的人可以着眼在文学价值方面，研究科学的人可以着眼在科学价值方面，可以各有所主，没有一个秦始皇可以使它定于一尊。"

既然有以上三种不同的搜集，就应该首先明确你是属于哪一种，否则就会将本来已经十分复杂的问题，弄得更加复杂了。我认为，我们收集的目的就是继承和发扬历代劳动人民创造的文化财富。要全面收集，不等于不分价值高低，不分缓急轻重。它和进行任何其他工作一样，也必须有计划、有步骤、有选择。过去有的同志主张："凡是民间文学作品一律需要记录"，不必"在搜集工作中事先为自己画定一个框框"。我认为这种主张是不妥当的，虽然诚如这些同志所说的："没有对广大群众、对科学研究毫无价值因而无需记录的民间文学作品"。但是我们祖先留传下来的财富，是任何人也无法详细计算和知道的，而且又多半保存在老年人的口中，这一事实本身就决定了我们的搜集工作必须是既要保证质量，又要十分快速地进行，它不允许我们不计算时间和效率。我们主张在全面搜集的总要求下，首先应该着重搜集那些思想性和艺术性都比较高的作品，搜集那些年逾古稀的老年人口中的作品，特别要注意搜集那些故事讲述家、歌手和民间老艺人的作品。在记录那些作品时，除记下内容外，还要记下它们的艺术风格和生动语言。记录作品的流传地区、讲述者的年龄、职业、文化程度以及其他有关情况。对于各民族重要作品和较好作品，要注意搜集异文。如遇到封建迷信和低级庸俗方面的作品，也可以适当记录一些，以便研究。记录的方法，对于形式和语言比较稳定的韵文，要照原词逐字逐句地记下来。对于散文，也尽量记下讲述者的原话和独特的艺术风格，特别是对于较有天才的故事讲述家和比较重要的长篇作品，更应如此。

关于全面搜集的说法，过去专家们有过一些争论。全面搜集就会给以后的整理和研究工作带来严重困难。但是如果我们要写出比较能概括一个民族的文学发展全貌，能具有较高科学水平的著作，为什么一定要强调全面、反复地对这个民族的文学状况进行调查研究呢？这里面的道理几乎是不言自喻的。大家知道，不进行上下古今、四面八方的调查研究，占有大量、全面、系统的有关资料，整理一个民族的作品就没有依据，就不可能发掘很多作品，无法把作品整理得完美，也不易对一个民族文学的成就和特点或对一个具体作品、一个具体问题，得出比较公正的科学论断。我国有不少少数民族分布在不同的省、区，它们的支系不同、语言不同；而民间口头文学的产生和流传，一方面因民族、因地区、因民族支系的不同而有着差别；另一方面有不少作品在它们彼此之间又相互流传、相互影响。民族口头文学还因时代的变迁，因演讲人员的不同而变化多端，或者容易散失不全。那么，如果不作全面调查，不加以比较研究，往往一个作品就看不清它的全貌，看不出它的发展变化；根据片面的材料势必得出片面的结论。对于民族古籍的整理、研究也是一样的。

凡从事民族文学工作的人，由于自己的工作性质，大概都会毫不迟疑地肯定，积极地深入人民群众中进行调查研究，是一个特别重要的事情。在中国文学这个领域，民族民间文学是一个具有自己鲜明特点的部门，由于民间口头文学和流传的性质，给文学工作者规定了深入劳动人民中进行搜集整理工作的重大任务。就是专门从事民族文学理论批评工作的人，也不能只依靠书面材料，而必须深入基层、农村调查研究。因此，民族文学的调查研究工作最为重要的任务之一，就是搜集整理历代劳动人民的口头创作。这是一种特殊的调查研究。它的对象——人民口头创作，是一种口头的艺术创作，它是古代劳动人民的思想、感情、智慧和艺术的结晶，是劳动人民集体创造的财富。在它那里，历史学家、语言学家、民俗学家、心理学家以及自然科学家等可以按照自己的需要得到珍贵的科学资料；作家和诗人也可以从它那里获得创作的根据和幻想的源泉。民族古籍口传文学的搜集整理工作区别于其他科学家，也区别于作家和诗人，不是为了或主要不是为了取得那些科学资料，也不是为了获得创作的材料。他们的主要任务就是要把劳动人民的口头创作作为艺术珍品，按照它的原样把它挖掘出来，并力求符合原来的面貌用文字的形式把它记录下来。显然，力求忠实，就应该成为搜集和整理工作的一个最为根本的原则。特别是极为忠实的记录，应该是这一工作的基础。

如果说搜集整理工作的任务和要求应该这样确定，就必须承认，这是一件艰苦而复杂的工作。难就难在搜集整理的是艺术创作。它不同于一般社会调查，为了研究、解决某一社会问题，主要是弄明白某些情况以及和这有关的某些准确的数字；也不像某些专门的科学调查，为了某一学科的要求，主要调查所需要的科学材料，即使这方面的材料要求极精确的记录；也不同于作家的了解生活、搜集材料，为了创作的积累，记录自己的某些感触和某些即使是很精细的片断见闻。它需要把民间口头艺术作为艺术品，按照民间的原样记录整理出来。这样的艺术作品，不像一般已经写定下来的书面作品，只需把它从某个地方取来或抄来就可以。存在于劳动人民口头的创作，比之书面文学，它的艺术语言是活动的，是不易把握的。比如许多传统的民歌，词句已在口头固定或比较固定下来，忠实记录比较容易。又如，那些表现劳动人民惊人的智慧与才智的即兴民歌，它是因景生情，沿情讴歌，随编随唱，甚至随唱随忘了的，记录就比较困难。总之，在民间口头文学的记录、翻译、整理（指少数民族文学作品）方面，也存在着很多问题，其中，主要的问题是对原来的口头材料是不是要忠实？怎样才能做到忠实？可不可以修改（包括思想、情节、结构、语言等）？这些问题也一直影响着民族民间文学搜集整理工作的进行，并且造成一定的混乱。因此，过去全国各地的文艺工作者、文学工作者对上述这些问题作过专题讨论。

如岳修武先生认为：“民间文学是劳动人民的口头创作，是劳动人民长期从事生产斗争积累下来的智慧结晶，未掺杂有糟粕的口头文学作品真是像一连串的珍珠一般，发出晶莹的光彩，它的现实性、斗争性都很强，我们不应该随便增删修改它，以免失去原来面貌。但是，由于它流传得广泛、久远，传述的人往往都是站在自己的观点立场上，按照自己的爱好，维护个人的利益去说的；一当传到统治阶级的耳里，就会被删去对他们不利的部分，同时添枝加叶地沾上很多污毒。因此，在搜集整理民间文学时，有必要、有责任使它恢复本来面貌，这就要作适当的增删。这种增删并不是按照自己的主观看法和爱好不加分析地随便乱改，而是从实际出发，科学地分析它，恢复原来面目，保护地方色彩。”

刘旭德先生明确指出：“需要忠实于民间文学的修改，反对歪曲民间文学的修改。”他说，在民间长期流传的《牛郎织女》《孟姜女》《梁山伯与祝英台》都是经过传述者有意无意地增添，逐渐丰富起来的。这并不叫修改，只不过是在原有故事情节的基础上，增添了一些东西，使得故事更曲折动人，这在文学发展过程中是必然的趋向。如果这也叫作修改的话，他愿意给它取个名字，叫作“忠实于民间文学的修改。”我们应该爱惜和保留民间文学的美丽情节，研究它的演变过程，掌握住基本精神，在原来故事情节的基础上，在不影响它的主题思想下，可以增添些合理的东西，使得故事更加集中突出。只有这样我们的文学源泉才会旺盛起来，我们的文学才会更加丰富和有生命力。

毛星先生则提出：一个民间文学的搜集整理工作者要具有多种本领。比如，除了用笔速记，还应该锻炼脑子的记忆。因为应该承认，在有的情况下无法用笔记录，那就得借助头脑的记忆了。提倡逐字逐句地忠实记录，并因而要求记录者学得一种专门的技能，我想这只是向少数专门从事民间文学搜集整理工作的人提出的要求，不能要求所有的人都做到。就是民间文学搜集整理工作者，在力求忠实于故事的原样（它的主题思想、情节、结构、语言特色、艺术风趣等）这一总的基本的要求下，也完全可以根据自己的情况采取不同的方法。

需要说明的是，上面特别强调了记录的忠实，以及因而特别强调了搜集整理工作者需要专门的记录的技能，并不是认为民间文学的搜集整理工作是一种近乎录音机的机械工作。搜集整理工作是一项复杂艰苦的思想、艺术工作，对于搜集整理工作者说来，记录的技能只是一种修养，而不是唯一的修养，更为重要的修养，应该是思想性、党性的锻炼，以及马列主义的思想理论、民间文学的专门知识和对文艺作品欣赏与写作能力的修养等。只有具备这些修养，才能与劳动人民打成一片，才能很好地发现故事的线索并准确地抓住那些重要的线索，以及能在记录过程中鼓舞、启发故事讲述者的兴趣，正确理解和欣赏所讲故事的思想内容和艺术特色，并能运用文字准确地记录和整理，而这些应该就是搜集整理工作者必备的能力。

对于搜集到的材料我们应该如何处理呢？对搜集到的古籍，包括口传文史资料，应该按照项目著录条例的要求，统一项目著录，编成一个一个款目，最后编成无文字类古籍——口传文献目录，汇总在民族古籍的“集”部，以便使“全国少数民族古籍联合总目录”成为一部完整的大目录。

第二节　民族文字古籍的普查登记

搜集少数民族古籍的工作，是将所有的民族古籍从全国各地、各单位以及流布在民间的集中起来，进行统一的、规范的科学管理，还要更进一步地进行著录、编目。对于散存在民间的古籍，能征集的征集（无偿捐赠、购买、复制等），不能征集的则著录。不能征集的古籍是指现在已经收集在图书馆，特别是民族地区的各图书馆和藏书单位收藏的图书。因为所藏的这些图书都已经进行过分类、编目，有专人管理。这些文献还在发挥它的作用。有的善本和孤本，特别是具有文物价值的古籍，都把它作为文物一样珍藏着；有的古籍还在寺院里作为经典供奉着，像这些地方的古籍一般就很难征集到了。不过，像具有文物价值的这些古籍，如果没有一定的收藏条件，还是不好保管的。甚至会造成损坏和遗失。对于散存在民间的古籍征集来以后，应该放在有条件的那些图书馆，进行著录分类后收藏。

民族古籍可分为文字记载和无文字记载的两种古籍。那么，在搜集的方法和形式上应有所不同。有文字记载的古籍，因为它是实物，不管它放在哪里，不是抄本、写本，就是刊本、印本，或者是文书卷册、碑铭石刻、档案、谱牒等。一般都放在图书馆、博物馆或科研单位和寺院。而无文字的古籍是存在人们脑子里、记忆里的。我们在收集时，首先应该是书访，到各地的图书馆和藏书单位了解调查其藏书情况，要懂得中国各地图书馆的基本情况和相关知识。具体一点，就是了解各图书馆里有哪些民族古籍，有多少善本和孤本，有多少抄本等。

为了让大家对图书目录学有个初步的了解，结合民族古籍的实际情况，现将我国目录学的一些基本知识作简要介绍。

什么叫“目录学”？清代著名学者王鸣盛曾经说过：“目录之学，学中第一要紧事。必从此问途，方能得其门而入。”（王鸣盛《十七史商榷》）这可谓王氏一生治学的经验之谈，研究学问，借助图书目录的检索，便可按图索骥，去探究蕴藏于图书典籍中无限丰富的文化知识。人们常说“学海无涯苦作舟”，强调治学要有苦钻研的精神。更应该注意学习方法和工具的应用。有了目录学常识，用来指引读书，便可以收到事半功倍的效果。所以，王鸣盛又说：“凡读书最切要者，目录之学。目录明，方可读书；不明，终是乱读。”

我国目录学源远流长，历史学者在整理古籍文献的同时，编辑了大量各具特色的图书目录，就其编纂体例和内容质量的不同，可以作多种不同的归类，现略述如下：

依照书目内容门类的多寡繁简划分：

（1）综合性目录。此类目录书，经、史、子、集四大部类俱全，一书之中著录百科书目，“总括群书”。著名的如《四库全书总目》、张之洞的《书目问答》等。

（2）专科目录。专门辑录某一学科的书目。这是随着文化的发达、科学的发展，适应学科门类日益深入具体的需要而编纂的。如宋代赵明诚的《金石录》，专门辑录钟鼎铭文及石刻碑记；清代朱彝尊的《经义考》，专门汇集、考订儒家经书的存佚。还有专门记录戏曲目录的，如清人编的《曲海总汇》《曲录》。记录医书、佛教经典的，也都专门目录。

（3）特种书目。其性质特殊，即所包含的内容不限于一科，但又具独特的系统。如汇录历代丛书目录的《中国丛书综录》；检寻清代禁书的《禁书总目》（陈乃乾编）；可供鉴定版本之用的如丁丙编的《善本书室藏书志》，其他如敦煌写本目录等。这些书目都出自近代学者之手，对检阅古籍文献、从事文献学研究和整理，极具参考价值。

依照编制体例的不同划分：

（1）解题目录。即部类前后有序，书名之下有解题。“解题”又称作叙录或提要，其内容主要用以记述作者生平，概括一书大旨，品评是非得失，考辨受授流源，考订文字讹谬等。这类书目不仅可供检寻图书之用，还可以从中探究文化学术发展概况，即“辨章学术，考镜源流”，因之最为有用，最被重视。传世的著作有晁公武《郡斋读书志》，陈振孙《直斋书录解题》，马端临《文献通考，经籍考》《四库全书总目提要》等。

（2）简明目录。仅记书名，无序录或解题。如南宋郑樵编《通志，艺文略》、清代张之洞编《书目问答》等。此类书目虽不具叙录、解题，但是对图书类居部次，区分类例，系统分明。

（3）有序而无解题之目录。此类目录介乎上述两种目录之间，其部类前后有序，书名之下却无解题。其序文能辨明学术流派，叙列九流百氏之学，反映一代学术概貌。如班固的《汉书，艺文志》、唐代官修的《随书，经籍志》等。

依照修撰者的不同身份区分：

（1）官修书目。即封建王朝宫廷藏书目录，反映了一代藏书之盛，为一朝著作目录。此类书目多由帝王诏命大臣或有名学者专职修撰。我国第一部官修书目，是汉哀帝命刘歆整理藏书所编成的《七略》。

（2）史志目录。指的是纪传体史书中的“艺文志”（或经籍志）。东汉班固编著《汉书》，改编刘歆《七略》为《艺文志》，分类记录了西汉一代藏书之盛，开创了史志目录的先例，也奠定了史志书目的基本格式。

（3）私修目录。即根据私人的藏书或兼访他人藏书编撰的图书目录。此类书目，早在南北朝时期宋王俭的《七志》、梁朝阮孝绪编的《七录》，即已开创先例。到了唐宋时期，随着社会经济的繁荣、文化的发达，特别是雕版印刷的盛行，典籍剧增，私人藏书事业亦兴盛起来，于是便出现了不少根据私人藏书编撰的目录。至南宋末年，私家书目竟超过官修书目。

古人所编各类图书书目著作，其部居类次不同、内容繁简互异、著录体例有别。上述所作介绍，目的在于依类分别说明其不同特点，为文献研究与整理古籍提供线索，以供参考应用。但了解古代目录著作，目的不限于参考和使用，还应该从中总结古人编纂目录的经验，获取借鉴，为今后新编历史图书目录做参考。古代学者通过长期的实践，不断探索与开拓，为后人积累了不少宝贵的经验，比如：

（1）区分类例以著录图书，使不同性质的典籍得以分门别类加以记录，各具学科体系，条理分明。（2）撰写提要（或称解题），阐述著作宗旨，概括一书内容要点。（3）写作叙录、传录，记述作者生平，说明学术授受源流。（4）著作版本、印记、题跋，以论辨版刻源流，版本真伪，典籍聚散。

古代学者所积累的这些经验，有的已被应用来编纂新的目录专著，如《地方志丛录》《中国丛书综录》《中国善本书提要》等。若加以认真地分析归纳，择善而从，扬弃其“弘道设教”，宣扬封建思想的糟粕，对于今后新编古籍目录或其他文献书目，当大有裨益。

掌握了传统的目录学基本知识，了解目录著作的基本情况，对我们收集少数民族的文字古籍有直接的借鉴作用。因为我们收集有文字的民族古籍，是为了掌握现存全国少数民族古籍的基本情况和藏书数量，汇总后进行著录编目。如果各地图书馆和古籍收藏单位，对有文字类的民族古籍有简明目录或提要式目录，都完全可以借鉴。不过，由于种种原因，恐怕很难有完全适合我们所需要的目录。如果是用汉文记载的民族古籍，各图书馆和图书收藏单位，可以用简明式目录和提要式目录。如果纯粹是民族文字的古籍，内地的各图书馆恐怕由于文种的限制，用上述的简明式或提要式目录有一定的困难。大多数是簿录式的目录。民族地区的图书馆也是因为文种和人员的限制，主要文种可能有简明式或提要式的目录，而其他更多的少数民族文种古籍，也只能用簿录式目录的方式进行。这就对我们收集少数民族古籍造成一定的困难。因此，我们必须书访，彻底摸清各图书馆及其他收藏单位、民间个人收藏古籍底细，以便我们进行编目，编目就是编制图书书目。

第三节　中国少数民族古籍的征集和收藏

征集和收藏是古籍文献学的主要内容，也是整理和研究少数民族古籍的手段之一。在我国，很早就有公私文献收藏事业的历史，而且源源不绝。近百年来逐步发展起图书馆事业，古籍文献收藏才逐步迈入现代化、科学化时代。中国少数民族古籍的征集与收藏工作也同样受到世人的关注。在过去漫长的岁月里，尽管历代收藏者们竭力收集、保藏，却一次又一次惨遭厄运，先哲智慧凝聚而成的无数著述绝大部分没能保存下来，这是中华民族文化遗产永远无法弥补的损失。而保存下来的这一小部分，又是许多收藏者几乎用一生心血换来的。不少古籍已湮没无闻，所以，对古籍文献的收藏与散佚，我们必须有所了解。目的是使大家懂得珍惜和爱护这些现存的文献。

中国少数民族古籍文献浩如烟海，以被世人所公认，但要真正弄清楚其具体内容、特点、数量等情况，就如坠五里雾。过去，民族地区（特别是古代）正规的学校教育极少，民族文字、文献难以传承普及，只为少数人所运用。加上历代反动统治阶级的歧视和压迫，民族古籍文献遭到严重的破坏。国民党统治时期，变本加厉地实行民族同化政策，根本无从谈起收集、整理或出版民族古籍文献。20 世纪 50 年代，由于党和国家对民族文化遗产的收集、整理及出版工作的逐步重视，民族古籍工作取得了前所未有的成绩。然而，由于“左”的错误思想的影响，特别是“文化大革命”的 10 年，视民族古籍文献为毒草、封建迷信的东西，对其加倍毁坏，大量的古籍文献在此期间化为灰烬。通晓民族古籍文献的学者仁人受到无端的摧残，人数越来越少。十一届三中全会后，拨乱反正，1981 年 9 月，党中央发出了（80）37 号文件，“关于整理我国古籍的重要指示”。文件指出：“把祖国宝贵的文化遗产继承下来，是一项十分重要的、关系到子孙后代的工作”。由于过去未能很好地重视和保护、收藏民族古籍，损失严重，必须采取有效措施抢救搜集、复制民族古籍。各省区相应成立了民族古籍工作机构，并且做了许多具体的工作。民族古籍文献的搜集、整理、出版从此进入了一个新的历史时期。现在人们愈加深刻地认识到民族传统文化的价值，认识到一个民族的发展绝对不可能割断自己的历史，民族古籍文献作为传统文化的主要载体理应受到高度重视。抢救、搜集、保护、收藏以及编译、整理、出版少数民族古籍文献成了我们的当务之急。

一、征　集

“征集”是指用公告或口头询问的方式收集。征集的内容和范围相当广泛，包括存世较少的有关文化、历史文物的珍（真）品，或造型、纹饰艺术、重要文献、金石铭文以及有一定价值的残件、碎片等实物资料。但我们在这里说的征集主要是指我国少数民族古籍文献的征集和收藏。征集的目的是为了使散存于民间的资料和有关部门的书籍加以汇总、分类、编目，统一保存，以便查找，给特定的人员提供有用的知识和信息。

征集的渠道是多方面的：（1）上级主管部门调拨。上级有关部门根据业务的需要，进行有计划地调拨有关资料，充实和提高有关图书资料的开发利用，为进一步开展研究民族古籍文献提供条件。另外，各研究单位应根据自己的任务，报请上级机关向有关兄弟单位调拨。如果不便调拨，也可采取借用或复制等办法。（2）机关团体和个人捐赠。这是机关团体或个人对图书管理和藏书部门的信任和支持，也是对国家的贡献，负责此项工作的单位或人员应该非常热情地接受，并做好相关工作。对捐献者要宣传、表扬，并给予一定的报酬和荣誉。（3）组织调查、发掘和征集少数民族文字记载文献和口传文献资料。这是一条非常重要的征集渠道。我国目前散存在地方和民间的民族古籍非常丰富。有目的、有针对性地组织考察和发掘，不仅是征集民族古籍文献的途径，而且还是考证、鉴定古籍和文物的重要依据。（4）向群众收购征集民族古籍。民族古籍文献大都收藏于当地（村寨）有一定威望的世家，如彝族的毕摩、纳西族的东巴教祭师、傣族的波摩、藏族的活佛等。由于种种原因，古书掌握在他们手中，向他们征集文献会有一定的困难，但也相信，只要我们耐心、细致地给他们做好思想工作，说明道理后也有愿将他们手中的文献捐献出来的。如实在不愿意捐献，亦可采取有关国家文物收购政策和价格进行购买。总之，要采取多种措施，将民族古籍文献收集起来，由国家正规部门妥善收藏保管。

二、收　藏

我国是世界上文化发达最早的国家之一。我们的祖先创造了光辉灿烂的古代文化，积累了极其丰富的文献典籍。浩如烟海的中国少数民族古籍文献，记录了我国各少数民族千百年发展的历程。少数民族古籍文献对于研究我国各民族的社会历史和文化具有十分重要的学术价值，是一笔无法用价格估量的民族精神财富。

我国少数民族古籍的收藏历史悠久，但情况较为复杂，有它的特殊性。从目前的情况看，有两大方面：（1）国家收藏（包括国外一些博物馆、图书馆所收藏的文献）。一般由国家图书馆、博物馆、展览馆、科学研究机构、学校等收藏少数民族古籍文献。（2）私人收藏。我国的少数民族文献，由于历史、地域、民族歧视、自然灾害以及人为的破坏等原因，除保存在国家有关部门的这部分古籍以外，还有相当数量的书籍至今散存于民间，掌握在私人手中。这部分书籍从目前来讲，还无法统计出准确的数据，希望各级主管部门加强对民间收藏文献的收集和保管。为便于广大读者了解一些少数民族文献的收藏情况，下面简要介绍几个有文字记载的民族和文献收藏情况：

藏文古籍。据有关资料表明，目前保存完好无损的，有西藏自治区的档案馆、哲蚌寺、色拉寺、萨迦寺等处收藏。其中以档案馆藏书最多，估计有两万多函约十万多册，其次哲蚌寺的藏书近万函；萨迦寺藏书近 6000 函（手抄古本居多）；青海省塔尔寺亦以藏书较多而著称，目录尚在整理中；甘南藏族自治州的拉卜楞寺的藏书也十分可观，据材料介绍：现存经卷约 6 万部（册），可分全集、哲学、密宗、医药、声明、历史、传记、天文历算、工巧、数学、诗学等十多类。其中全集类 177 种 21 320 部（册）；哲学类 15 411 部（册）；传记类 1931 部（册）；声明类 249 部（册）；文法诗学类 561 部（册）；天文历算、工巧类 280 部（册）；医学类 497 部（册）。

此外，还有四川甘孜州德格印经院、北京故宫博物院、北京民族文化宫、中央民族大学、北京图书馆、雍和宫、北京藏学研究中心以及藏族地区的其他印经院、寺院和全国各地的民族院校等有关单位部门都藏有不同数量的藏文古籍。相当一部分从 17 世纪开始就流失到国外。藏有藏文文献的国家和地区有：英国、法国、日本、俄罗斯、捷克、匈牙利、印度、美国、德国、意大利、丹麦、奥地利、比利时、荷兰、挪威、瑞典、波兰、新加坡、加拿大、澳大利亚、尼泊尔、锡金、克什米尔、蒙古、缅甸等。

蒙古文古籍。蒙古文古籍的传播极广，不仅在国内以手抄本形式广泛流传，而且在国外流传也相当广泛。据有关资料表明，除我国藏书量居首位之外，蒙古国和前苏联也是蒙古文古籍藏书最多的国家。前联邦德国有手抄和木刻本 672

件；丹麦哥本哈根皇家图书馆560件；美国芝加哥远东图书馆有藏传佛教经卷72本；华盛顿国会图书馆81件。法国巴黎国家图书馆165件、巴黎法兰西研究院40余件；英国伦敦东方和非洲研究院34件；剑桥大学图书馆35件。瑞典首都斯德哥尔摩民族博物馆126本。芬兰赫尔辛基大学图书馆和芬兰一乌戈尔学会105本。比利时首都布鲁塞尔23本。挪威奥斯陆大学图书馆10本。梵蒂冈教廷国国家秘密档案库藏有13世纪伊儿汗国外交文书3件。①

在全国收藏蒙古文古籍的图书馆、博物馆、机关图书室或资料室共有60多家。这些单位所馆藏的文献和卷宗有1500多件，6000多万册。② 这些文献和卷宗包括从13世纪到新中国成立前700多年的各种蒙古文版的抄本、影印本和碑文拓片等。

突厥文、回鹘文、察合台古籍。据目前已发现的古代突厥碑文铭，大多保留在原地。写本文献随各国“考古队”“探险队”落入列强之手。其中著名的《占卜书》和《古突厥格言残篇》均收藏在伦敦大英图书馆。另外，回鹘文文献和察合台文献，除了我国收藏的一部分外，大部分都流失到国外。这些文献在国外主要收藏在德国、法国、日本、英国、美国、前苏联、土耳其等国的大图书馆。

满文古籍。满文古籍的主要收藏地在我国的北京、沈阳、台北，其次在吉林、黑龙江、内蒙古、河北、新疆等地。在北京图书馆、首都图书馆、故宫博物院图书馆、雍和宫、北京大学图书馆、中央民族大学图书馆等单位均有收藏。北京的中国第一历史档案馆是全国满文古籍收藏量最大的单位，所收藏的清代国家机关文书档案达160万件（册）。其中包括阁全宗档案、宫中全宗档案、宗人府全宗档案、内务府全宗档案、军机处全宗档案以及圣训、实录、起居注、方略等。沈阳的辽宁省档案馆主要收藏清代盛京地方档案，其中包括《顺治年间档》《黑图档》及大量的旗务档。台北的台湾故宫博物院、台湾中央研究院历史语言研究所等单位也有收藏。由于历史的原因满文古籍还散存于世界各地，在俄国、日本、德国、美国、英国等国家的图书馆、博物馆也有数量不等的收藏。

彝文古籍。彝文古籍之所以从远古的时代流传到今天，与其特殊的收藏与传播方式是分不开的。彝文古籍收藏大约经历了从个人收藏到土司收藏、衙门收藏到国家收藏的复杂过程。

---

① 各国蒙古文古籍的收藏情况是根据1977年的统计。可参阅德国W. 海西希：《哥本哈根收藏的蒙文文献》一文。

② 未得详细统计数字，只是根据部分资料而言。

集中收藏与研究彝文古籍是从 18 世纪开始的。1837 年，外国神甫进入我国云南彝族地区收集了彝文经典。后来外国传教士和有关学者不断地在彝族地区收集彝文古籍，将收集到的彝文古籍带回国，进行研究，并将经典原件收藏于有关图书馆。20 世纪 30 年代开始，有些学者逐步重视收集和研究彝文古籍工作。1928—1930 年间著名学者杨成志先生在四川凉山彝族地区搜集了 70 多部彝文古籍；1931 年著名地质学家丁文江先生在云南、四川、贵州彝区收集了十几部彝文古籍；四五十年代民族语言学家马学良先生在云南大部分彝区共收集了 2000 多部彝文古籍，后分藏于原中央研究院历史语言研究所、国立北平图书馆及北大、清华、南开等高校图书馆。

根据目前的统计数据，贵州毕节等地收集到 1000 余卷，2500 多册彝文古籍；云南省各地收藏彝文古籍数约 1 万多册（卷）；四川省凉山等地约藏书 1000 册（卷）。国外收藏彝文古籍的国家和地区有：法国巴黎东方语言学校、巴黎东方博物馆、巴黎天主教外国教会、巴黎国立图书馆、巴黎民族志博物馆、安南河内法国远东学院、迷哇基博物馆、美国国会图书馆、日本京都大学文学部等藏有彝文古籍。

傣文古籍。20 世纪 50 年代前傣文尚未有印刷技术，傣文古籍均为手抄本，贝叶则为手刻本，都由私家收藏，佛教经典则以私人求福气献经形式贡献给佛寺，由佛寺保存。原始宗教文献则为村子里的波摩（兼行巫术和行医者）保存。新中国成立后，云南省及有关州、县的博物馆、图书馆、文化馆、文物室、政协机构或研究机构，皆注意对傣文古籍的收集保存。目前，除云南省外，北京中国历史博物馆、北京图书馆、民族文化宫、中国社科院民族所、中央民族大学、天津南开大学等处皆有收藏傣文古籍，数量在千卷左右。此外，上海复旦大学、北京法源寺、青海省博物馆、西安药物研究所等处，也保存有少量贝叶经。20 世纪 80 年代以来，随着民族古籍整理工作的开展，不少傣文古籍经过整理已印刷出版，仅云南民族出版社出版的傣文古籍，就计有 14 种 12 册。德宏州、西双版纳州也出版了不少傣文古籍，从而，傣族古籍的收集、收藏、整理研究进入了一个新的历史阶段。

纳西文古籍。纳西文古籍的产生，存在于中国大地，但对它的学术性收藏却是由西方人开始的。1840 年鸦片战争之后，中国一天天沦为半殖民地半封建社会，帝国主义列强开始肢解中国的山河。纳西族居住地因处在滇、川、藏三省交界处，战略地位十分重要，先后有法、英、美、意、荷、德等国的传教士、探险队、军事人员、学者等对纳西族居住区的自然情况与社会情况进行考察，并发现了纳西文古籍的存在。

国内对东巴经典的收集、收藏以新中国成立后最为卓著，仅丽江县自 20 世纪 50 年代至 60 年代便先后收集到 4000 余册；中央民族学院曾派和志武、和发源、陈福全在丽江、维西、中甸三县收集到约 1000 余册；云南省博物馆曾派朱宝田在中甸县白地、四川木里县俄亚收集到 300 余册；云南省图书馆亦于 50 年代派专人在丽江县收集到 600 余册。在“文化大革命”结束之后，国内又掀起一个收集、收藏东巴经典的热潮。80 年代开始，收集、整理、研究及收藏东巴经典更是进入一个新的历史时期。目前，在国内收藏的东巴经典约 14 000 册（卷）。

西夏古籍。西夏古籍是指 11 ~ 14 世纪间用西夏文字书写和刻印的材料，这批材料保存至今的有 10 余万页，从各种角度反映了当时我国西北地区的政治、经济和文化状况，其内容之丰富、数量之大在中国各民族文献中名列前茅。20 世纪以后，这些湮没了 800 年之久的珍贵文献重见于世，并且导致了一门新兴学科——西夏学的诞生，终于使中华民族的这一份珍贵的文化遗产重新熠熠生辉。

西夏古籍从产生到消亡共经历了 460 余年的时间，这期间形成的大量典籍是中华民族的宝贵文化遗产，在中国文献发展史上占有极为重要的地位。国内现存的宋版书籍凤毛麟角，而仅俄国科学院东方学研究所圣彼德堡所收藏的西夏刻本数量即数倍于我国宋版书的总和，足以成为我国早期印刷史上一份最为丰富的实物资料。

契丹古籍。契丹古籍是指公元 10 ~ 12 世纪间用契丹文字记录的材料，这批材料保存至今的很少，而且没有什么相关的字典可供研究参考，以致现存的成篇契丹文献尚没有一篇彻底读通，这使得契丹文字和古籍的解读成了中国文化史上著名的“20 世纪之谜”。现有古籍《耶律廷宁墓志》辽代石刻，原出自辽宁省朝阳县柏树沟。契丹文、汉文合壁。《北大王墓志》辽代石刻，原出自内蒙古昭乌达盟阿鲁科尔沁旗。契丹文、汉文合壁。还有《大金皇弟都统经略郎君行记》等。

女真文古籍。女真文古籍是指公元 12 ~ 15 世纪间用女真文字记录的材料。女真文古籍存世很少，所幸有《女真译语》这部明代工具书的帮助，现存古籍已获得初步解读，由此而引起的深入研究也在进行中。现有《女真杂志》《女真译语》《大金得胜陀颂》《奥屯良弼饯饮题名跋》《进士题名碑》《奴儿干永寺碑》等古籍文献。

印欧语系古籍。19 世纪末和 20 世纪初，大批外国殖民者和探险家相继来到我国新疆地区，通过考古发掘和向民间收购等方式得到了大量珍贵的文物和文献。这些文献中有四种属于当时讲印欧语系语言的民族，统称为卢文献、焉耆-龟兹文献、于阗文献和粟持文献，总件数在200件左右，其中记录了古代中亚地区的民族、政治、经济、宗教、语言诸方面的情况，具有极为重要的历史价值。不过，这些文献绝大多数都收藏在国外的图书馆和博物馆里，中国学者大都只能通过外国人的著作来了解其概貌，而无缘对原件进行直接的研究，这使得中国在这一领域的科研成果数量远远不及外国。

参考文献：

1. 张公瑾．民族古文字概览［M］．北京：民族出版社，1997. 9.

2. 吴苏民．中国少数民族古籍概论［M］．天津：古籍出版社，1995. 6.

3. 杨燕起、高国抗．中国历史文献学［M］．北京：北京图书馆出版社，1989. 9.

4. 杜泽逊．文献学概要［M］．北京：中华书局出版社，2001. 9.

5. 李致忠．古籍版本知识［M］．北京：北京图书馆出版社，2001. 3.

6. 中央民族大学彝文文献编译室集体编著．彝文文献学概论［M］．北京：中央民族大学出版社，1996.

7. 张立文、许启贤等．传统文化与现代化［M］．北京：中国人民大学出版社，1987. 8.

8. 刘鸿武等．中国少数民族文化简史［M］．昆明：云南人民出版社，1996. 12.

第六章　中国少数民族古籍校勘、编目、著录与汇编

民族古籍作为中国各民族古籍的总称，文字种类繁多，典籍文献卷帙浩繁，是一个庞大的体系。就整个民族古籍而言，包括了近三十种民族古文字著述的四五十万种古籍文献和无数的口传文史资料，所记载和著述的内容丰富多彩、包罗万象，涉及诸多学科领域。

民族古籍是中国多元文化的产物，各民族的古籍文献都是中华民族灿烂文化的重要组成部分。无论从中国多民族、多语种的社会历史考察，还是站在中国社会主义新文化建设的高度加以审视，民族古籍文献无疑是一份宝贵的文化遗产和重要的精神财富。因此，进行民族古籍的整理与研究，是一项功在当代、利在千秋的长期而艰巨的文化建设工作。对卷帙浩繁的民族古籍文献进行整理与研究，不是少数专家和三五年或数十载能够完成的短期性项目，而是需要动员各民族知识分子积极参与，并深入持久地开展下去的一项系统工程。

民族古籍的整理与研究，不仅是我们继承和发扬各民族优秀传统文化以及进一步充实、丰富中华文化宝库的重要任务，也是为现代精神文明和物质文明建设服务的迫切需要。为了让更多的现代人读懂古代各民族文字的书籍，并更好地为各学科领域的研究提供翔实的文献资料，以及实现各民族文化资源共享和加强各民族之间的文化交流，必须采取不同的形式和方法，对民族古籍文献进行科学整理。于是我国民族古籍整理工作者，根据民族古籍的实际，借鉴和参考其他学科的理论和方法，对民族古籍进行科学整理，并在专业工作实践中，逐步形成了自己的整理形式与方法。将其归纳起来，主要有：古籍的裱糊、装修、影印、标点、校勘、翻译、注释、汇编以及编目、分类等。本章重点对民族古籍的编目及著录与分类、译注底本的选择与校勘、翻译和注释等诸方面进行分节论述。

第一节　民族古籍的校勘

要对某一部民族古籍文献进行整理和翻译注释，首先要选定一本书作为整理、译注的底本。确定底本之后，需要对古籍原文进行逐字逐句的严格校勘。那么，对民族古籍文献整理和翻译注释底本进行校勘的意义何在？其校勘有哪些基本方法呢？从以下两个方面加以概述。

一、校勘的重要意义

任何一种古籍文献，经过反复传抄和版刻，不免会有文字上的纰谬、词语的脱落、句子的增衍和缺漏等错误，所有这些问题都需要通过校勘来解决。一般说来，古籍文献每传抄或版刻一次，旧的错误改正了，又有新的错误发生，有时原来的错误还未克服，又增加了新的错误，使错误的东西以讹传讹，反复多次后，使原著与重复多次的抄本之间变得面目皆非。正因为如此，汉文古籍校勘家常言："鲁鱼亥豚"之讹众矣。又有谚云："书三写，鱼成鲁，虚成虎"。汉文古籍如此，各民族古籍文献也不例外。各民族的大多数古籍文献是千百年来经过许多人的无数次辗转传抄而流传下来的。抄书者文字水平不一致，每转抄一次，都会有一些错漏；又由于各地彝语方音的差异，抄录者往往按其方音运用了他们自己习用的同音假借字和异体字，因而使这些书在转抄后，不同程度地改变了原著的本来面目。因此，我们在翻译民族古籍文献之前，必须认真校勘，纠正错落词句，然后进行翻译。若不是校勘工作领先，错误就得不到纠正，即使翻译了，也不能完全揭示民族文字原著的真谛，甚至助长以讹传讹，使古奥的文献变为无法认识的天书。在民族古籍文献中，文字讹误、脱落现象随处可见，特别是一些抄本更为突出。即使传抄次数不多，就是与原著较为接近的抄本也难免有讹误。譬如马学良先生早在20世纪40年代译注的彝文《作斋供牲经》的过程中，在几个本子相互对校时发现了许多讹误的地方。如经文中有［dzɒ^{11}la^{55}］一语，一本作［ntɒ^{11}hla^{55}］；另一本作［ntshɒ^{11}la^{55}］。译者通过校对后取［dzɒ^{11}］一语。按［dzɒ^{11}la^{55}］为"供祖台"其意允当。而［nth55 la］意为"挥手"，不合彝语语法，因彝语动词位于宾语之后，"挥手"彝语当作［la nth］，故此处断非"挥手"可知。［ntshɒ^{11}la］则不成解，固知［nthɒ^{11}］、［ntshɒ^{11}］乃［dzɒ^{11}］字之摩灭致误，其后学之呗耄展转传抄，以讹传讹致不能解。80年代增订《爨文丛刻》也发现很多讹误的地方。譬如，仅有五十九行五言句的《地生经》就有近十处错落。由此可见，如果不通过校勘，诸如此类经文实难解读，所以，我们要在选好底本的同时，还要广采副本和现存较早的石刻铭文中具有规范性的字词等作为对校资料，进行严格的比勘校正之后才可进行翻译和注释。

二、古籍校勘方法

遵循古籍文献的基本校勘原则及其形式与方法，并结合民族古籍文献的具体情况，其校勘形式与方法可以概括为以下几种：

1. 对校

以同一部古籍的各种版本或不同的抄本进行对照。看其是否一致，若有不同，又难以断定正误则继续用其他方法加以校勘。

2. 本校

以本书中的前后文互证。前后文词句本当一致，但前后对照发现有差异，其中有的句子若不成解，则可相互校正。

3. 他校

以其他古籍版本或抄本校对本文。在民族古籍文献的校勘中，他校至关重要。因为民族古籍文献大都记述古代社会现象与历史事迹，又多为抄本，加之历经劫难，大都成为孤本、残本，故有些错误既无法对校，也不能本校。再者古今社会形态与风习礼仪等方面的差异很大，据理推断，很难切合实际。所以，许多问题都要运用他校的方法解决。

4. 理校

据理推断文献内容与字词之正误。理校之法应慎重运用，若不严谨，容易造成主观臆断。校勘者只有在具有广博知识的基础上通过缜密的思考并作出合乎情理的推断，方能接近原文。在其他校勘方法无能为力的情况下，理校便成为确定正误、删衍补缺的重要手段。

5. 综合校

综合校，就是将上述 4 种校法的综合应用。也就是取上述两种以上校法的校勘结果相互印证推断的方法。

总之，民族古籍文献的整理译注，只有按照上述方法加以比勘校对，确定其正误，校正了讹字、脱文、衍文、倒文之后，才能进行翻译。

第二节 民族古籍的编目及其著录

一、古籍编目的意义

编目是整个民族古籍整理系统工程中最重要的基础工作。通过编目著录，古籍整理工作者能够系统全面地了解民族古籍文献的数量、种类和大致内容，并为进一步整理民族古籍提供线索和依据。民族古籍收藏单位通过编目，一方面，正确地揭示、反映、宣传自己所藏有的民族古籍，使读者迅速、准确地检索，以得到所需要的资料，让蕴藏在民族古籍中的丰富而有价值的资料得到充分的利用，为现代精神文明和物质文明建设服务；另一方面，做好民族古籍的藏书保护工作，使各民族宝贵的文化遗产得以安全、完整的保存和馆藏，使其不受损失和毁坏，而有利于长期使用。民族古籍馆藏部门及有关单位的编目工作做好了，对民族古籍进行标点、校勘、翻译、注释、辑佚、汇编等整理工作将会提供良好的条件。因此，编目工作在整个民族古籍整理工作中有着重要意义。

民族古籍卷帙浩繁，广大读者从各自的需求出发，会对古籍的阅读和利用提出各种要求，如果靠自己到书山文海中去翻检所需要的古籍文献，那是十分困难的，甚至是不可能的。这就必须用编目的手段解决问题，通过民族古籍馆藏单位编制、提供的目录，可以使读者不见原书就能按图索骥，迅速地查找到自己所需要的民族古籍，节省大量的时间。与此同时，还可以通过古籍目录的帮助，搜集到与自己研究课题相关的文献资料，对各学科领域的研究都带来极大的好处。所以民族古籍目录既是揭示民族古籍内容的重要形式，又是宣传民族古籍的学术价值和指导阅读民族古籍的有力工具。因此，搞好民族古籍馆藏及编目工作，充分发掘古代的民族文化典籍，做到古为今用，是民族古籍馆藏单位和民族古籍整理工作者的一项重要任务。

二、古籍著录与目录组织

参考和借鉴我国传统的编目著录方法，并结合民族古籍的实际情况和编目工作实践，按照由著录法和目录组织法所组成的完整的编目法，可以将民族古籍的编目著录工作分为两个基本步骤：

第一步，古籍著录。按照一定的方法记录一部古籍，就是将这部古籍的内容和形式及其特征，按照一定的方式和方法记录下来，以便古籍管理人员和研究人员及读者通过记录内容了解和确认这部古籍，使著录内容在目录中起到揭示古籍、宣传古籍的作用。在著录时供著录者遵循的方法称之为著录法（条例），按照著录法所编辑而成的每一条记录（写在卡片上）叫作一条款目。通常把这项编目基础工作，谓之著录款目或编写卡片。民族古籍的形式特征，如：书名、著者、版本以及篇幅多少等，在一定程度上也能帮助读者确认和选择利用。民族古籍在著作、出版以及抄写、印刷等方面的情况较为复杂。有的民族古籍除了正式书名之外，还有别名、简名，在同一部书里题名不一；有的书前后易名；有的书书名不完整，或没有书名，不能反映书的内容特征；有的民族古籍，其著者情况、著作方式也与普通图书题法不同，版本事项更是纷纭复杂，需要详细阅读。此外，在认真准确地揭示古籍内容、确实反映古籍形式特征的同时，对著录的语言文字也必须做出规定。即：语言必须简明扼要、通俗易懂，文字应当使用正体楷书，注音字母转写或音标使用要准确。古籍著录的格式也应当整齐划一，人工书写卡片时，书写民汉文字要工整、清楚，使人容易辨认。古籍著录是一项细致、复杂、科学性很强的工作。因为古籍著录的质量直接关系到其目录的质量，所以应当引起编目工作者的高度重视。

第二步，目录组织。按照一定的组织形式，将编写好的古籍款目组织起来，使之形成一套有逻辑性的体系。这项具体编目工作称之为排卡片或目录组织。在组织目录时所遵循的方法称之为目录组织法。从整个编目著录的过程来看，目录是由款目组成的，而款目又是通过著录产生的。因此，目录质量的好坏，除了取决于组织方法是否科学、合理以外，很大程度上要取决于古籍著录的质量。在著录民族古籍时，其著录的事项必须能够准确地反映古籍文献的内容价值和主要形式特征，只有这样才能使读者和古籍管理人员通过目录中的著录内容，了解这部古籍的主要内容及其评价。古籍经著录之后，需要将所著录的款目（卡片）按照一定的体系组织排列为一个整体。

组织目录要根据民族古籍编目的任务和特殊性，既要参考普通图书馆目录编排时，通常设书名、著者、分类、专题四种目录系列的做法，更要借鉴我国古籍目录组织中，一般采用分类目录和书名目录两种方法或根据馆藏特点和读者需要，另组织专题目录。以往古籍目录组织的形式主要有两种：一为书本式目录，一为卡片式目录。

书本式目录是我国传统的编目形式，这种形式的优点在于占地小，携带方便，读者不到图书馆就可以通过目录书查找到自己需要借阅的图书在何处；也有利于开展馆际互借，促进古籍文献的流通使用。但是书本式目录也有它的缺陷。

如：从编制到印刷成书需要的时间较长，不断增添的新书也不能及时地反映到目录中去，只有通过编新目录书，或者补编的方式才能与读者见面。加之书本式目录如果发现有错漏，也不能及时改正，只能等待重新编目时方可解决。

卡片式目录是现代图书馆普遍采用的目录形式。卡片式目录以每张卡片为一个独立单位，编排比较灵活、方便。若增添藏书，可以随时在目录系列中增添新款目，发现著录错误或排列错误，也可以随时修改和抽换，都不会影响目录的整体。但是卡片式目录也有缺点，不仅占地面积大，而且不能携带，只能局限在馆内使用。

以上两种目录形式各有优点和不足。如果二者配合使用，可以相互补充。以卡片为草稿，编好卡片式目录后，再将卡片上的内容过录到书本上，形成书本式目录，就可以流传得更广泛。如中国善本书总目就是采用书本式目录，先由各省、地区图书馆用卡片编制草目，然后将卡片送交总编小组，分别经、史、子、集、从五大部类，汇总后正式出版书本式目录。国家图书馆善本部民族组在彝文古籍编目，就是采用卡片目录和书本目录并用的编目形式。

总地说来，民族古籍编目工作的理论和方法与普通书籍，特别是汉文古籍的编目原则基本上是一致的。

三、古籍著录的意义与著录事项

著录的意义在于正确描写每一部民族古籍的形式特征和基本内容，以便古籍管理者和读者具体确认和了解每一部民族古籍。对于著录哪些事项，才能充分揭示一部民族古籍的问题，我国传统的古籍著录经验为我们提供了重要的参考依据。如清人孙从添在《藏书纪要》一书中对古人编著目录的事项做了较好的总结："藏书四库编目最难，非明于典籍者，不能为之。大凡收藏家，编书目有四，则不致错乱、颠倒、遗漏、草率。检阅清楚，门类分晰，有条有理，乃为善于编目者……编大总目录，分经、史、子、集，照古今收藏家书目行款，或照经籍考、连江陈氏书目，具为最好。可谓条分缕析、精严者矣。前后有序跋。每一种书分一类。写某书若干卷、某朝人作。该写著者、编者、述者、录者、注者、解者、集者、纂者、各各写清，不可混书。系宋版、元版、时刻、宋元钞、旧钞、明人钞本、新钞本，一一记清。校过者写某人校本。下几本、几册、有套、无套……。"民族古籍编目工作的理论和方法及其基本原则与普通书籍，特别是汉文古籍的编目原则，基本上是一致的。其具体的著录事项与汉文古籍的著录事项亦大体相同，可以概括为以下几项：

（1）书名项。书名是一部书的代表，是认识一部书的起点，读者凭借书名查阅图书，所以揭示民族古籍的第一步就是正确记录书名。著录古籍时，书名项除了书名之外，古籍的卷数、回数也包括在内。卷数、回数能反映一部书的内容以及此书与其他书的区别。它是书名项不可缺少的组成部分。

（2）著者项。著录一部书的著作人及参加著作人的有关事项，包括著者的时代、姓名和著作方式。标出著作人的时代，可以反映这部书的时代性，还可以区别不同时代的同姓名著者。所以著录民族古籍时，应把作者的生活时代搞清楚。然而目前民族古籍有的既无著者署名，也无著作年代及时间的落款，考证起来极为困难。因此在著录民族古籍时填写记录著者项要十分慎重，既要大胆考释，又要严格把关。著作方式是指著者对这部书的写作所负的具体责任。汉文古籍的著作方式比较复杂和特殊，一部古籍往往有多种著作方式。如撰、注、辑、校、修、钉、增、续等。这些著作方式直接反映了书的内容及性质，所以著者项内要包括著作方式。有时一个著作者对一部书兼有两种或两种以上的著作方式，有时一部著作有两个以上的著者，或副著者，如注释、集校等。

（3）版本项：是记载一部书的出版情况。关于一部书籍各个出版事项是该书区别于他书的重要特征。许多古籍由于版本不同而产生内容上的差异，从而影响到书的价值。所以著录版本项的目的就在于正确描写所著录书的特征以便区别本书的其他版本，并使读者能通过这项记载识别清楚版本项包括的内容是出版时间、出版地点、出版人和版本类别。出版时间是指出版的年月（古书即雕版时间）出版地是指出版家所在的地点（地方名称），出版者是指将这部书整理雕版付印公布于社会的人，古籍主要是私人出版，凡是私人出版者应为书上所提的个人姓名。版本类别是指书版的种类和制作的方法，如刻本、翻刻本、活字本、写本、钞本、套色印刷、铅印、石印以及一部书重刻、重印的次数等。

（4）稽核项：是记录一部书外形方面的特征。包括册数、页数（轴、卷）、函数、书内所附图表图像及其幅数，书的装订情况（蝴蝶装、包背装）等。善本书著录则应包括纸张、行款、字数、刻工等更为详细的内容。

（5）附注项：著录以上各个事项的补充与说明，如本书内所附的附录材料，关于书名、著者以及版本等项的补充。书内如有别人的题签，名人手笔识语，藏书家的藏章印记，本书刻印流传经过，以及关于本书的特别说明，如：有没有修补、残缺不全等都是这一事项应著录的内容。必要时，在这一项内还需列出全书细目。丛书目录需在附注项内列出子目书名、卷数和著者。

（6）提要项：也称作解题。提要项是向读者提供所著古籍的内容概要和评介知识，由编目工作者根据书的内容，并参考有关文献资料编制的，它需要概括地介绍本书大意、著者生平事迹、著作经过，以及版刻流传情况。

除以上事项外，图书馆为了进行内部工作的方便，还需要作一些特殊记录，如索书号、登录分类号、财产登录号等。这些登录项目，称之为图书馆业务注记。

为了保证著录质量，编目人员对著录的各个环节和注意事项都要有比较清楚的了解，并遵照一定的程序，有步骤、有条理地进行著录。尽量在编目工作开始之前，从目录整体出发，对各事项做出明文规定，以免使所编目录前后矛盾，彼此互异。首先，应制定一份编目条例（规则），包括著录和组织目录两部分，使编目人员有所依循的标准；其次，应定出款目各个著录事项和款目上字体的写法；再次，根据古籍馆单位的性质、任务、藏书特点，规定应编制目录的种类，因而确定一部书应编写的款目数量。

有了上述几项明确的规定，就可着手进行编目工作了。在具体著录一部书时还需注意，不要拿到一部书后，即忙于动手去做。因为有些古籍因多年积压，未经清理，或经搬动、倒库等造成了一部书散乱的现象。有些大部头的书，因没有函套，很容易被分散放置，不在一处。有的书在入藏时就是一部残本等。因此，拿到书后，必须仔细检查，先把它理顺。是否为一部完整的书，还是原来入藏的就是一部残本。通过清理，使之尽量整齐以后，再进行著录。如果入藏时，强调凑全，可保持其原状，予以著录。这就是拼部的工作，此项工作很重要，不应忽视。然后还须通过排架目录进行查重，了解该书是某一种、某一书的不同版本，或是已经入藏的复本。前两种情况，应按新书进行著录。如果是后者，可根据本馆复本书的著录规定进行处理。对每一部书的内容大意、形式特征做认真分析，并按照条例，对每一事项，都要经过详细考察、审慎著录。写出款目的草片后，最好有专人进行审校，检查著录是否完善、确切、有无错漏；字体书写是否清晰、工整，格式是否符合规定等。经过详细校对后，方可正式编制款目，这才算完成了一部书的著录工作。

将各个著录事项反映到一张具体的款目上，形成下列格式：

	书	名项（书名，卷数）
		著者项（著者时代、姓名、著作方式） 版本项（出版时间、出版地、出版者、版本类别） 稽核项（册数、函数、图、表……） 附注项 提要项

一部汉文古籍按以上格式著录如下：

	荀	子　二十卷
		（战国）荀况撰　（唐）杨倞注 清光绪十年（1884 年）遵义黎氏翻刻宋淳熙八年（1181 年）台州刻本 四册一函 本书是古逸丛书零本

若参照以上两种格式著录，可将西夏文古籍《汉番合时掌中珠》著录为下列格式：

	番	汉合时掌中珠　不分卷
		（西夏）骨勒茂才撰 西夏乾佑二十一年（1190 年）茶坊角面四张氏刻本一册 西夏文汉文合璧杂字体字书

民族古籍文献的编目既要参考汉文古籍的著录格式，也要根据不同文种和不同文献载体种类的实际，采用符合民族古籍文献自身特点的著录格式。如《中国少数民族古籍总目提要》就是按照不同的古籍文献种类，设计了多种著录格式。现将其中的书籍著录格式如下。

书籍　　　文种：彝文　　　类别：教育　　　编号：H/1/3

<table>
<tr><td rowspan="3">书名</td><td colspan="3">民族文</td><td colspan="3">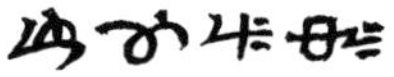</td><td colspan="3"></td><td colspan="3"></td></tr>
<tr><td colspan="3">拉丁字母符号</td><td colspan="3"></td><td colspan="3"></td><td colspan="3"></td></tr>
<tr><td colspan="3">汉文</td><td colspan="3">彝汉教典</td><td colspan="4"></td><td colspan="2"></td></tr>
<tr><td>篇幅</td><td colspan="2">卷数</td><td>不分卷</td><td>册数</td><td colspan="2">1 册</td><td colspan="2">页数</td><td colspan="3">214 页</td></tr>
<tr><td>作者</td><td colspan="12">清乾隆五十八年（1793 年）八月罗方　　　　撰</td></tr>
<tr><td>内容提要</td><td colspan="12">主要记述彝族古代社会历史、传统宗教、风俗习惯、伦理道德，以及彝汉关系等。是一部涉及多学科的综合性教科书，对研究彝族古代社会历史与传统文化具有重要的文献价值。</td></tr>
<tr><td>版本</td><td colspan="12">清乾隆五十八年（1793 年）八月</td></tr>
<tr><td>材质</td><td>棉纸</td><td>装式</td><td colspan="3">线订册页装</td><td colspan="2">字体</td><td colspan="2">手抄体</td><td>墨色</td><td colspan="2">黑</td></tr>
</table>

续表

<table>
<tr><td rowspan="2">规格</td><td>版面</td><td>24×23cm</td><td>版墨框</td><td colspan="3"></td></tr>
<tr><td>边栏</td><td>四周单栏</td><td>行格</td><td>9 直行 17 至 20 字不等</td><td>版口</td><td>白口</td></tr>
<tr><td colspan="2">其他特征</td><td colspan="4">有朱色圈点</td><td rowspan="5">备注：</td></tr>
<tr><td colspan="2">特殊标志</td><td colspan="4">有补花、抄配</td></tr>
<tr><td colspan="2">残损情况</td><td colspan="4">部分页面残损</td></tr>
<tr><td colspan="2">收藏情况</td><td colspan="4">中国国家图书馆有 7 种抄本，此书为其中之一。清华大学图书馆有两种抄本，云南楚雄彝族文化研究所等单位和个人也有收藏本。</td></tr>
<tr><td colspan="2">整理研究情况</td><td colspan="4">有朱琚元、杨凤江译注本，载《彝文文献译丛》第 10 辑。有朱崇先《彝汉教典》提要，载《彝族典籍文化》中央民族大学出版社，1994. 8</td></tr>
</table>

登录人：朱崇先　　　　登录日期：2005. 6. 8

四、古籍著录的要求

在著录古籍的要求方面，汉文古籍工作者根据古代书籍的实际，已归纳总结出一系列的条款，为我们著录民族古籍提供了借鉴和参考依据。

（一）书名项的著录要求

（1）依据正文卷端第一行所题书名著录。

（2）一书有多卷，各卷都题有不同的书名，如有总书名，著录时应以封面或书名页等处所题总书名为书名。若无总书名或查不出总书名，可以各卷端所题顺次写出。

（3）一书有异名或前后名称不同。著录时，以卷端所题书名为依据照录，可在附录页内说明本书名。

（4）书名前带有钦定、御纂、新刊、绣像、增广等某些冠词，照原书所题照录，不应省略。为了组织目录的需要，可以将冠词用括弧括起来，排列目录时，可以不计算在内。也可不将冠词括起来，排目时计算在内，同时多做一张款目，省略冠词排列。

（5）书名前带有“皇朝”“国朝”等冠词，一般是照原书所题著录。有时为查阅方便，在“皇朝”“国朝”后面加著具体的朝代名。用括弧括起。

（6）一书卷端只题篇名，不题书名，即“小题在上，大题在下”。著录时以卷端下方题书名为准，而不应以卷端题篇名为书名。

（7）原书上找不到书名，各家目录也查不到，可由编目人员审其内容，参考其他书籍自拟书名。凡自拟书名，必须在附注项内注明。

在书名项的著录内容中，除了书名之外，还应当包括卷数。卷数是检查一书全、缺，版本异同的重要根据之一。

（二）卷数的著录要求

一般情况下，在书名之后，直接根据本书所题卷数照录。不分卷的书，可以著录“不分卷”或“一卷”，也可以不著录卷数。其具体著录要求如下：

（1）一般的原则是，在书名之后，直接根据本书所题卷数照录。不分卷的书，可以著录“不分卷”或“一卷”，也可不著录卷数。

（2）一书内有卷首。卷末、补遗附录等独立成卷，不与正文统一计算时，如其内容著者、版本均与本书相同，录时，在书名正文卷数之后，依次著录，不要加起来计总数。如书内所附其他材料或著作，其版本同而非同一著者或同著者而版本不同时，著录时，只著录书名正文卷数，其他材料应在附注项内分别按书名、卷数著者依次注明。

（3）一书中目录的卷数，不计在正文之内，单独成卷。著录时，将目录的卷数写在正文卷数之后。

（4）书内一卷之中，又分子卷，如：上、中、下或上、下卷。著录时，可作为一卷计算，不再分别著出子卷卷数，子卷情况可在附注项内说明。

（5）古籍章回小说，书名后应著录回数，既有回数又有卷数时，应同时并录。

（6）残卷的书，可将种数、回数、卷数按实存数计算著录，在数字前加一“存”字。在附注项内注明本书实际应有的卷数、种数、回数以及残存数字。也可在书名项内著录应有的实际数字，在附注项内说明本书现残存的卷数。

（7）一部书分成各集，题有总书名及总卷数，著录时，以总书名及总卷数著录后，必要时，可在附注项内分别将子目书名、卷数著出。

（8）一部书分成各集，而不具有总书名和总卷数，著录时依次著出书名和卷数。

(三) 著者项的著录要求

首先，要著录著者的时代。即：书的著者是哪个朝代的人，在著者姓名之前（也有的著录规定在姓名之后）写出。只写明朝代，不用再写具体哪个朝代的帝王时代。如（明）赵南星撰、（清）沈元沧编，不用写明万历、清康熙等。对于跨时代的著者，要做具体分析，考证后确定时代。一般可以卒年为依据，定著者时代。如黄宗羲生于明末卒子清初，著录时可定清。有时则需要根据作者的生平事迹及其著述活动的代表时期来定所属朝代。如冯梦龙生于明万历年间死于清顺治间，各家著录均定为明。对于一个著者采用何种标准确定朝代，编目工作者从一开始就应确定下来，避免发生同一著者而时代不统一的现象，造成目录的混乱。如果著者是现代人（辛亥革命后），可不著录时代。

其次，要著录著者姓名。在古书中著者的署名比较复杂，著录时应当勤于考察和耐心细致地分析，确定著者后应写正式名字，不用写字、号、别名、室、斋名。如果书内只题字号、别名而其真实姓名确实考察不出，著录时也可依据原书所题著录。但需在前面冠一“题”字。具体著录要求如下：

（1）凡书中题著者姓名前冠有籍贯、官衔、职务、封爵、字号、别名等，著录时应一概排除，只写著者姓名。

（2）以政府机关（衙署）名撰辑的书籍，著录时应以机关（衙署）为著者。

（3）伪书著者或著者佚名的书，一般可不著录著者，也可按照传统的题法著录，前冠“旧题”二字。

（4）注解类古书一般都是著者与副著者连题。先秦、古籍有些不属于某个人的著作，而且各家的原著已派生出一系列传记、注疏等。这类古籍著录时，可以直接著录注解人。

（5）历代帝王的著作或有帝王参与著作活动的书，著录著者时，应写其本名，并加录其庙号。凡作决定后，应遵循始终。

（6）僧人的著作，著录著者姓名时，应写其法号并在时代后边加一（释）字。

（7）二人合著的书，著者姓名应并录，三人以上合著的书，只著第一人姓名，并在其后加一等字，不必将所有的著者都列出。

（8）外国人著的书，著者姓名前应将其国别著出，并加一括弧。

（9）合刻多人著作，如书名反映著者姓氏时，在著者姓名项内应将姓名完全著录。

（10）一部书的著者情况判断不清，或书内不题著者，需要查阅有关工具书帮助参考拟定著者，并在附注项内说明本书由编目人员根据某书所题拟定。如通过参考书仍不能确定著者时，可在著者项内写“原书不题撰人”。

（四）著作方式的著录要求

通过著作方式，可以了解一部书的内容、性质，也可以说明著者对这部书所负有的责任。古籍中著作方式的标识比较复杂，有传、说、解、沽、述、学、义疏、注疏、集解、批点等。一些名词概念也与现代图书的习惯题法不尽相同，著录时应该注意有一个统一的规定，如对古籍不称著而称撰。

古籍中经常使用的主要几种著作方式：

撰（著）：作者就一个问题全面、系统地阐述自己的意见。

编：将多种著作加以编排组织另成一部书。

辑：集录散见的书或文章汇成一部书。

注：对另一部书的内容、文字等进行解释。

修：政府机关主持编纂书籍的人，一般常题修。

纂：一般对奉公编、著的书，负实际责任者常题纂。

敕编：奉封建帝王命令所编著的书，一般常题为敕编、敕纂、敕撰。

著录著作各种名称的依据是原书所题，一部书有原著、编、修、注等多种方式的均应一一照录。有的古籍书名本身带有著作方式，这在分析书名项时已提到了。这种书在著录著作方式时应注意与书名所题相互呼应，不要发生矛盾，使读者辨识不清，影响了对书籍的研究与利用。例如：《春秋公羊经传解诂》一书是汉代何体作的注，也就是书名所题的解诂。这是书的主要内容。著录著者时，可以直接著（汉）何休撰（或解诂）。

（五）版本项的著录要求

1. 出版年的著录要求

古籍的出版年就是刊刻的年份。著录出版年时，应以刊刻的时间为出版年。

（1）一部书在若干年后仅增刻了序或附录，而在正文方面没有增删改易，著录时仍以原刻之年份为出版年，在附注项内注明有某某年补刻序、跋或附录。

（2）原书以干支记载年、月，著录时不用干支而应一律换算成公元纪年。外国的刻本著录原书刻印的年、月之后，应注明我国的年代，并且在年代之后再注明公元纪年。

（3）刻书时间跨越两个朝代年号时，在年号的下边加一个“间”字，仅在一朝内而又不知具体年份时，可不用“间”字以避免混淆。出版年在两年以上者，著录起讫年；年份较多、相距较远者，可只著录朝代年号。

（4）书内没有提到出版年，确切的出版年代又无从察考，应就可能识别的范围确定出版年的最下限。

（5）书内没有提到出版年，只有序、跋文的年代，参照刻风、字体、纸张等条件确认刻书时间与序年大体一致时，可以序年作出版年，但在著录出版时间时，应写明某某年（序），并在附注项内注明。古籍出版年代的著录，在版本项中占有重要的地位，刻印的时代早、晚，直接关系到这部书的版本优劣，同一书内容的异同，因而又直接关系到该书的学术价值，因此，著录古籍的出版年，一定要仔细考察、辨别。特别要注意不能机械地依序断年。

（6）古籍如经重刻，应以重刻年为出版年。但须尽量著录其原刻年份。如果察考不清原刻年，可只著录重刻年。

2. 出版地和出版者的著录要求

（1）出版地是指刻书所在的地点，出版者是指将书籍整理付刻公布于社会的人，即一书的刊刻者。刊刻者包括机关团体、书店和个人。书中如有出版地的记载，应著录于出版者之前。如果出版地不详者，可以省略不著，只著出版者。

（2）凡个人刻印的书，应著录出版者的籍贯、姓名或斋、堂、室名。由机关或书店刻印的书，应注明其机关名称。

（3）书中没有记载刊刻者、修补者或重印者姓名，而题有藏版人时，可以藏版人为刊刻者著录。

3. 版本类别的著录要求

书是雕版印刷，活字排印，或是翻刻、重刻、石印、影印J体、摹拓本等情况，均需注明清楚，下面分别说明：

（1）凡是雕版印刷的古籍，其版本类别项内可直接著录为刻本或刊本。这是古籍最通常的印刷方法。

（2）活字本：著录时应写明是哪一种活字。如果是木活字本，可简著为活字本。

（3）摹拓本：凡是摹拓的金石、碑碣，以及印谱都可为拓本。印谱如为钤印，应著录为钤印本又可具体著录为朱色拓本（朱拓本）。如果能确定摹拓的年代，应著录清楚。

（4）影印本：影印书可直接著录为影印本，但应尽可能著明原书版本，即影印时所依据的底本。

(5) 钞（抄）本书均著录为钞本。可根据纸张行格颜色具体著录为朱丝栏抄本或乌丝栏抄本。抄本书也应尽量著明其所依据的版本。

书的重刻本、递修本（递刻本）、增刻本、翻刻本（影刻本）均应分别著录清楚。

第三节　民族古籍汇编

一、把不同地区的古籍汇编为一书

在彝文古籍的汇编方面，早在19世纪30年代，丁文江先生和罗文笔先生将贵州大方一带收集到的彝文古籍和云南、四川收到的彝文古籍，译编为一部书，并取名为《爨文丛刻》，该书由商务印书馆于1937年出版后，受到学术界的极大关注。到20世纪80年代马学良先生组织云南、贵州、四川的彝族学者对《爨文丛刻》作了增订。增订本的材料仍来自不同的地方。古籍汇编，可以让读者和应用古籍资料的人，在一本书里能了解到各方言区彝文古籍的特点和风格。

二、把同一类型的古籍汇编为一书

如中央民族学院彝文文献编译室把滇、川、黔、桂四省区18个点的《指路经》汇编翻译为一部书，题名为《彝文〈指路经〉译集》；云南省民族古籍办把省内各地有代表性的《洪水泛滥》分别进行翻译整理后，汇编为一部书。这样汇编的古籍，能对一个文种的古籍文献进行从纵向和横向的比较研究提供资料，通过汇编的古籍文献内容可以了解此种类型文献的基本面貌，因而具有较高的学术价值和收藏价值。又如彝文古籍译注本《普兹楠兹》和《普帕迷》是编译者把流传于云南路南撒尼彝区的部分宗教经籍和几部叙事诗分别汇编成书。前者以当地的重要宗教经籍《普兹南兹》为主，再收祭祖、招魂、驱邪等方面的经籍为一部书；后者则是将流传于该地区的三部文学名著汇集为一本。以这种汇编形式的古籍整理本，可以集中提供某一地区、某一种类型的古籍文献材料。

三、把一部古籍中的部分章节选编为一书

在民族古籍文献之中，不乏长篇巨著。要完整地翻译出版这些长篇巨著，不仅需要巨大的人力和物力，整理出版的周期也很长。再者，多数巨著的著述内容

涉及诸多学科，体系繁杂。因此，根据某一方面或某些专业学术研究的需要，从中抽取相关章节编译为一部书，或者为了尽快使学术界认识了解这些巨著所蕴含的重要文化价值，从中精选出部分章节编译成册。

参考文献：

1. 朱崇先．民族古籍文献研究［M］．北京：民族出版社，2014. 1.
2. 朱崇先．中国少数民族古籍文献学［M］．北京：民族出版社，2005. 11.
3. 杨怀珍．彝文古籍编目及其著录规则初探［J］．国家图书馆学刊，2003（4）．
4. 彝文文献教研室．彝文文献学概论［M］．北京：中央民族大学出版社，1996. 10.
5. 朱崇先．彝文古籍整理研究［M］．北京：民族出版社，2008. 9.

第七章　中国少数民族古籍翻译和注释

中国少数民族古籍文献的翻译方法和其他各种语文的翻译方法既有共同之处，也有一定的特殊性。翻译是古往今来人际关系与语言勾通、文化思想交流的一项重要方式。翻译的形式很多，有口语翻译、笔译；有外语、汉语和少数民族语等互相翻译。在众多形式的翻译中，由于各种翻译的性质、对象、目的不尽相同，于是在翻译方法上也有所不同，翻译的技巧也不一样。因此，对民族古籍文献的翻译原则与译注者应具备的知识水平、文化修养、专业技能等方面也有特殊的规定和要求。本章主要论述用现代汉语文翻译民族古籍文献的方法，并着重讲解翻译的原则与体例及译文的注释等。

第一节　民族古籍译注底本的选择

民族古籍文献在历史上几经厄运，破损、焚毁和散佚都极为严重，能有一部分免难幸存，实为不易。因此，当今尚存的每一本民族文字古籍或每一页民族古文字书写的文稿，乃至每一件铸刻民族古文字的器物都十分珍贵，应当很好地收藏和妥善保存。可是对这些文化遗产进行整理时，不能一概而论，也不能见书就整理出版，见文便翻译注释，总得有个轻重缓急或优劣差异的问题。为了按计划、有步骤地整理民族古籍文献，首先要解决如何正确选择译注底本的问题。根据民族古籍文献的实际情况和整理条件，可把以下几点作为优先选择译注底本的主要依据。

一、首先要选择具有重要学术价值和实际应用价值的民族古籍文献作译注底本

民族古籍文献中有许多不但具有学术研究价值，而且在现实生活中具有实际应用价值的著作。诸如：

（1）记载古代科学技术和民族工艺的典籍：彝族的《十月太阳历》《医药病理书》《冶铜织锦工艺》《裁剪书》，藏族的《四部医典》（即《根本医典》《论说医典》《秘诀医典》《后续医典》）等；纳西族的《崇仁潘迪找药》《药经》《长寿药经》等；蒙古族的《石刻天文图》《蒙药正典》等。

（2）记载社会历史的典籍：蒙古族的《卫拉特法典》《蒙古秘史》，彝族的《西南彝志》《帝王世纪》《家族谱牒》《彝族源流》《六祖史》，藏族的《巴协》《红史》《青史》《西藏王统记》等。

（3）民族古代文学及文学理论的典籍：察合台文的《福乐智慧》《先祖阔尔库特书》《莱丽和蔓季侬》等；彝族的《阿诗玛》《彝族诗经》（云南称“依依”、贵州称“弄恩”、四川称“勒俄”）和《彝族诗文论》《彝族诗律论》等；藏族的《仓央嘉措情歌》《猴鸟的故事》。

上述这类民族古籍文献的发掘、整理工作刻不容缓。因为这类典籍中的著述内容在研究各民族的科技史、社会历史以及文学艺术等方面具有很高的学术价值。除此之外，对有些典籍的著述内容加以科学整理，可以直接为彝族地区的两个文明建设服务。

二、优先选择能够反映各民族古籍文献特点的论著作为译注底本

各民族古籍文献传承历史悠久，随各民族方言分化而产生古籍文献流变的情况甚多。有许多古籍内容和文献风格带有强烈的地域特色。例如上万种彝文古籍文献中，在用字方面，不同地区之间有明显的差异。东部方言典籍用字数量较多，具体应用很严格，表义成分较完整。该地区古籍文献中也有通假代用或错别字，可是文字水平高的人看后，可一目了然地辨认出用字是否准确。《爨文丛刻》（增订本）的许多注释都是用以校注通假字和错别字的。北部方言区的彝文典籍用字情况与东部方言典籍相比，通假代用字的比重很大，实际用字明显地趋于表音化。又如：字体书法也形成明显的地域风格，北部方言的圆体字在滇东北大都改为扁方形；在东南部方言的典籍中多改为三角形；在贵州彝文典籍中则改为扁圆出头。再如：典籍内容的地区差异也很大，以记述六祖分支史事为例：东部方言典籍对第五、第六两支（即：德布、德施，简称“布默”）的情况记载较详细，对其他各支记载比较简略；北部方言典籍对第三、第四两支（即：古侯、曲涅，简称“涅侯”）的情况记载较多，对其他各支的情况记载极少。由此可见，彝文典籍的地域差异既成事实，其地区特点不容忽视。无论依据彝文典籍中书写的文字形体和结构来研究古彝文的文字类型，还是利用典籍中载录的文史资

料考察彝族社会历史及传统文化，都离不开参考各地典籍中的有关资料。近年来许多地区都译注出版了一批颇有学术价值的彝文典籍，为彝族典籍文化的深入研究创造了良好的条件。在彝族文化的整体研究中，各地流传的彝文典籍都具有同等重要的价值。遗憾的是有些历史上彝族文化比较发达、尚存彝文典籍甚多的地区译注出版彝文典籍的工作进度缓慢，如云南的昭通地区、曲靖地区、东川市，贵州的六盘水市已刊布或正式出版的彝文典籍资料极少。当我们系统介绍彝文典籍概况时，对这些地区的情况了解甚少，无以谈及。以此论之，优先选择具有地域代表性的彝文典籍作为译注底本是十分必要的。其他民族古籍文献亦然。

三、在相同或相近的版本中优先选择年代久远、书写工整、全书完好的民族典籍作为译注底本

民族古籍文献的数量多达几十万种，其中抄写的年代或先或后，书写质量的优劣也不尽相同。就是书名和内容相同或相近的书，也会有优劣之分或抄写年代之别。为此，我们要在版本基本相同或相近的情况下，优先选择抄写年代久远、全书完好、书写工整的本子作为译注底本。因为像这样选择出来的本子错误较少，有利于解读和翻译、注释，也有利于读者真正认识了解原著的本来面目。

四、从同书异抄的本子中优先选择，文字脱、讹、衍、误，较少的民族古籍文献作译注底本

民族古籍文献中，抄本居多，而抄本不可能像雕版印书那样整齐划一。就是一部书的不同抄本，由于各种原因，形成各自的特点也是难免的，它们之间同样存在优劣之别。如：有的抄本书写工整，而有的抄本书写凌乱；有的抄本直接按原稿抄写，错误较少，而有的多次辗转传抄，不断讹误、增衍、脱漏，乃至难以贯通解读。因此，从同书异本中选择较好的抄本作为译注底本也是极为重要的。

第二节　民族古籍翻译

民族古籍文献的翻译方法和其他各种语文的翻译方法既有共同之处，也有一定的特殊性。翻译是古往今来人际关系与语言沟通、文化思想交流的一项重要方式。翻译的形式很多，有口语翻译、笔译；有外语、汉语和少数民族语等互相翻译。在众多形式的翻译中，由于各种翻译的性质、对象、目的不尽相同，于是在翻译方法上也有所不同，翻译的技巧也不一样。因此，对民族古籍文献的翻译原

则与译注者应具备的知识水平、文化修养、专业技能等方面也有特殊的规定和要求。本节主要论述用现代汉语文翻译民族古籍文献的方法，并着重讲解翻译的原则与体例。

一、翻译工作的意义

卷帙浩繁、内容丰富多彩的各民族古籍文献，通过翻译才能介绍给世人，并实现文化资源共享。因此，民族古籍文献的翻译工作不仅是研究中国各民族社会历史和弘扬各民族优秀传统文化的需要，更是让世界了解中国各民族的灿烂文化和中国文化走向世界的需要。特别是民族文字古籍文献的翻译是发掘和利用民族古代文献档案资料研究各民族社会历史和传统文化的一项必不可少的基础工作。其翻译质量直接影响学术研究，若把错译误释的文献资料作为论据，就会失去科学性，也不可能得出符合客观实际的正确结论。民族古籍文献的翻译作为重要的文化工作，关系到民族文化的继承发扬，应当以科学的态度对待，不可掉以轻心。过去民族古籍文献译注工作长期处于分散状态，对翻译体例、翻译原则、翻译方法等没有统一规范。现在的情况与过去相比，已发生了根本性变化，专业队伍的扩大、翻译机构的设置、翻译条件的改善，使这项工作呈现出崭新的面貌。当民族古籍整理和翻译工作形成一定规模之后，应当加强理论研究和方法论的探讨，才能将此项工作推向前。由于民族古籍文献卷帙浩繁，从中挑选出一部一部的专著或一套一套的丛书进行翻译出版，不仅需要系统的理论原则作指导，而且要有一套严密的工作程序和先进的科学方法供翻译工作者遵循才能提高民族古籍文献的翻译质量。从目前民族古籍文献整理研究工作的实际出发，最现实的问题，就是用汉文把民族古籍文献的著述内容翻译出来，并加以必要的注释说明，整理成科学译注本，予以出版。民族文字与汉文合璧的科学译注本，可为中外学者提供重要的民族历史文献资料。不但有利于各民族社会历史与传统文化的研究，而且有利于丰富中华民族的文化宝库。由此可见，用汉文翻译民族古籍文献是一项十分重要的文化建设工作，应当引起高度重视。

二、翻译民族古籍应当遵循的原则

用现代汉语文翻译民族古籍文献方面，虽然前人已经摸索出一些切实可行的途径并有很多成功的经验和有效的方法可供我们学习和借鉴，但是现在整理研究的目的和规模与过去相比，已发生了很大变化，无论翻译条件，还是出版方式，都不尽相同。因此，简单地套用和照搬前人的东西，是远远不够的，必须在遵循前人的翻译原则与科学方法的基础上，进行大胆的探索并提出更高的要求。在充分利用现有条件，针对工作中的实际情况，不断更新方法、提高翻译水准，才能确保古籍文献的翻译质量。借鉴前人的翻译经验和方法，结合民族古籍文献翻译工作的实际，确定一些基本原则，让大家共同遵循，对提高翻译质量是有益的。用一定的标准，鉴别翻译工作的得失和衡量译文质量的高低是非常必要的。我国翻译界对翻译理论及其基本原则作过探讨，如严复（1853—1921）提出了“信、达、雅”的翻译原则。严氏所说的“信”就是指译文要忠实原文；“达”则是指译文要通顺；“雅”是要求译文具有文采。“信、达、雅”的翻译原则向来得到我国翻译工作者的推崇，在翻译界产生了深远的影响值得民族古籍文献的翻译工作认真遵循。今人在翻译工作中强调的“真实性、鲜明性、艺术性”，与“信、达、雅”的含义也是一致的。其中“信”即“真实性”是最根本的条件。翻译品的内容若不真实，不仅不能确切地揭示民族文字古籍文献原文的含义，反而会给人以模糊的印象，甚至得出错误的理解。所以，对民族古籍文献的翻译，真实性是必须保证的。只有在保证真实性的基础上，才能进一步讲求鲜明性与艺术性。欲想翻译作品达到译文通顺，语义清晰，形象鲜明，情节生动，内容真实准确的目的，就要认真遵循译注工作的“三性”原则，切实保证翻译作品的“信、达、雅”。在遵循上述基本原则的基础上，可根据民族古籍文献翻译工作的实际情况，提出以下具体原则：

（一）保持古籍文献形式的完整性与内容的真实性

无论翻译一部专著，还是翻译一套丛书，都要从头至尾地全部翻译，只有这样，才能让读者了解到原著的全貌。切忌从个人的喜好出发，对那些自己认为不重要或不感兴趣，甚至认为是糟粕的东西，进行任意删改或加工。因为现在自己认为不太重要的部分，也许其中蕴含了具有重要价值的内容；有些现在看来是糟粕的部分，随着研究的深入，可能会在里面发现深层文化的内涵。假若我们怀着良好的愿望，对所译的原著强作删改，很可能是一件费力不讨好的工作，甚至弄巧成拙，做了篡改古籍文献的蠢事。比如；民族古籍中有许多反映原始社会婚姻形态的内容，有些现象在今天看来是不可思议的。像兄妹婚，用现代文明婚姻的眼光审视，无疑是一种乱伦行为。然而，这种血亲婚制在人类社会发展史上确实存在。如果我们把类似的东西任意删掉，这样的译注品至少对研究古代婚姻形态方面失去了参考价值，岂不是件憾事。有些史籍中夹杂着荒诞的神话成分，我们为了强调信史，而随意地剔除神话内容，其结果把神话掩盖下的史实也一同抛弃。由此观之，任意删改古籍文献有害而无益。所以保持古籍文献的完整性是非常必要的。在要求古籍文献完整性的同时，我们还要注重其真实性。真实性要靠准确无误的翻译。如果翻译不准确，必然会影响古籍文献的利用价值。如贵州有一部以《卢娄巧》作为书名的彝文典籍，在丁文江先生主编的《爨文丛刻》（1936年商务印书馆出版）中被译为《权神经》。于是通篇都以“权神”作为主题来理解，使译文与原著大不相符。马学良、罗国义二位先生在增订此书时，根据原著内容，将书名改译为《祭龙经》，与原义基本吻合，紧紧地抓住了“祭龙”这一主题，按照原著内容，把彝族祭祀龙神的情况和缘由如实地翻译出来，让读者真正领略到彝族远古部落的龙图腾崇拜。如果对彝语“卢娄巧”一语作严格的训释：“卢”的本义为“龙”，可引申为“权”或“权势”；“娄”的本义为祭祀；“巧”的原义为“形象”或“印迹”，可引申为“基础”或“典故”。根据书名词义并结合经文内容，该经典名称译为《祭龙典故》似乎更确切。由此可见，对经典中的一个关键词语翻译准确与否，会直接影响对通篇乃至整部专著文意的正确认识和理解。在民族文字古籍中类似彝文古籍这样牵一发而动全身的重点词语为数不少，必须慎重地对待，切忌轻率行事。因为民族文字古籍中古语文言甚多，与现代口语有很大差异，若不引经据典和进行深入细致的考证，就难以准确解读。因此，在真正弄清文义的基础上，对每个字词都要审慎地进行翻译，必须做到字斟句酌，确保译注品的准确性。将上述两个方面概括起来就是说，译注民族古籍要避免删改原文，确保专著或文稿的准确性。从而完整无缺地再现古籍文献面貌，准确无误地反映古籍文献的内容实质。

（二）反复阅读，认真推敲，深析文义

对选定的底本，要反复阅读，深析文义，从宏观上对原著有了比较全面的认识了解之后，再从微观方面作逐字、逐句地翻译和注释。

民族古籍文献的写作时代，距今少则数百年，多则上千年，所记述的史事和各种文化现象我们与当今的现实生活与见闻相比，必然有较大的差异；加上古人抄写时用字混乱，书中出现很多异体别字，不可能一目了然。只有对原著进行反复阅读，反复研析、深刻领会，并对其有了比较系统全面的认识之后，对文义的理解才会趋于正确。著名彝文典籍《西南彝志》的翻译情况充分表明了熟读原著、贯通领会文义的重要性。如该书卷九《德施的叙述》一章中记载了古夷人德施的母亲妥雅尼套的故事，说她是一位身材高大、武艺非凡的妇女。又说她在怀着儿子德施时，骑马去打猎，在山上捉到一只獐子，就把獐子撕成几块儿，放

在嘴里嚼。虎豹和其他野兽看见之后，都被吓得遍山奔跑。这是一段夸张的描写。由于“獐”在彝语中读作［lo^{33}］。“咯”与古彝语牛的称谓“咯”同音。于是第一稿中把上述所载内容译为“妥雅尼套身怀着德施，一顿吃了一条牛。”经过两次修订，细读原著才将前述原意订正过来。在民族古籍文献翻译和修订过程中类似通过反复阅读原著后，发现原来译文有误的情况很多。由此可见，译注民族古籍文献，必须熟读原著，深悉文义。

（三）尽量反映原文的语言特点

用汉语文或其他任何外国语文翻译我国各民族文字的古籍文献都很难充分地将原文中的语言特点表现出来。而这些语言特点又是各民族古籍文献中最生动、最细腻、最精彩、最富有民族特色、最耐人寻味之处。就以彝文典籍中表示阉割牲畜睾丸的语词而言，除了各种牲畜以不同的专用词表示之外，各种专用词内部还有曲折变化，如果用汉文对译这类专用词，就很难保持其语言特色。如果不了解这类专用词的语言特点，就很难翻译出彝文古籍的原义。若找不到恰当的语词进行等值对译而使用近义词牵强译出，虽然能够对文义有所揭示，但是谈不上精确翻译，更谈不上保持原作的艺术风格和语言特点。因此，我们在彝文典籍译注中，为尽量反映原文的语言特点，除了选用较恰当的语词对译之外，还要充分利用其他手段加以阐述。

（四）译文的语词要符合原文的时代背景及其文化特征

在民族典籍的具体翻译过程中，要充分考虑其时代背景。特别是译注那些因时代变迁而发生转义或赋予多义的语词，要尽可能选择与之时代相应、文化特征类似的语词对译，并加以必要的注释或说明。例如：在彝文典籍中出现频率极高的“慈耄”一词，作为职官称谓，较古的语义为“君”和“臣”的合称；封建王朝在彝区实行土官制度之后，该词被用来称呼土司；改土归流以后，把它用来称呼朝廷命官。从表面看来，“慈耄”是一个多义词，有着“君臣”“土司”“官吏”“长官”诸义。从词源学的角度考察，前述不同义项都深深地打上不同时代的烙印。假若对译不当，不仅违背原义，而且会闹出笑话。在许多彝文典籍中有“慈凡式”（君施政）、“耄阔岂”（臣判案）之语。假若把它译成“土施政、司判案”那么使人看了极不和谐，必然影响原义的表达效果。同理，如果把明代武定凤氏土司的彝语称谓“罗婺慈耄”译为“罗婺官吏”“罗婺君臣”都是不妥当的。将彝族对汉族官员的称谓“商慈耄”一语译为“汉君臣”“汉土司”也是不对的。以此观之，对依时代不同而转义的词语要充分认识其时代背景，否则不可能准确翻译。与此同时，要切忌使用与彝族文化体系特征差异很大的文化语词对译彝文典籍中的名词术语。例如：彝语“窝弥”（吾地）一语，译成“天堂”或“地狱”都不妥。因为古彝语“窝弥”的原义为“故乡”，作为宗教术语，含有历代祖先亡灵归宿的圣地之义。“天堂”或“地狱”则是天主教等西方宗教用语，二者分别指鬼神世界里两个截然不同的去处：一为幸福无比的乐园；一为痛苦难当的深渊。若盲目地加以对译，势必曲解经义。又如“呗耄”一语，不能不加注释或说明，就简单地译为“牧师”“教士”“喇嘛”等。因为各种宗教的文化体系不同，其具体用语的文化内涵有着很大的差异，其神职人员的职能也各不相同。所以，不加思索地加以对译，必然使人误解。

（五）翻译要“实事求是”，切忌牵强附会

在民族典籍的译注中，对暂时不理解或不十分明白的句子或语词，不应该牵强地翻译和随意地注释。但是对目前尚未能翻译或不准备翻译的地方要交待清楚。在古籍中遇到个别难以解读的字词句和一时难认识理解的学术用语，都是在所难免的。若碰到这类字、词或学术用语，应当在译文注释里加以说明。如果是两种文字对译合璧的文稿，可在所录原文下标记符号以存疑。无论采用何种方式，总要把实际情况表示出来。让读者知道，哪些问题已弄清楚，哪些问题尚有疑问，哪些还没有弄懂。把现在的一些疑难问题留待以后深究，把自己未弄明白的地方，让后人去解决，或者让读者去探讨、钻研，都是很正常的现象。正如孔夫子所言：“知之为知之，不知为不知，是知也”。因为这是科学的态度，是值得提倡的。反之，不懂装懂，勉强翻译或随意注释，盲目地追求“自圆其说”。表面上让人看了似乎天衣无缝、滴水不漏，像完备无缺的译注品。其实未必如此，也许文中的很多有价值的东西没有揭示出来，或者有些问题被曲解。因此，切忌对自己不理解和暂时不明白的地方勉强地翻译和注释。若执迷不悟，一味地沉迷于“自圆其说”，将自己错译、误释的译注作品违心地推出去，让别人盲目地征引，将会以讹传讹，造成不良的后果。由此可见，不从实际出发，只以“自圆其说”的方法去实现完满无缺的愿望，并以此显示自己译注水平的高超，不但不能够把民族典籍的文化内涵与学术价值准确地揭示出来，反而会给古文献再蒙上一层阴影。与此相反，严格地遵循实事求是的原则，有了疑难问题，毫不掩饰，让人真正了解古籍文献的深奥，也懂得译注工作的难度，这不但不会影响译注者的威信，而且更能令人信服。

（六）使用语词音译法要注意适度

在翻译过程中，根据需要对部分语词用音译方式加以译释，是无可非议的，但是要掌握适度，切忌任意使用音译法。众所周知，以往翻译家们对于人名、地名、山水名以及一些珍稀特产的物品名称和某些特殊文化语词，通常使用音译法并加以必要的注释说明，亦能将一种语文材料和语言转化成为另一种语言和文字材料，达到两种语言之间沟通信息、交流感情之目的。然而，由于译者不同，将同一名、共一事在文字译述材料中表现为面目皆非者并不少见。就其原因有三个：一是两种语言之间存在语音差别；二是使用的译音字缺乏认真选择；三是合成词和词组中音译词与译义词兼用不当。在彝文典籍中的［lu^{11}］与汉文“城”基本等义，但是有些译者不直接译为“城”而译音为“鲁”“洛”“娄”等，实际上这类彝汉两种语言中的常用词，在等义的情况下不宜音译，直接意译的效果比音译好得多。又如［$bə^{11}$］与汉文“山”等意，但许多译者常译音为“伯”“本”“波”等。在《彝文文献译丛》第三辑《指路经》中有“票赛伯后面”之句，若用来作例句，单独抽取出来，人们就会把前两个字理解成人名，把第三个字释作称谓“伯伯”是很自然的。但文中的原义并非如此，事实上“票赛”二字为山名，“伯”在这里是“山”的译音词。若译成“票赛山”，就会使人一目了然，在注释中讲明“票赛山”的地理位置，其译注效果会更好。再如彝文典籍中［$pe^{33}mao^{55}$］“呗耄”一语，由于它是彝族特定宗教文化背景中产生的职名，没有完全等义的汉文语词可以等值对译，采用音译法是符合翻译原则和惯例的，但被今人音译得五花八门，让局外人看得眼花缭乱，也是值得深思的，这就是如何选择比较贴切和恰当的字作为译音词的用字问题。从典籍中的记载来看，［$pe^{33}mao^{55}$］是所有从事宗教礼仪的主持与诵经作法的人之统称，而［$pe^{11}mo^{2}$］“摆摩”则是“大法师”或“掌坛师”的专称，二者是有区别的。但今人将二者混为一谈，以“毕摩”一词代替“呗耄”“摆摩”之称谓，其实并不准确。特别是“呗耄”一词，被译成“伯玛”“毕姆”“贝玛”“觋爸”“朵西”“西波”“巫师”等，极不统一。鉴之于此，今后在典籍的译释中，译者之间应相互参考，尽可能求同，不应各自为阵，任意使用译音字，为读者设置种种障碍。对彝文典籍中出现频率较高的名词术语、重要历史人物的名字、关键的古地名等的译写应逐步走向规范统一的道路。由此可见，音译法的使用要掌握适度，不能滥用，否则影响翻译质量。

（七）严谨审慎不能急于求成，匆忙定稿

民族古籍文献的翻译稿，需要反复地修改。对每一个字词或语句都要认真推敲、仔细揣摩，一定要做到字斟句酌，决不可以草率了事。对翻译过程中感到生疏和棘手的问题，应该实实在在地下点功夫，通过查阅和学习有关资料之后，再来检阅先前的译稿，也许会发现不足和错误之处，对原来的疑难问题感到茅塞顿开，获得新的启发，再加以修改，会使译文和注释臻于准确和完善。

三、翻译工作者应具备的条件

从事民族古籍文献的翻译工作，除了遵循翻译的基本原则之外，还应当具备扎实的基础理论知识和一定的专业技能。因此，必须对民族古籍翻译工作者提出一些具体的要求：

（一）翻译工作者要具有广博的知识

民族古籍文献内容包罗万象，涉及广泛的学科领域，如果译注者知识面不广，就难以系统、全面地译述古籍文献所包容的各科内容。因此，翻译工作者只有具备多方面的知识，才能胜任所担负的工作。然而，一个人的知识范围毕竟是有限的，不能强求翻译者掌握所有的知识之后，再去翻译注释民族古籍文献。那么，如何解决翻译工作需要懂得多种专业知识的问题呢？我们认为，最现实、最有效的途径就是专业翻译工作者与其他有关学科的专业人员合作攻关。比如，翻译民族古文字医药典籍，专业翻译者应与医药方面的专业人员合作，或者遇到问题及时请教医药学专家，并请他们审阅文稿。又如：民族古文字哲学典籍，可以跟从事哲学研究的专家学者合作或向有关专家请教。总之，积极主动地借助各学科的优势弥补自己各方面知识的不足，是一种极为明智的选择。若不作多学科知识的配合，只靠专业翻译工作者的基本知识，是搞不出高质量的民族古籍翻译作品的。鉴之于此，我们既要扩大视野，拓宽知识面，又要积极主动地与其他相关学科专业进行密切合作。

（二）翻译工作者需要精通民汉双语文和相关历史文化

用现代汉语文准确地翻译民族古籍文献，需要用适当的汉语文字词对译古代民族语词和简练的学术语言表述民族古籍文献中的学术名词，并对一些生疏和深奥的疑难语词进行正确的注释和解说。因此，要求翻译者对民汉两种语言文字有

娴熟的运用能力，并且对民汉两种语文的文化背景有深刻的认识和了解。因为目前民族古籍整理、研究工作中的首要任务就是应用汉文翻译民族古文字典籍。此项翻译工作，一方面，要求翻译者精通民族古文字和古代民族语言，并能够对文献内容作深刻的领会；另一方面，要有较高的汉语文表述能力。与此同时，翻译工作者还要对有关民和汉两种民族的风俗习惯、历史沿革、文化传统、宗教信仰等方面进行广泛深入地调查研究，才能在翻译中对译如流、注释准确、解说得当。

（三）翻译工作者要加强学习，不断更新知识

时代在前进，各种科学技术飞速发展。为了适应社会发展的需要，要求翻译者在具有扎实的基础理论知识和专业技能的基础上，加强学习，不断更新知识。我们现在正处在各种科学技术飞速发展，许多边缘学科正在蓬勃兴起，一些跨学科、跨专业的综合研究网络正在形成的信息时代。在这样的时代里，任何闭关自守的学科及其专业都是没有出路的。因此，民族古籍整理专业人员要学习和掌握与民族古籍文献翻译注释工作有关的语言学、文字学、训诂学、文献学、民间文学、哲学、历史、宗教等社会科学知识，切实加强自身的理论修养，真正提高专业技能和业务水平。特别是要解放思想，更新观念，跟上时代的步伐。只有不断接受新知识，才能适应新形势。随着电子科学技术的普及应用，缩微技术、复印技术、电脑打字及文字处理等新科技将成为民族古籍文献整理研究工作的重要手段。在新形势下，要求古籍翻译工作者，既要有较好的专业基础知识，又要开拓进取，不断更新知识、改进方法，才能提高工作效率。

四、翻译民族古籍的基本步骤

翻译民族古籍基本步骤及程序，根据前人的翻译实践经验可以归纳为以下几个方面：

（一）翻译前的准备

总地说来，无论将一个民族的古代语文翻译为现代语文，还是把现代的一种民族语文翻译成另一种语文，或者把民族古籍文献翻译成现代汉语文、外国语文，都属于语文翻译的范畴。而我国目前的民族古籍文献翻译，主要是把民族古籍文献翻译为现代汉语文。它与前两种翻译形式相比，是有特殊性的。因为将一个民族的古代语文翻译为现代语文，只在纵向上存在古今语文和历史文化背景的

差异；把现代的一种民族语文翻译成另一种语文，则只在横向上有语言特点和文化差别。而把民族古籍文献翻译成现代汉语文，既有纵向差异，又有横向差别。因此，从表面看来，语文翻译，只要掌握了两种语言就可以口译或笔译了。所以，人们往往把翻译看得很简单。其实，翻译不仅仅是日常用语对话翻译那么简单，即便是口语翻译，也涉及专业术语、学术名词、内涵丰富的文化语词，没有专业知识、文化水平过低，就翻译不了。何况跨时代、跨民族的文化古籍的翻译呢！以往的民族古籍文献翻译工作实践一再证明：把一个民族的古籍文献翻译成另一个民族的现代语文，确实是一件艰苦细致的文化工作。翻译工作者不仅需要熟练地掌握两种语言文字的表述能力和两种语文的相互对译技巧，而且要具备两种民族的历史文化知识。特别是各民族的语文都有古今差异的现象，古籍文献中的一些词汇和术语，在现代民族语言中已经不复存在，或者很少有人知晓。古代也有地域差别，各地的生活环境和社会历史背景不一样，他们在特定的环境和生活条件下形成的生活方式和信仰习俗，也有所不同。对另一种环境中生活的人（特别是今人）是很难理解的。民族古籍文献中存在通假代用字、异体字和不规则的字，甚至还有残缺、错误。这些现象给翻译带来了不少的困难。在翻译中遇到的疑难又没有字典、词典可供查阅，只有通过艰苦的研究才能破译种种难题。所以，民族古籍文献翻译过程，是一个艰苦细致的研究过程。但不了解此行业的人往往忽略了翻译时的研究过程，将其理解成一般的翻译。民族古文献翻译比一般的翻译难，从某种角度来讲，翻译一篇民族古籍文献比写一篇学术论文或写一部专著都难。论文或专著的写作一般只谈自己的看法和认识，对于不成熟的看法或没有认识到的可以避而不谈。而民族古籍文献的翻译是字对字、句对句的翻译，每一个字都无法避开，更不能因为不懂其中的句子而将其丢开，或因译不出某一段落而让其“开天窗”。翻译一部文献，不是一朝一夕、一年半载就能完成的。所以，翻译之前，要花大量的时间来做准备工作。翻译出版史上曾有用十多个春秋才编译出版出一部书的例子。如《西南彝志》《彝族源流》等。《彝族源流》从着手编译到现在已十多个年头，现已出版了多卷，但至今还没有完成，还须花若干年才能译完并出齐全套书。由此可见，民族古籍文献编译不仅辛苦，而且周期长。对此，在编译前要有充分的准备。

（二）原文释读与断句

在翻译之前，对翻译底本的原文，除了进行严格的校勘之外，还需要进行通读和断句标点。切忌未经通读和断句标点就匆忙动手翻译。通读古籍原文，就是对全文逐字逐句地进行解读。因为民族古籍文献除了本身内容深奥，而难以识读之外，还有相当多的用字混乱现象。加之多数民族古籍和汉文古籍一样，文中极少断句。所以，解读民族古籍文献，必须掌握句读知识和学会正确使用标点符号。前人摸索和总结出来的句读方法，可以帮助我们更好地释读古籍文献。

读古书必须辨明句读。要辨明句读，必须逐字逐句地毫不含糊地弄清楚文章的含义。句读清楚了，才能说得上正确使用标点符号，从而使别人也清楚。句读是读书人天天都遇到的事，看起来很平常，似乎很容易，但实际上也是很难的一件事，因为它涉及许多具体的知识。读书既为如此，专门从事古文献的校点工作就更加难上加难。稍有不慎，就会铸成不应有的错误。有时句读不当会使文义不能贯通，甚至面目皆非。做到读书而不“破句”（不该断而被断开）是很不容易的。因不掌握最基本的句读知识而发生“常识性”错误，以至破句连篇也是很不应该的，所以切忌忽视句读在文献工作中的重要性。若想避免句读方面的常识性错误，唯一的办法就是多查工具书，多向行家请教，最忌讳自以为是，妄加断句，必须格外慎重。古人读书，第一件事便是句读。如《礼记·学记》曰：“比年人学，中年考校。视离经辩志”。郑玄注云：“离经，断句绝也。”孔颖达疏：“学者初人学二年，乡送大夫于年终之时考视其业。离经，谓离析经理，使宏句断绝也。”清而黄以周说：“古高经有二法，一曰句断，一曰句绝”。句断，今谓之句逗，古亦谓之句投（原注：见文选·长笛赋。赋云：“察度于句投”。注：“《说文》训逗为止。投与逗古字通，音豆，句之所止出。”）“断下逗投皆音近字。包断者，其辞于此中断而意不绝。句绝，则辞意俱绝也。郑注离训为断绝，兼两法言。”元黄公绍《韵会举要》云：“凡经书成交语绝处，谓之句。语未绝而点分之，以便诵吟，谓之读。今秘书省校书式，凡句绝则点于字之旁，读分则点于字之中间。”可见古人把句读区分得很清楚。我们在继承传统的句读方法的基础上，正确使用现代标点符号，对各民族古籍文献进行断句和标点，可以极大地提高民族古籍的整理水平和翻译质量。

今见古彝文书面语，绝大多数为五言句。有些古书被前人断句标点。但是以五言句为主的篇章，也有夹杂七言、九言、三言或长短句的情况，加之大多数古籍文献没有断句标点。因此，若稍不注意，就会把五言以外的句子按五言句来读，造成误解。许多文种的古籍中，也有类似的情况。所以在释读与断句工作中，应当注意以往的句读符号。若不明句读，发生误解是很自然的。

标点二字为今人所习用，但在古汉文中起源也较早，如（宋史·何基传）（卷438）：“凡所读无不加标点，义显意明，有不待论说而自见者”。古人早已认识标点对读书的益处，无疑是很大的。“点”指句读；“标”指将书中的重要语句或特殊内容用不同符号记录下来，以便记忆或显目。元人读书，有时也使用标点。钱泰吉《曝书杂记》中卷，记毛晋藏元人标点本《五经》，有魏叔子为之作记，其大略曰：“《书籍传纂注》有至顶壬申（即三年，1332 年）二有关寿民云：（尚书）标点，云云，……又云：近见元人临鲁斋标点四书，在泰兴季振宜家，款例与《五经》同。”此所谓标点有朱抹、朱点，墨抹、墨点，紫抹、黄点，或四五色笔点抹诸区别。总之，古人所谓的标点，和我们今天正确使用标点符号的含义和做法不尽相同，但句读、识别名物两点却是相同的。由此可见，民族古籍整理研究和翻译工作者，不但要学会正确使用现代标点符号，而且应当懂得古籍文献学中“标点”一词的含义。

我国古籍文献学家通过不断总结前人解读古籍的实际经验，并根据前人著述中的各种误读错断的事例，把句读与断句的常见错误归纳为以下十五种：

（1）当读而失读。指当断句而未断句。

（2）不当读而误读。指不该断句而断句。

（3）当用上读而误用下。指该与上句相连的字，断为与下句相连。

（4）当用下读而误用上。指该与下句相连的字，断为与上句相连。

（5）原文不误因读而误改。

（6）原文不衍因误读而误删。

（7）原文不脱因误读而误补。

（8）原文不倒因误读而误改。指将不颠倒的字词，误读成颠倒。

（9）因字脱而误读。指句中有落字而误读。

（10）因文省而误读。

（11）因不识古字而误读。

（12）因不识古韵而误读。

（13）因字误而误读。

（14）因字衍而误读。

（15）数读皆可通。

克服上述句读错误的发生，就要多查阅工具书和有关书籍，如字词脱、衍、讹而产生的句读错误，经认真校勘之后可以改正。不识古字或古韵而误读音，若很好地去查阅有关古文字和音韵学著作，可避免误读。解读汉文著述的古籍需要注意克服前面这些句读和断句错误，识读以少数民族文字著述的古籍也不能例外。

（三）注音和转写

为了给语言学研究提供古代书面语材料和让本民族的现代人认识了解古代书面语，以及便以各民族相互学习语言等目的，整理出版民族文字古籍文献和发表介绍珍贵民族古文字文献的文章，人们常用拉丁字母进行转写和用国际音标注音，有的对民族古文字逐字转写和注音，有的按章节集中转写或注音。后面所述的翻译体例中，第一至第四种均有注音项目。

（四）字词对译

字词对译是古籍文献翻译工作中最关键的一步，也是古文献翻译工作者的一项基本功。因为字词对译，既要把握两种语言字词之间的词义等值和近似，又要考虑字词在句子中的实际意义，特别是多义词的翻译更为突出。古人名、古地名和一些特殊的用语需要音译时，也要慎重选择音译用字，既要考虑两种语言字词的语音相同或相近，又要照顾到以往翻译作品中的用字习惯。总地说来，古文献译注过程中的字词对译是决定译文质量的关键，也是最复杂、最细致的文字工作。

（五）译文修改

译文修改是保证翻译作品的重要环节之一。在翻译过程中难免有用词不当和笔误等情况，需要进行修改。在修改过程中，除了修改错误的词句之外，还有一个修辞的问题。因为翻译作品不仅要翻译准确，还要在准确的基础上，力求文笔流畅。有些文学作品的翻译，还要体现出作品的文学韵味。由此可见，修改对于翻译作品来说是必不可少的一道重要工序。

五、民族古籍的翻译体例

选好民族古籍文献的译注底本之后，要根据典籍本身的实际内容和学术价值以及整理研究工作的需要和出版印刷条件等情况，选择合适的翻译体例。在民族古籍翻译体例方面，前人作过许多探索和实践，并总结出许多适合于不同条件和应用范围的体例，最为常见的有以下几种：

（一）四行对照

这种体例为人们广泛采用，被称之为科学翻译法。四行对照法在民族古籍的翻译中应用比较广泛，早在20世纪30年代，我国著名地质学家丁文江先生在彝区搜集到若干部彝文经典之后，加以整理编辑，定名为《爨文丛刻》。为翻译此书，他为彝族经师罗文笔先生设计了一套方案，即：第一行抄写彝文；第二行用注音字母注音；第三行用汉文逐字对照直译；第四行按汉文词序整句译义。今人将第二行注音符号改用国际音标，并对疑难字词和语句进行注释，形成一种比较固定完善的翻译体例。其优点在于：让读者同时在一个版面上看到民族古籍所使用的古文字及其形音义，能够系统地认识了解古籍内容。四行对照亦能对翻译者起到督促作用。一方面约束译者忠实原文。另一方面即使有错误，读者也可及时发现。特别是可以为语言学提供语法和语音等方面的实际材料。目前《劝善经》《阿诗玛》等一大批彝文古籍整理译注本就采用这一翻译体例，进行印刷出版的。

（二）四行对照加章节意译

在四行对照翻译的基础上增加章节意译。由于四行对照译注版本对译注手段而言是科学的，但对语言学以外的学科利用文献资料有其不便之处。四行对照受字字对译的限制，在文化特征、语言特点不完全等同的情况下字句对译，必然产生互译不对等的情况。所以，在四行对照基础上集中章节意译，通过修辞、加字等补救手段，定有效用。此种翻译体例为彝族毕摩《经典译注》（一百零六卷）和《爨文丛刻》增订本等所采用。

（三）三行对照

三行对照即抄录原著彝文为第一行；逐字以国际音标注音为第二行；用汉字逐句意译为第三行，并对重点词语加注。《物始纪略》应用了此种体例。

（四）三行对照加章节意译

这种体例即在三行对照翻译的基础上，增加章节意译。如《彝文金石图录》第一辑中的碑铭译注就采用这种体例。

（五）用汉文翻译并附录原文

先以译文和注释的汉文排版，再抄录原著中的彝文附在后面。《云南少数民族古籍译丛》中的彝文专辑都应用了此种体例。

（六）单一汉文翻译

直接用汉文翻译民族古籍。如公开出版的《喀吉思》《西南彝志》选和内部刊物《彝文译丛》等皆用此种体例。

除了上述翻译体例之外，为了方便其他学科充分利用各民族古籍文献中的有关文献资料，应开创一些新的翻译体例。比如可以开创用现代汉语文译述古代少数民族典籍文献的体例。早在明代彝族学者就用古彝文译述汉文经典《太上感应篇》，为彝文《劝善经》作出了证明，按理说汉文也同样可以用来译述彝文古籍。在翻译中可以借鉴注疏、笺证、训诂、注释等手段，对原文进行确切翻译并随文注释讲解，使之通俗易懂。若然，可为各学科的专题研究，提供清晰明了的文献资料。

无论应用前人开创的翻译体例，还是新创体例，都要根据现有的翻译工作和出版条件，从实际出发。既不能死搬硬套前人的体例，又要切忌盲目地标新立异。

第三节　民族古籍译文的注释

古人用文字记载古代文化知识，在具体记录思想认知经验和社会实践活动中，由于所使用的工具较简单，而记载方式却很烦难，自然应用的字数不可能很多。甚至不能尽情达意。我们今天研究几千年前留存下来的文献资料，必然遇到许多困难。比如原始自创文字民族古籍文献，其时代越早的文献，文字数量越少，一字多用，很少有虚词，几乎字字实用，加之原先的文字形体和音读及其含义都产生了流变，与现代语文形成极大差异，使今人不易理解，甚至不知所云，如同天书。后人想要从古文献里了解古代的社会历史和思想文化，需要专门的文献学家通过引经据典、分析考察、比较研究之后，应用注释的方式，将古代语文译成现代语文，并对重点词句和名词术语作详尽的注释解说，方可通达古今。文献学家的这种工作十分重要，它对后人继承优秀的传统文化有着不可磨灭的功绩。人们将它称为“训诂”，又把训诂专著分别称之为《传》《注》《笺》等名目。前人在整理古代文献时，不仅将古代语文翻译成当时通用的语文，而且对古文中的字词句作注释解说，通过这种工作写出的书，称之为传注、传和注，除此之外还有众多的名目，如：“说”“训”“故”“解”“笺”“章句”等。替古书作注解是一项很艰难的工作，一方面要明于训诂通例，解释得很清楚；另一方面必须学问渊博，能够探本穷源。正如（李义山诗注）序中所说：“诠释之学，较古昔作者为尤难。语必溯源，一也；事必数典，二也；学必贯三才而穷七略，三也。”由此可见，古人已深深地体会到注解古代文献之难。许多有影响的注释书，广征博引，考订用核，但录实证，绝少空言，有些记载足以本书之缺；有些解释，更足以订本书之误。由此可见注解古书是文献整理研究最基础的工作，也是承传优秀民族文化的一种伟大实践。特别是将一种古文献翻译成另一种民族语文，其注释工作更为重要。前人在应用汉语文翻译民族古籍文献的实践中，对注释工作的重要性有了深刻的认识，并总结出一些注释的基本方法，可从以下两个方面加以概述。

一、民族古籍译文注释的重要性

准确无误的译文也只能反映原文的基本内容与实质，不可能将原文中的每一个细节都滴水不漏地翻译出来。因为两种语言各有特点，字字对译、句句对译很难对等。所以，不能对等的细微差别可以通过注释方式加以补充说明。就是对等翻译的人名、地名及有关专业术语，也只有加强注释，才能使读者深刻地领会古籍文献的文化内涵。所以，有价值的古籍文献译注品不仅要严格按照科学方法加以翻译，而且需要有科学、详备的注解。在研究古籍和应用古籍文献资料的过程中，有时注解的重要性并不亚于古籍文献本身。由此可见，科学而详备的注解在民族古籍文献研究中有着特殊的重要意义。

民族古籍文献汉译本，如果不进行详备的注解，那么，一些具有民族特色而鲜为人知的东西，对于只懂汉语文的人来说，可能难以明白其含义。有些东西在本民族看来习以为常，可是其他民族看了格外生疏。因此，只是把古籍文献中的事物和概念，照本宣科地译出来，也许会使读者不太清楚，甚至完全不懂。如果提供让人读不懂、看不明白的翻译作品，又怎能认识了解古籍文献的实际价值呢？所以对译文加以必要的注解和说明，才能让读者对古籍文献的内容及其学术价值更加清楚明白。有关学科的研究者为了更好地利用民族古籍中的文献资料，并对其中的某些内容与其他文献资料进行联系、比较、印证，也同样要利用注解，广征博引，加以说明。已往整理出版后影响较大的民族古籍翻译本，除了古籍内容价值较高之外，与其准确的翻译和科学而详备的注解是分不开的。由此可见，应用汉语文翻译民族古籍文献，不仅要强调翻译质量，而且要重视注解的效果。

二、民族古籍译文注释的主要方法和种类

总结前人翻译民族古籍文献的成功经验和严格遵循古籍翻译原则，可把民族古籍文献的注解归纳为以下几种：

（一）解释性注释

对民族古籍文献中的各种专用名词和具有民族特色的语句进行词义与语义的解释。这种注解体例运用较多。无论释词、析义，都要求准确、简洁。切忌拖泥带水，过分冗长。

（二）校勘性注释

校勘性注释，简称校注，即把校勘情况以及校正勘误的地方以注解的形式加以表示和说明。校注对于用字较混乱的民族古籍文献，使用频率也是极高的。

（三）研究性注释

对民族古籍文献中的某些内容要点与特殊语词，经译者专门探讨深究后，认为有必要介绍给读者而加的注解。如马学良先生所译注的古彝文《作斋供牲经》和《作祭献药供性经》中就有许多研究性注解。如对“演”和“鸡卦”等语词的注解长达600余字。

总地说来，已往民族古籍翻译者所应用的注解形式与方法，可谓丰富多彩。上述几种体例仅能反映其概貌，涵盖不了所有的注解形式与方法。因此，在具体翻译中，应根据所翻译古籍的学术价值和研究者对古籍文献资料的具体需要，灵活应用注解体例。

参考文献：

1. 朱崇先．中国少数民族古籍文献学［M］．北京：民族出版社，2005. 11.
2. 杨怀珍．彝文古籍编目及其著录规则初探［J］．国家图书馆学刊，2003（4）．
3. 彝文文献教研室．彝文文献学概论［M］．北京：中央民族大学出版社，1996. 10.
4. 朱崇先．彝文古籍整理研究［M］．北京：民族出版社，2008. 9.

第八章　中国少数民族古籍研究

民族古籍的研究不是孤立的，与其他学科的研究紧密地联系在一起。只有充分认识各相关学科之间的复杂关系，才能真正认识了解民族古籍的实际学术价值。因此，民族古籍作为一门独立的学科，其内涵和外延都与诸多学科产生着相互依存、互为佐证、共同发展的连带关系。于是在学术研究中需要积极借鉴相关学科的先进理论和方法，并充分吸收各学科的养分充实自己、壮大自己。那么在民族古籍的学术研究中，面临着怎样为其他学科提供翔实可靠的文献资料的问题，这就需要充分认识了解相关学科的关系。因为其他学科的学术研究，虽然需要多方面的材料，但是文献资料是其他材料所代替不了的。例如研究历史，口头传说的资料、实物资料、文献资料都可以做研究材料。但是口头传说变异性很大，实物则需要大量的分析材料予以证实之后才能作为物证，只有文献资料具有稳定性和系统性，有些史实在文献中已作准确的记载，无须其他旁证。由此可见，古籍文献资料无疑是历史研究中最重要的材料，故前人将文献学视为广义的史学方法。历史研究既如此，古代文学研究、古代哲学研究、古代宗教研究等亦不例外。也就是说，古籍文献研究不仅要为其他学科研究提供文献资料，同时可以通过其他学科领域，并借鉴相关的理论和方法对古籍文献进行专题研究，不仅可以为其他学科提供专业性很强的文献资料，也可以有效地促进古籍文献的整体性研究。因此，分别从不同的学科角度对古籍文献进行研究，不仅是本学科建设的需要，也是促进各学科发展的需要。于是本章从不同学科角度对民族古籍文献的研究予以分节论述。

第一节　少数民族史书与民族史研究

我国各民族都有悠久的历史，创造了光辉灿烂的物质文明和精神文明。过去的历史学家多以汉文文献为依据研究各民族的历史，也取得了许多研究成果。然而，汉文文献难免对少数民族很多重要史实的记载不准确或失载。因此，记录自己历史以及与周围其他民族关系的民族古文字文献，就显得十分重要。有些民族文字文献可印证汉文史料，甚至可以填补汉文记载的缺漏、纠正汉文史籍的失误。其中价值较高的著作有：涉及彝族及其周围民族历史的彝族古文献《西南彝志》；藏文历史学著作《吐蕃历史文书》；西夏文法典《天盛旧改新定律令》；察合台文史书《拉西德史》（记录中古新疆史）和《安宁史》（记录近代新疆历史）；满文文献《满文老档》（记载满族早期历史）等。少数民族文字的文书简牍，对研究民族社会、经济有巨大价值。佉卢字文献尚存的有：包括敕谕、信札、契卷、账簿在内的700多件文书。于阗文也有：敕令、行记、账目、函件、奏报等多种世俗文件。回鹘文也有公文、契约等文书存世。敦煌汉代烽火台所出粟特文书简和穆格山出土粟特文书，都有较高的史料价值。敦煌石室所出近万件藏文手卷和敦煌、新疆南部婼羌、米兰古堡出土的300多件简牍、文书等，极大地丰富了研究藏族史的资料。西夏的审案记录、禀帖、买卖和借贷文契、会款单等也丰富了西夏史的研究。老满文书写的阿济格木牌反映了满族军队进入北京前的战争情况，有些宗教文献也能提供历史研究资料，如彝文和东巴文的《送魂经》就生动地描绘了有关民族在历史上的迁徙路线。因此，认真发掘、整理和研究民族古文字文献中有关历史方面的资料是正确描述我国民族史、边疆史、地方史以及中外关系史，进一步提高我国史学研究水平的一个重要的方面。

民族史是对民族的历史进行研究并揭示其历史发展的一般规律性的学科。严格地说，所有的历史都是民族史，而在过去，由于科学技术及交流条件的限制，历史学科的民族性更加突出。我们所说的民族史偏重于少数民族的历史。我国民族的文献记录，留下了许多古代民族的活动情况。而在汉朝以后，就开始了粗略的民族史研究，司马迁的《史记》及班固的《汉书》都记载了关于汉朝周边的匈奴、羌、西域各族、西南夷的历史、地理、经济生活以及和汉朝的关系。以后的中国历代史书，都有大量的关于民族的记载。还有一些关于边疆民族地区的专著，并有对这些民族的历史、起落、发展、变化进行探讨的章节。虽然这些都是为封建王朝的统治服务的。在近现代的中国，也有零星的民族史和民族关系史的论著出现，但取得最大成就的是在新中国成立后，随着对民族调查和研究的深入，自然伴随着对少数民族历史的研究。许多高等院校都设立了民族史的课程，一些史学家、民族学家都发表了对民族史的研究文章。《中国少数民族简史丛书》对各少数民族的历史作了简单的概述。20世纪80年代以后，民族史研究进入了新的高潮，许多高校设立了民族研究机构，增设了民族史的硕士和博士点。

大量的民族史论著纷纷出版，如《中国北方民族关系史》《中国西南民族史》《楚国民族述略》《中国民族史》等都产生了很大的影响。目前，对于民族史的研究都是用汉文古籍进行的，基本上将汉文文献中的关于民族的记录都进行过研究，也取得了瞩目的成就。对中国历代少数民族的发展历史、政治、经济、文化及其同汉族的交流都作了详细的叙述，并以马克思的唯物史观作为指导，提出了一些民族史观，对民族发展的不同阶段作了评价。

由于我国的许多少数民族都没有自己的文字，即使有自己的文字，但对自己民族的历史记录记载较少，或者不够系统完整，加之许多研究者对少数民族文字及其文献记录一直存在偏见，少数民族的文字古籍也没有受到足够的重视。而过去居于正统史实文献的汉文古籍文献，由于历史上的封建史学家或多或少带有大民族主义思想，对少数民族的历史记录都采取了主观的甚至是粗暴的态度，以民族称谓的译写为例：如夷、蛮、野、戎、奴、僮等，明显地带有鄙视和侮辱的成分。我国现在的民族史学家采用了科学的、客观的态度对待这些史书的同时，也开始将眼光转向了少数民族自己的记录，即：少数民族用自己的文字和汉文记载的文献。这使得民族史的研究拓宽了视野，许多民族史工作者也开始深入到少数民族地区进行调查研究，搜集民族古籍，并利用多种民族学科的成果对民族史进行研究，认识到了民族古籍的重要性，回答了许多汉文史书不能解决的问题。一些史实问题，只要翻一下民族古籍，就能得到答案。这是因为少数民族的历史是自己创造的，他们的记载最可信。我们没有理由只是从一些汉文古籍中摘取民族记录。因而民族古籍整理工作对民族史学家是相当重要的，他们应该尽可能地深入少数民族地区，搜集少数民族用不同的方式记录下来的历史，并用科学的马克思列宁主义的态度对待这些古籍，这样才是完整的、系统的、科学的民族史工作态度。民族古籍整理工作对于民族史来说，和民族考古学、民俗学、民族调查学等具有同样的重要性。民族工作者要用他们现代学科的成就和现代科学手段进行民族史工作。这样能帮助民族工作者形成正确的民族历史观，排除狭隘的观念。民族古籍整理与研究成果无疑对民族史研究起着重大作用，民族古籍整理研究也将是民族史研究工作的重要内容。而处在不同发展阶段上的中国少数民族将是一部活生生的民族发展史。落后民族所处的发展阶段是先进民族经历过的。这种关系给民族史提供了新的方法。直接进行少数民族的社会调查，获得第一手资料。用这些资料和汉文古籍记载的文献进行比较研究，这将促使民族史研究的内容和方法得到发展。历史研究必须借助史料，新史料的发现是研究历史发展的基础。历史上每次新史料的发现都推动着历史学科的发展。因此，民族古籍整理研究是发掘史料和整理史料的重要学科，在促进和推动史学研究方面可以发挥重大作用。

总之，认真发掘、整理和研究民族古文字文献中有关历史方面的资料是正确描述我国民族史、边疆史、地方史以及中外关系史，进一步提高我国史学研究水平的一个重要方面。

第二节　少数民族科技著作与古代科学技术史研究

中国少数民族在自然界长期的生存及其生产劳动中，积累了丰富的自然科学知识和人类如何适应自然环境条件的经验。其间既有生产经验的总结，又有科学技术的成果，是各族人民认识自然、适应环境、战胜灾害、争取自由的记录，是各族人民思想智慧和生产劳动经验的结晶。这些被记载于各民族文献古籍之中的丰富内容，已成为中华民族文化遗产的重要组成部分。因此，我们要加强民族古籍文献的整理研究，充分揭示和弘扬各民族传统文化之精华，使其得于发扬光大。少数民族古籍中有大量的科学技术的内容，如天文历法、农牧业生产技术、金属冶炼技术、建筑、医学、绘画、雕塑、工艺等充分体现出科学技术的发展水平，从中闪烁着少数民族的智慧之光。因此，中国少数民族古籍文献的研究成果，必将为我国少数民族自然科学史以及应用科学发展史的研究提供翔实的文献资料。而自然科学以及应用科学的先进理论和科学方法，可以指导古籍文献中有关自然科学和应用科学及其工业生产的工艺技术、农牧业生产的劳动技能、医药保健的医术药方等记载内容的整理与研究。

一、天文历法著述与天文学研究

少数民族的天文知识和历算方法是中国天文学的重要组成部分，对我国天文学的发展作出了特殊的贡献。尚存的民族古籍载录了丰富的天文学资料，包含系统的天文历法知识，其中不乏重要的天文学史料。我国各少数民族为了发展生产，很早就进行天文预测，留下许多天文记录。少数民族观测和记录天文的原因，除了农业生产的需要外，还有宗教的原因。他们把自己的生活同天文现象联系在一起。这在有文字的少数民族当中更突出。如：藏族历法始制于7世纪中叶，到9世纪初期已通用六十年周历纪年，以五行阴阳与十二生肖相排列，年分四季，季有三月，月分大小建。又如：彝族的《西南彝志》和《宇宙人文论》系统地记载了古代彝族人民的天文历法。彝族先民对太阳、月亮、星星的变化进行观测，对日蚀、月蚀有自己别具一格的见解和富有哲理的解释，其间不乏朴素唯物主义的认识论。其独到的历法，推算年、月、日并用干支记载。记载了天体运行365天又四分为一年，又推算大月、小月和闰年、闰月，使用干支纪年、月、日，条理清楚。其文献保留甚多。傣族文献古籍中，天文历算方面占了大量篇幅。傣族将汉族的干支纪时法与中南半岛通行的小历纪元纪时法融为一体，形成了别具一格的傣族天文历法。与傣族人民的地理位置、气候特点、生活习惯和宗教信仰联系在一起，主要有《苏定》《苏力牙》《西担》《历法星卜要略》《纳哈答勒》等书。其间系统地记录了日月行星运行规律和一些日蚀、月蚀情况，以及年、月、日的计算方法和天文学思想。其中对日、月行星的运行及日蚀、月蚀都有相当准确的计算。傣文天文历法的分野思想、干支用法及计算数据，对确定中原文化和印度文化在不同时期对傣族的影响以及相互交流，可以提供较为确切的证据。此外，焉耆一龟兹文中有雨月、耕作月的历法内容，粟特文、回鹘文、西夏文、东巴文、尔苏沙巴文、水书等文献中也有关于历法的记载。

这些用各民族文字著述的天文学古籍文献，除了研究少数民族的天文学、宇宙观、认识论等方面，具有很高的学术研究价值之外，天文学的记载中有明确的历史年代记录，我们还可以依据这些珍贵的民族古文献资料来研究古代少数民族的历史和生活，也可以用天文历算的记录来确定民族古籍中所记载的重要事件的发生年代和民族古文献本身的产生年代。

二、地理环境记载与地理知识和地名学研究

各少数民族对其长期生产和生活的地理环境是相当关心的。他们以极大的热情描绘哺育他们的雪山、森林、草原、山脉、河流。并用丰富多彩的民间文学把自己的民族和这些地理环境紧密地联系起来。他们的各种古籍记载的地理学资料是研究少数民族地区的地理学的资料，也是研究历史地理学和中国边疆地理变迁的重要材料。从这些古籍我们可以了解少数民族地区历史上火山、地震、洪水泛滥等自然变化对地理环境的改变。或窥见这些地区早期的地理环境比较恶劣，自然变化大的地区他们的生产与生活与地理环境有很大的关联。为了适应环境，他们对自然地理及其规律都有一定的研究和认识。同时，他们要生存，就得利用地理环境所提供的自然资源。他们对保护和利用自然资源的活动也进行得相当早。这些在其古籍中都有记载。可以使我们了解历史上的自然地理景观和这些地区的地理演变及其规律，并研究中国历史上的疆域版图等。

在自然生态环境方面，我国少数民族居住地区疆域宽广，地理、气候十分复

杂，矿产资源和各种物产都非常丰富。因而各民族地区，不仅有各自的地域特点，而且有着各自的民族风格。生产力越低下，对自然生态环境的依赖性也就越大，我国各少数民族与汉族相比，生产力相对滞后，故对自己长期生产和生活的地理环境的关心更为强烈，甚至达到与自然生态环境融为一体的境地。因此，各族人民以极大的热情描绘和讴歌哺育自己的雪山、森林、草原、山脉、河流，并用丰富多彩的民间文学把自己的民族和这些地理环境紧密地联系起来。他们用自己语言文字记载的地理学资料，无疑是研究各少数民族地理学的珍贵文献资料，也是研究历史地理学和中国边疆地理变迁的重要文献依据。从这些古籍我们可以了解少数民族地区历史上火山、地震、洪水泛滥等自然变化对地理环境的改变。由于这些地区早期的地理环境比较恶劣，人们为了适应环境，必须对自然地理及其变化规律进行研究和认识。于是我们可以从中窥见和领悟到他们对地理环境和自然规律的探索精神，以及充分利用地理环境所提供的自然资源的经验和知识。特别是人与自然的和谐方面，各民族先民都作过有益的探索，值得我们认真总结。对于保护和利用自然资源的活动，各民族都留下了许多业绩和宝贵经验。所有这些，在其古籍中都有记载，对我们认识了解历史上的自然地理景观和这些地区的地理演变及其规律，并研究中国历史上的疆域版图等，都有重要价值。人文地理学中的民族地理学在我国相当薄弱，这也是和我国多民族国家不相适应的。因为它是为制定一个国家地区的民族政策，以及研究分析这些地区的人地关系，经济发展潜力，发展规划的科学依据。我们要加强民族地理学的研究。而对其历史地理的研究要从民族古文献中获取资料，并利用中国民族史等民族学科来进行研究。指出民族地理的一般变化发展的规律，从而填补我国民族地理学的空白。

三、农业生产及科学技术著述研究

对于古代民族来说，只有通过全体成员向大自然进行生产劳动斗争，才能生存繁衍下去。农牧业生产是我国少数民族生活的主要内容。他们的宗教信仰、文化艺术、风俗习惯和农牧业生产密切相关。因而也是民族古籍所关注的重要内容。他们不仅记载现实的农业、畜牧业生产的情况，还对农牧业生产的改进和人们的生产关系进行研究。并用各种民间文学构置其理想的农牧业生活。如彝族的《西南彝志》记载了农耕、畜牧、狩猎的许多情况，另有《五谷经》《播种经》《牲畜史》《养羊经》等彝文论著；傣文文献古籍中保存了大量水稻栽培、水利溉灌的历史资料。其他民族的文献古籍都有反映本民族农牧业生产和土地关系的大量资料。没有文字的民族的口传资料也多是生产的记录和对农牧业丰收所幻想的民间文学。明白了这些关系，我们在进行民族古籍的整理工作中必须对各少数民族的农牧业生产的现状和历史有一定的研究，才能胜任民族古籍的整理工作。农牧业生产是我国少数民族生活的主要内容。各民族的早期社会生活中，在生产力不发达、生活条件十分艰苦的情况下，只有通过全体成员共同向大自然进行生产劳动和不懈的抗争，才能生存繁衍下去。于是他们的宗教信仰、文化艺术、风俗习惯和农牧业生产密切相关。因而也是民族古文献所关注的重要内容。他们的文献中不仅记载现实的农业、畜牧业生产的情况，还记载对农牧业生产的改进和人们的生产关系进行研究的成果。特别是记载了各民族先民热爱生活、奋发向上、追求幸福的乐观主义精神，以及用各种民间文学构拟的丰富多彩的农牧业生活。如彝族的《西南彝志》记载了农耕、畜牧、狩猎的许多情况；傣文文献中，保存了大量水稻栽培、水利溉灌的历史资料。其他民族的文献古籍都有反映本民族农牧业生产和土地关系的大量资料。要明白这些关系，我们必须对各少数民族的农牧业生产历史进行一定的研究。只有这样，才能在民族古文献的整理过程中，用先进的理论和科学的方法，准确地诠释民族古籍文献的记载内容。

四、传统医药书籍研究

我国少数民族的传统医药具有悠久的历史和浓郁的民族特点，同时又往往和中原地区的“汉医学”有十分密切的关系。尚存各民族古籍中都有大量的医药学文献。如焉耆一龟兹文文献中有医术残卷。于阗文、回鹘文也有医学文献。藏族的医药学有1000多年的历史，留下了不少医药学著作。彝族的医学也相当发达，《西南彝志》记录了原始的人体解剖学和医药学的理论。傣文药典种类较多，所记药物多为当地植物、动物、矿物，表现了民族的地方特点。维吾尔等民族古籍文献也有许多医药学的文献，记载了突厥各族长期积累的治疗和药物资料。如察合台文《突厥医典》记载了突厥诸族关于内科、外科、神经、骨科、皮肤、五官等多项疾病及治疗药物。由此可见，努力发掘和整理我国民族古文字文献中的医学著作，是我国医学研究的一项课题，也是中、西医结合的一个重要方面。中医界的一些有识之士已经提出，中医的出路在于充分发掘少数民族的传统医药。加强民族医药学古籍文献的整理研究，其成果不但具有很高的学术价值，而且有重要的应用价值。

在中国少数民族古籍文献中拥有丰富的医药典籍。如：藏文中关于藏族传统医学的记载，有始纂于8世纪的《医方四续》（现译为《四部医典》）以及《晶珠本草》《月王药诊》《人体发育八阶段》《藏药配制妙方》等。其间包含着藏族独特的生理学、病理学、诊断学、药物学。藏医在固有的基础上，业已发展为内容丰富，有理论、有实践的比较完整的体系。西夏文文献中有关于内科、外科、针灸、兽医的医书和药方。又如：彝文的医药学文献也很多，著述内容极为丰富，涉及范围也很广泛。其中既有系统的基础医学理论，又有丰富的药物和病理知识以及治疗经验，还有颇具特色的食疗法及药膳烹调方法等，形成一系列辨证施治、对症下药的医案和药方。目前已发掘整理出版的古彝文医药典籍就有数十部，其中号称“哀牢山明珠”的《彝文医药书》，比汉文药典《本草纲目》的成书年代还早。各民族古文字典籍中包含着大量的医学文献，都具有很高的学术研究价值和应用价值及开发前景，亟待加强整理研究。以我国目前的实际情况而论，努力发掘和整理民族古典医药文献，不仅是古籍整理工作中的一项重要内容，也是我国医学研究中亟须的一项课题。由此可见，各民族古代医药典籍的整理研究和民族传统医药的发掘，是当今中、西医结合的一个重要方面，中医学界的有识之士已明确提出，今后中医的发展有待于各民族传统医药的充分发掘与提高。由此可见，中国少数民族古籍文献学与应用科学中的医药学有着密切的关系。一方面，中国少数民族古籍文献学在医药文献方面的研究成果将极大地丰富我国医药学的研究内容，特别是对中医以及中西医结合治疗方面的理论研究和实践提供颇有价值的文献资料，从而极大地丰富中医理论和扩大中药开发利用的领域。另一方面，现代医学理论和中医的传统理论，也可以指导古籍文献学对民族古典医药文献进行科学整理与系统的理论研究。

五、其他著述内容的研究

民族古籍文献对于研究少数民族的历史文化，可以提供许多罕为人知的珍贵资料，如：傣文军事著作中列有阵图，并有按照各种不同的形势布阵和修建战壕的说明，是战争实践的总结，为研究军事史的重要资料。西夏文、彝文有关于地理方舆的著作。藏文、彝文、傣文都有关于数学算法的记载。藏文、西夏文有关于地震的记录。傣文有关于水利管理的文献。彝文有畜牧农耕的描述，西夏文、彝文有关于冶炼、酿造的记载和工艺、技术的解释。焉耆—龟兹文、于阗文、藏文、东巴文有关于婚姻习俗的资料。不少文种都有占卜和禁忌方面的记录。此外，很多少数民族文字文献都表现出精湛的书法艺术，有些文献古籍文图并茂，绘画艺术极高。总地说来，民族古籍文献是研究中国各民族社会历史和传统文化的丰富宝藏，与各学科之间存在着密切关系，可以为研究少数民族的各个学科提供所需要的文献资料。而民族古籍文献学作为从事民族古籍文献本体研究的一门独立学科，把民族古籍文献作为自己的研究对象，需要借鉴其他学科的理论和方法，对民族古籍文献进行科学研究。与此同时，将自己的研究成果，为其他学科提供参考依据。特别是在与其他学科结合过程中产生一些边缘学科，如民族古籍文献学与民族历史学结合，能够产生民族历史文献学；与民族古典文学结合，产生民族文学文献学等。由此可见，民族古籍文献学与各学科之间存在着十分密切的关系，应当引起高度重视。

总之，各少数民族在长期和自然界作斗争的过程中，积累了丰富的自然科学知识。这些知识是各族人民进行生产、征服自然的记录，是各族人民劳动智慧的结晶。这些自然科学被大量记载在他们的古籍当中，成为中华民族文化遗产的重要部分。我们要揭示和弘扬这些宝贵的文化遗产，使其精华发扬光大，作为文明的内容载入世界文明的史册。

第三节　少数民族语言文字书籍的研究

我国民族古文字所记录的语言十分广泛，存世的民族文字古籍中保留着丰富的古代民族语言资料，这对研究语言的系属、进行历史比较是十分重要的。有些使用民族古文字的民族已逐渐被同化，也就是说这样的民族所使用的语言已经消亡。然而他们使用过的语言却由民族文字文献保存了下来。这些珍贵的资料无疑对语言学的研究具有特殊的学术价值，这也是西夏文、契丹字等倍受语言学家重视的主要原因。特别值得提出的是不少文种编有语言文字学专著和字典辞书，这表明该民族对语言、文字的认识和研究已经达到相当高的水平。藏文文字学、文法学专著有《藏文字姓组织法》《藏文文法三十颂》，彝文文献中有《彝文字汇》《彝文字典》。回鹘文文献中有辞书《高昌译语入门》。傣文有巴利语与傣语的对照词典和《萨菩阐提》（嘎拉扎散）等讲解字母发音、拼写规则及韵律的著作。明代编的《女真译语》是按单词分类为序、用汉字给女真字注音并释义的字典，对女真字的解读有重大作用。西夏文文献中有以声母为序的字书《音同》，有依韵排列的韵书《文海》和西夏文—汉文双解的词语集《番汉合时掌中珠》等多种辞书。这些辞书对西夏语本身的研究和汉藏语系诸语言的研究都具有重要意义。契丹小字中有大量的汉语借词，这种用拼音文字记录的汉语词对于构拟中古汉语语音有重要意义。用八思巴字给汉字注音的范本《蒙古字韵》对研究元代汉语十分重要，因为用拼音文字记录当时汉语的文献资料是不多见的。总地说来，民族古籍文献的著述内容，就是古代各民族的书面语言。因此，古籍文献与古代民族语言之间水乳交融，存在着千丝万缕的联系。语言学的理论和方法可以指导民族古籍文献的研究，而古籍文献的整理研究成果又可以极大地丰富语言学的研究内容和书面语资料。我国民族古文字所记录的语言十分广泛，汉藏语系藏缅语族中的藏语、彝语、纳西语、西夏语、白语和尔苏沙巴语，壮侗语族中的壮语、傣语、水语，阿尔泰语系突厥语族中的突厥语、维吾尔语，蒙古语族中的契丹语、蒙古语，满—通古斯语族中的女真语、满语，甚至还有印欧语系中的印度西北俗语、焉耆—龟兹语、于阗塞克语、粟特语等均有古文字和古文献传世。这些民族的古文字文献中保留了丰富的古代民族语言资料，对研究语言的系属、进行历史比较是十分重要的。有些使用民族古文字的民族，虽然已逐渐被同化，也就是说这样的民族连同他们使用的语言都已经消亡。但是他们使用过的语言文字却由他们的古籍文献保存至今。这些被保留下来的珍贵资料，无疑对语言学的研究具有特殊的学术价值。有些民族古代语言与现代语言之间差别很大，在民间口头已经消失的古代不同时期产生和使用的语词，在古籍文献中得到很好的保留。古籍文献中所保存的这些不同时代的语词无疑是研究一种民族语言演变规律和发展历史的重要依据。由此可见，中国少数民族古籍文献学的深入研究以及古籍文献语言资料的进一步发掘，不仅可以为语言学的研究提供丰富的资料，亦能促进语言学研究的深入。

民族古文字典籍文献在文字学研究方面有着极为重要的价值。我国民族古文字不仅有多种来源，包括各种不同的类型，而且互相交错影响，形成了我国民族古文字源远流长、群芳争艳的局面。有些文字的发展变化可能有助于我们探讨文字发展的一般规律。如有的专家认为女真字从金朝到明朝逐渐由表意向表音方向发展，就值得我们重视和研究。又如表意的契丹大字创造以后，又制作出契丹小字这样的拼音文字，这可能反映出一种倾向，即：用表意文字，用一个字表示一个音节并具有一个词意的文字，来记录单词往往是多音节并用粘着词尾表示语法关系的阿尔泰语系的语言，是有困难的，需要改成音素文字。这对于研究文字类型和语言类型的关系是很有意义的。少数民族古文字及有关文字学文献，早已引起文字学家和金石学家的注意。他们在历史、书史和金石著录中介绍了民族古文字的情况，记录了关于民族古文字创制、使用的经过，搜集了一些有关的文献资料。他们的劳动成果为以后的研究工作提供了重要的线索和有价值的资料。

民族古籍文献的整理研究对象就是以民族古文字著述的文字材料，因而民族古籍文献整理研究工作与文字学的关系密不可分。文字学的许多理论和方法可以指导我们解读古籍文献中的古文字。古文字的释读资料又可以极大地丰富文字学的研究内容。我国文字学领域的科学研究有着悠久的历史，也取得了丰硕的成果，许多研究成果对民族古籍文献的整理、研究具有重要的参考和借鉴价值。因此，文字学研究的深入，有利于促进民族古籍文献学的发展。反之，民族古籍文献学的整理、研究成果，也同样对文字学的研究产生重要影响。

少数民族古文字及有关文字学文献，早已引起文字学家和金石学家的注意。他们在历史、书史和金石著录中介绍了民族古文字的情况，记录了关于民族古文字创制、使用的经过，搜集了一些有关的文献资料，为以后的研究工作提供了重要的线索和有价值的资料。特别是不少文种编有语言文字学专著和字典辞书，可见这些民族对语言、文字的认识和研究已经达到相当高的水平。如藏文文字学、文法学方面的专著有《藏文字姓组织法》《藏文文法三十颂》，彝文文献中有《彝文字汇》《彝文字典》。回鹘文文献中有辞书《高昌译语》、傣文有《巴利语与傣语对照词典》和《萨菩阐提》、（嘎拉扎散）等讲解字母发音、拼写规则及韵律的著作。明代编的《女真译语》是按单词分类为序、用汉字给女真字注音并释义的字典，对女真字的解读有重大的作用。西夏文文献中有以声母为序的字书《音同》，有依韵排列的韵书《文海》和西夏文—汉文双解的词语集《番汉合时掌中珠》等多种辞书。

上述民族语文辞书对各民族语言文字的研究，乃至对古代汉语的研究都具有重要意义。如契丹小字文献中有大量的汉语借词，这种用拼音文字记录的汉语词对于构拟中古汉语语音有重要意义。用八思巴字给汉字注音的范本《蒙古字韵》对研究元代汉语十分重要，因为用拼音文字记录当时汉语的文献资料是不多见的。

第四节　有关民俗资料和文学论著的研究

一、有关民俗著述内容的研究

少数民族古籍文献中保留了丰富的民俗学资料，是研究民族民俗礼仪的重要文字依据。民俗学是一门以人类社会中不同地区、不同民族，在生产生活中长期形成和稳固传承的一切风俗习惯和各种禁忌、信仰等传统文化为研究对象的科学。我国虽然在远古时就有“民俗”“民风”或者“风俗”之说，在诸多文献典籍中也记载着丰富的民俗内容。但是一直没有形成一门独立的学科。直到20世纪初，“民俗学”这一学术名称才从日本传到中国。在新中国成立前的几十年里，民俗学研究在全国各地知识分子中普遍开展，并逐渐形成一门独立的学科。不仅翻译出版了外国民俗学著作，而且国内也有大量的民俗史著作问世，也开展了民俗调查，在理论和方法的积极引进民族学的本土化的探索方面，都为中国民俗学的发展奠定了坚实的基础。新中国成立以后，我国民俗学的调查研究范围全面扩展到各少数民族地区，使之与民族识别、民族语言文化调查研究等项工作同时进行。特别是20世纪80年代以后，我国民俗学的研究，不论在理论研究上，还是在实践方面都取得很大的成就。

我国各民族在历史上形成，并长期延续的各种民俗及其诸多内容，特别是一些已失传的民俗，在民族古籍文献中有着不同程度的记载。这无疑是古籍文献整理研究工作和民俗学共同的整理研究对象。民俗作为一种具有系统性和广泛性的社会文化现象，既包括丰富的思想内容，又囊括了复杂多样的行为方式和多姿多彩的动作体态。当它约定俗成之后，就会成为有规律的运行机制，约束着人们的行为和意识。于是民俗文化与人们的社会物质生产水平相适应，和自然条件有着密切的关系，并具有鲜明的时代特征和地域风格。它随生活内容和方式的变化而变化，能够适应变化的民俗将长期延续，不适应社会生活的民俗则逐渐退出历史舞台。由此可见，民俗的产生发展和消失都有着深厚的社会基础，必然有着经济和政治方面的各种原因。正因为如此，民俗在传承过程中，不可避免地带有不同时代的历史印记。而把民俗作为一种历史现象来考察：它的具体内容和表现形式，大体上可概括为心理的、行为的和语言的民俗三个方面。心理的民俗，以信仰为核心，包括各种禁忌在内的反映在心理上的习俗，它更多地表现为心理活动和信念上的传承。如宗教信仰等。行为的民俗，是心理民俗的外在表现，由人们的心理而产生的宗教活动、生死礼仪，以及岁时、节日的活动。语言的民俗，如各民族传统文化中的民间文学，它以言语为手段表现出来，并表明其民族的宗教信仰、思想、愿望和要求而代代相传。民族古籍文献则广泛记录了各民族社会历史和各种典章制度，以及包括民俗在内的各种文化事象。当一种民俗形成之后，将对其他文化现象发生重大影响。如：各民族的服饰、居住、饮食等习俗一经确定，就会产生大量的社会需求，势必影响社会生产和科学技术的发展。反之，物质生产的发展，也会推动民俗的发展。我国各民族的民俗具有民族性、原始性、实用性、地区性、融合性、变革性等特点。这是各民族长期共同繁衍，并经过千百年发展的缘故。在现实生活中，各民族丰富多彩的民俗，有的正在延续和流传，有的则消失已久。然而，在民族古文献中记载着许多各民族的古代民俗和现代民俗的典故，可以为民俗学家考证各种民俗文化现象提供翔实的文献依据。民俗学家的研究成果和现实生活中存在的各种民俗，同样可以用来解释民族古籍文献之中的疑难字词或古代名物制度。

由于各民族古籍文献的著述内容，广泛涉及各自的社会风俗。因而研究一个民族的民俗和它的历史、起源、形成、发展都可以利用民族古文献来进行。民族古籍文献所记载的宗教活动、生产习俗、生活习俗、文化活动、组织制度等，都是民俗学进行研究的丰富内容。民俗学的研究方法和途径中，除了对行为或语言的风俗进行实地调查外，对民俗的产生或某一民俗的演变过程的考察，都需要以有关古籍文献的记载内容作为参考依据。事实上民俗学者在研究工作中，往往从民俗学的角度，进行民族古籍文献的整理研究。而民族文献古籍的研究整理结果无疑会给民俗学带来帮助。从一定意义上说，民族文献古籍的载体种类及其著作方式、文献书籍的版本和装帧形式都包含着民俗学研究的内容。我国许多民俗学家在研究少数民族的风俗时，都把民族文献古籍作为一个重要内容。而研究民族文献古籍的专家，也特别重视对各族民俗的调查研究。著名语言学家马学良先生在研究彝族文献古籍时，十分注重以民俗资料注释彝文经典中的字词和重要术语。由此可见，加强民族文献古籍的搜集、整理、研究工作，这不仅是民族古籍文献工作者的当务之急，也是民俗学研究的迫切需要。所以进行民俗学研究的学者，应该积极支持和从事民族文献古籍的整理工作。要撰写少数民族风俗史、风俗志等方面的论著，就得从民族文献古籍中寻找资料和答案。由于我国各民族大杂居的情况，他们的风俗习惯是互相影响的，相互之间也有一些内在的必然联系。现代科学的发展，要求学科之间互相联系、互相渗透以寻求其内在的联系。民俗古籍的大量存在是两门学科联系的基本点。古籍整理研究的成就，将给民俗学提供大量可用的资料，极大地丰富民俗学研究内容，从而有力地推动民俗学的发展。

从上面的论述中我们可以看到，民族古籍文献整理研究工作和民俗学都是研究民族文化的重要学科，在研究对象、范围、目的、任务和方法上都有许多共同点。民俗学以揭示各种民俗事象的传承文化为主，而古籍文献学则以疏通古今和异地方言乃至不同语文之间的文义，以及诠释文献记载的文化内容为主。我国民俗学的研究范围，除了各族人民在劳动生产中的生产、劳作习俗；日常生活中的衣、食、住、行，及其社会交往的生活习俗；语言、婚姻、丧葬、礼仪和节日的习俗；文学、艺术和体育活动方面的文化习俗等方面之外。还涉及社会组织制度和宗教信仰，以及迷信活动等诸多方面。我国的民族古籍文献学以用各民族文字记录自己社会历史和传统文化的典籍、文书、铭文、档案等古籍文献为研究对象，把古籍文献的史学价值、文学价值、民族学价值、人类学价值、语言文字学价值等呈现出来，以供人们研究不同学科时参考利用。与此同时，也把发掘整理和保存各民族的文化遗产作为重要目的。总地说来，这两门学科都能使我们更好地了解各族人民的生活及其智慧，以及各自所创造和传承的文化对于中国乃至世界文化的贡献。两者的研究成果对各门民族学科乃至相关的学科，如人类学、社会学、美学、心理学、宗教学、历史学、文艺学等学科提供重要的研究资料，并和这些学科在互相借鉴和比较中得到发展。我国的民族发展正向着大融合的趋势，了解不同民族之间的风俗和文化可以增进各民族之间的互相了解，使中华民族在未来的社会生活中形成整体，使我国的文化屹立在世界之巅。

二、民族文学作品的研究

中国民族古文字古籍中的文学作品丰富多彩、绚丽多姿，是我国文学园地中的奇花异草。焉耆—龟兹文《弥勒会见记》剧本是我国最古老的翻译剧作，其诗歌以《箴言诗集》《摩尼赞美诗》颇负盛名。维吾尔族有很多优秀的文学作品，长五万多行的《四代赞诗》，语言十分生动、形象。西夏文的诗歌、谚语集有多种，如《月月乐诗》《新结锦合辞》等。彝文文学方面的名篇巨著有《妈妈的女儿》《阿诗玛》等长篇叙事诗，情节感人，语言生动、脍炙人口。白文的《词记山花·咏苍洱境》碑铭，是一种有民族风格的特殊诗体。东巴经中保存有很多情节动人、形象鲜明的文学作品，如创世史诗《崇邦统》、爱情史诗《鲁般鲁饶》和战争史诗《东埃术埃》等。知名的傣文长篇叙事诗有上百部，许多作品不仅是有价值的文学遗产，还能为研究西南民族提供有价值的历史资料。方块壮字记录了很多为人们喜闻乐见的壮歌。回鸡文的民歌短小精悍，感情真挚，常用比兴和想象的手法，具有突厥文学的传统色彩。于阗文、粟特文也保存有一些文学作品。不难看出，民族古文字文献中的文学作品，不仅是我国文学研究方面具有特色的重要材料，还丰富了我国当代的文化生活。如彝文《阿诗玛入傣文《召村屯》改编成电影后，已家喻户晓。

少数民族古籍文献整理研究与民间文学有着密切的关系。少数民族古籍文献整理研究不仅需要探索文献典籍的整理研究方法和系统地描述民族古籍文献的特征，还需要通过古文献的著述内容考察和诠释古代各种名物以及典章制度，还要鉴赏和评述古籍文献中转录的民间文学艺术。而民间文学的研究成果既可以丰富古籍文献学术理论研究的内容，亦可以为古籍整理研究中的具体考证和诠释提供重要的参考依据。古籍文献整理研究工作的深入，可以给民间文学的研究提供其他任何资料都不能替代的文献根据。由此可见，少数民族古籍文献整理研究与民间文学的关系密不可分。民族古籍文献是民间文学的重要研究对象之一，从典籍中记录的民间文学作品与口头流传的民间文学作品之间的比较研究，可以探索一部作品的流变情况，以及探明其原形与变体之间的关系。而这种比较研究的结果，不仅对民间文学作品的分析与鉴赏和文学史的研究都很重要，而且对民族古籍文献学也同样重要。

不难看出，民族古文字古籍中的文学作品，不仅是我国文学研究方面具有特色的重要材料，还丰富了我国当代的文化生活，发展我国文艺事业、丰富各民族的文化生活发挥了积极的作用。在民族古籍文献中汇集了丰富多彩的民间文学作品，这些颇有价值的文学遗产，除了具有文学方面的学术研究和应用价值之外，还能为研究各民族的社会历史和传统文化提供有价值的文史资料。

第五节　民族考古文物资料与出土文献研究

记有民族文字的文物不仅丰富了我国的文物宝库，而且在考古发掘工作中，它们往往是确定出土文物的民族属性和具体时代的重要依据。这一点受到考古工作者，特别是边疆民族考古工作者越来越多的重视。

少数民族古籍文献与考古学有着十分密切的关系。考古学的发现和研究成果，可以用来印证古籍文献记载内容的真实性。反之，古籍文献中的记载内容也可以为文物考古提供依据和线索。西藏各地所存的唐代以来的碑刻，提供了很多有价值的史料。

我国考古活动的历史比较悠久。早在春秋时期，孔子就开始周游列国考证夏、商的文物典章制度了。到了汉代，司马迁又亲自去各地考察古代遗址和遗物。以后，在我国历代文人中逐步形成了搜集和研究古文物的风气。到了北宋开始出现“金石学”，主要是研究各种青铜礼器，以及金文和石刻。如吕大临的《考古图》一书中不仅记录了许多图画、铭文等古文物，而且对这些文物加以考证和说明，可谓当时的金石学专著。此外，宋朝还有官方的考古文物汇编《宣和博古图》。清末，罗振玉和王国维在考据学的基础上又推动了考古学的发展。他们利用三大新发现（安阳商代甲骨文、楼兰汉晋简牍、敦煌的藏经）作了大量的研究工作。特别是“五・四”以后，我国的考古学有了新的发展。1922 年北京大学设立了考古研究室。进行了两项重要的考古工作，即：北京猿人遗址发掘和安阳殷墟发掘，并涌现出大批的考古学家。新中国成立以后，我国的考古学进入了黄金时代。在中央和地方都建立了不少的历史博物馆和地方文物管理机构，并颁布了许多保护文物的政策和法令，1952 年，北大开始设立考古专业。以后，许多高等院校都有考古专业和研究所，又于 1979 年成立中国考古学会。在新形势下，我国考古工作的实践中充分利用先进的技术手段，对古人类遗址和墓葬，以及历代文物进行了一系列的发掘与考证，并取得了举世瞩目的成就。在学术研究方面也有长足的进步，在报刊杂志上发表了许多理论水平很高的考古学术论文和颇有价值的考古发掘报告，陆续出版了一系列的考古学著作。我国在长期的考古实际工作和理论研究中，继承和发扬了本国考古和金石学的传统，并积极吸收和借鉴了国外考古学的先进理论和科学方法，形成了自己的学科体系。随着我国考古事业的发展，民族地区的考古工作有了长足的进步，并逐步形成了以民族地区和古代民族文化遗址和文物为发掘、整理、研究对象的民族考古专业及学科体系。它主要是对边疆地区的文物古迹进行系统的考古发掘工作。其发掘和研究成果，对中国民族史和边疆民族地区古代社会及传统文化的研究提供了其他学科资料所无法替代的重要文物见证和历史资料。

我国东西南北各民族地区都进行了许多考古发掘工作。首先，在长城以北地区对年代最早的红山文化遗址进行考古发掘，其主要文化特征是定居农业兼有畜牧渔猎，红山文化的创造者可能是我国北方民族的先民。此后，在西南地区对春秋、战国时期的巴、蜀、滇等古代文化遗址和文物的考古发掘。四川百花潭土坑墓、新都战国木棺墓等各地古墓发掘中，出土了许多船棺墓葬和古铜兵器等重要文物，可以反映古代的丧葬习俗和金属冶炼与兵器铸造技术水平。云南江川李家山和晋宁石寨山的陵墓发掘过程中，出土了大量青铜器，表明当时的西南各民族已经进入了奴隶社会。北方民族地区考古中，在内蒙抗锦旗桃红巴拉发掘的 2000 多年前匈奴族的早期墓葬，出土了大批匈奴早期的铜器和丝织品。在内蒙抗锦旗阿鲁紫登沙窝中的两座战国后期的匈奴贵族古墓，还出土了大量的金器。从中反映了我国北方民族当时的生活和各民族交流的一些情况。西北民族地区的考古中，发现了诸多秦汉时期的古墓，新疆昭苏的乌孙国墓葬中，出土的铁器、陶器表明了乌孙已进入阶级社会。乌鲁木齐附近的古墓中发掘了大批战国到东汉时期的文物。新疆民丰的尼雅河下游发掘了精绝国的故址。新疆的罗布泊尔附近发掘了许多楼兰墓葬。在西北地区发掘了许多汉朝活动的遗迹。这些都是研究我国西北少数民族活动的重要资料。东南民族地区的考古，发现闽越王统治时的一些文物，秦汉时期这些文物逐渐和中原一致，留下了秦汉统治的痕迹。秦汉时期“西南夷”的遗址遍及云、贵、川三省各地。在贵州西北的赫章、威宁发掘了一批夜郎小型墓，对我们研究夜郎文化提供了线索。川西、滇西北的石棺墓，四川安宁河流域的大石墓，反映了这一地区古代民族的墓葬习俗。在云南各地都发现了古滇国的遗址和遗物。其中极为重要的是晋宁石寨山的滇贵族墓地，出土了4000多件文物，属于东周至东汉时期。从古滇国的都城遗址和出土的青铜器分布范围，我们看到了古滇国早期奴隶制社会的生活面貌和以滇池为中心，东北到曲靖，西至禄丰，南至元江的广阔疆域，以及独特的“滇文化”。与此同时，还可以发现汉王朝在这里活动的痕迹和中原文化对西南地区的影响。

三国两晋南北朝以来，一方面，我国各民族之间的往来与交流更加密切，中原文化对各民族地区的影响也越来越深，各地各民族建立的地方政权也越来越多。于是在边远民族地区留下了这个时期的诸多文化遗址，其间包含着丰富多彩的文化内涵。东北地区主要有高句丽族的文化遗址和各种文物，从考古发掘情况看来，明显受到中原文化的影响。鲜卑也是这个当时的重要民族，在北方留下了许多活动的遗迹。如辽宁北栗西南房身村3～4世纪的慕容鲜卑的石板墓群、内蒙呼和浩特市美岱村的两座北魏初期墓葬。其殉葬品反映了民族大融合。这些考古发现与这个时期鲜卑势力遍及河南、山西和我国北方的史实及有关文献记录相吻合。西北地区的新疆吐鲁番阿斯塔那——哈拉和卓发掘了大批晋至唐时期的古墓。出土的木器、陶器和丝织品中留下了中原与西部少数民族地区经济文化交流的印记。还有高昌古城遗迹的发现，对古文献中有关历史上高昌政权的记载。

隋唐时期，随着国力的强盛，对边远地区的少数民族统治和影响加强，这主要是东北地区渤海国的考古发现、西北的汉文文书、西部的吐蕃考古和西南的南诏的考古中发现。东北渤海国的都城上京，据考古研究是仿照中原的长安城精心布局的。渤海国的遗迹和遗物也大量发现。还发现一些佛教遗址，墓葬主要是贞惠公主墓和贞孝公主墓及一对贵族夫妇的合葬墓，这些墓葬的遗物使我们看到唐朝在渤海的影响是相当大的。西北地区的墓葬保存了大量的汉文文书材料。这个时期的西域地区由唐朝直接统治。文书内容是研究唐代政治、经济、军事、文化的珍贵资料，主要是官府文书、私人文书、经籍等。还有少数民族的古文字资料。西藏地区也保存了许多唐代遗物。南诏和唐、吐蕃关系密切，出土了相应的文物。重要的还有剑川的石钟山石窟和大理三塔反映了古代南诏人民的智慧。

考古学的成就，给中国民族史的研究提供了重要的史料。现在的民族考古学已发展到对各少数民族主要分布地区的各民族考古研究。我国许多少数民族居住地比较稳定，有利于考古工作的进行。在对少数民族文字古籍和文献资料的研究中，也有考古学的工作成分。因为民族文字古籍和各种载体的文献资料，既是民族史的重要史料，又是民族文化遗产的重要文物。而考古学正是根据实物史料研究民族历史和文化，为民族史和民族文化的研究提供论据和实物材料。民族古籍文献学则是将民族古文字记载的文献古籍整理出来，为研究少数民族社会历史和传统文化提供翔实的文献资料。从这一点上看，两门学科在整个民族学科的整体研究中有着同等重要的地位和作用。二者之间，民族考古结果可以印证民族文献古籍史料的真实与否。有些关于各少数民族古代社会生活、经济活动、农业生产、科学技术、宗教信仰、建筑工艺等方面的古文献资料，因事过境迁，以现在的见闻和价值观念很难判断其是否真实，若有考古学的资料为之佐证，其真相将可大白于天下。如对于汉语文古籍和藏文文献记载的藏族历史，及其和唐的各种关系，我们可以从现在保存下来的石碑来进行研究。拉萨大昭寺前面的唐蕃会盟碑记述了文成公主和金城公主入藏与吐蕃建立的姻亲关系和历代会盟的史实，及这次会盟的经过，并有汉藏文对照。而对于藏文献记载的藏族人民的生活，考古文物是最好的证明。除了考古实物直接给民族的历史提供实物见证之外，考古学的工作本身也能发掘一些文献资料。

民族古籍文献中的金石文献是和考古学紧密联系在一起的。因为金石古籍文献，其内容除具有文献价值之外，其载体本身还具有重要的文物价值。它们往往被废弃野外或埋藏在地下，对其发现和发掘通常是考古学所进行的工作。虽然这方面的工作才刚刚开始，但会有很大的前途。以金石为载体的民族古籍文献和其他载体古籍文献一样重要。因此，我国民族古籍整理研究工作者对所有搜集到的民族金文、石刻等进行了细致的研究工作，并取得了丰硕的成果。事实证明：考古发现可以印证古文献的记载内容，或者弥补文献史料的不足。反过来，文献记载内容也可以为考古发掘工作提供某些重要线索和必要的信息。

从上面看到我国民族考古学对民族古籍文献学有相当重要的意义。许多重要的考古发现可以为古籍文献记载内容的正确与否提供物证，有利于民族古籍文献学术研究的深入。它们的互相论证可以推动民族学和民族史的发展。特别是中国许多少数民族没有自己的文字，他们丰富多彩的文化很难流传下来，但从考古发掘来看，例如，秦汉时期的云南少数民族曾创造了辉煌的青铜文化。但不论汉文古籍和民族古籍都没有记载。大量的考古实物表明民族古籍文献学必须和民族考古学紧密联系在一起。新的中国民族史，将是民族古籍文献学、考古资料、汉文古籍为其研究和发展的新材料。仅依靠零星的汉文古籍的记载是根本不可能反映中国各民族的全貌的。

民族古籍学和民族考古的这些紧密联系，证明了这两门学科的不可分性。首先，没有民族考古学有力的考古证据，民族古籍文献的某些记载内容因事过境迁而难以识别和准确理解，对其真实性也就难以推断，也就不能作为研究民族发展史的可靠资料。其次，考古发掘和整理的民族文字文献、金石铭刻是民族古籍文献的重要内容，它的整理工作是民族古籍文献学的工作。再次，民族考古学的一些基本方法，同样是民族古籍文献学的重要方法。有些民族考古学所使用的具体方法，也可以为民族古籍文献学所借鉴。金石文献和一些希少罕见的文献载体则属于两个学科共同研究的对象。对于金石铭刻的研究考古学很早就开始从事这一项目，并且是其重要的内容。其任务是考释金石铭刻的内容及其时代，和其所提供的历史资料。这一点和民族古籍文献学是相同的。所以民族古籍文献学对于金石铭刻的研究，其实是利用考古学的知识进行考古学研究。但它是属于文献学的范畴。考古学是属于历史学科的范畴。考古学科虽然对四种类型的民族古籍都有影响，但它是不能代替民族古籍文献学的，就像考古学不能代替文献学一样。民族古籍文献学虽然可以为我国历史学科的研究提供翔实的文献资料，但它属于语言文学学科，而考古学和民族考古学是利用实物史料直接研究历史，成为历史学科独立性很强的一个部门。但是民族考古学利用实物资料研究民族历史是离不开中国民族史和民族古籍文献学所提供的文献史料的。它们在研究历史学时是相辅相成、互相推动的。现代科学的发展需要各学科之间相互紧密的联系。对历史学科的研究也是如此，它不仅依靠考古学与文献学所提供的新材料，而且要不断地和现实结合在一起，才能有蓬勃向上的生命力。任何一门学科一旦孤立就会走向死亡，就会被社会发展所抛弃。所以现代世界不断产生新的边缘学科。第二次大战后产生的民族考古学就是要以考古学的观点来研究现存的民族和社会。它担负着复原历史、研究民族史，解释各个历史时期的文物和遗迹的任务，是考古学的新兴学科。民族古籍文献学的重要任务是搜集、研究和整理中国各少数民族文化典籍和文献档案资料。两门学科的交叉点在民族文化的研究上必将为繁荣我国民族文化及学术研究作出贡献。

第六节　民族宗教经籍与哲学著作的研究

一、民族宗教经籍研究

我国不仅是一个多民族的国家，也是一个多种宗教流传的国家。民族问题和宗教问题有千丝万缕的联系。民族古文字的创制和使用与宗教的传播有着密切的关系。中国民族古文字资料多数与宗教有关。其中不仅有原始宗教、佛教、道教、景教、摩尼教、伊斯兰教等多种宗教的重要经典，而且有记载宗教源流、兴衰、译经、传教等研究宗教史的宝贵资料。保存至今的东巴文经典有1000多种，20000多册。彝文各种经典如《作斋经》《作祭经》《供牲经》《百解经》等也数量可观。方块壮字也曾记录了巫经。藏文翻译佛经较早，所译经典也最多。藏文大藏经始纂于8世纪，至14世纪编出《甘珠尔》和《丹珠尔》。用西夏文翻译的30多卷佛经，成为《西夏文大藏经》。傣文人藏经卷帙浩繁，大多刻写在贝叶上。白文有《仁王护国般若波罗密多经》的旁注和经文后面的疏记。用粟特文、回鹘文书写的经典有佛教、摩尼教、景教、伊斯兰教四类。如传世的回鹘文《金光明最胜王经》和《三藏法师传》受到专家们的重视。蒙古文的《甘珠尔》《丹珠尔》和满文大藏经也是佛教的重要典籍。这些宗教文献是研究我国少数民族宗教的重要资料。有些文献有助于研究宗教之间的关系。如彝文古书中反映古夷人的原始宗教与道教关系密切，值得进一步探讨语言研究。此外，有些民族文字文献记录了当时的宗教活动。如8世纪的古藏文碑记载了吐蕃王室立誓推广佛教的决心。敦煌莫高窟中西夏文、藏文、回鹘文题记，记录了当时修窟寺、造佛像、绘画、朝拜等具体活动，对研究民族宗教史有一定的价值。由此可见，民族古籍文献中的大量宗教经籍，既是文献学整理研究的主要对象，同样也是宗教学研究各民族宗教的文献根据。因此，文献学的整理研究成果可以为宗教学研究提供重要线索和依据，而宗教学的理论和方法亦可以用于指导宗教经典的整理与研究。

二、民族哲学论著研究

我国民族古文字典籍文献中包含着有关民族宇宙观的论述。彝文著作《宇宙人文论》和《西南彝志》《彝族宗教史》（木插美插）和《彝族发展史》（聂苏杜节）中就讲述了对世界的认识，提出了清、浊二气形成天、地、人的宇宙起源说和人类起源说。东巴文的《创世纪》含有人类早期对客观事物的朴素认识和虚幻的神灵观念。这些对研究人类认识发展史很有价值。傣文的《嘎雅桑哈雅》是对各种事物和社会现象所作的解释，《论傣族诗歌》具有对社会和文学的朴素唯物主义理解。这两本书反映了傣族先民对各种自然现象和社会现象朴素的认识，是研究思想发展史很有价值的资料。《福乐智慧》是一部长达八十二章一万多行的长诗，先后以回鹘文本和察合台文本传世，其中大部分是劝谕性的哲理诗。少数民族古文字文献中有关哲学研究的资料很多，值得进一步发掘。此外，有些文字的构成，如东巴文象形字、西夏文表意字，它们当中一些字的构成有时反映出该民族对事物的特殊认识。

我国民族古籍文献中有大量的关于宇宙观和认识论方面的著述。如《宇宙人文论》《宇宙源流》《西南彝志》《彝族宗教史》《吾查迈查》《彝族发展史》《聂苏奇节》《教育经典》等彝文典籍中，比较系统地讲述了彝族对世界的认识。彝族先民提出了清、浊二气形成天、地、人的宇宙起源说和人类起源说，以及事物运动变化的思想。此外，还提出了“雪生万物”“人从水中来”“猿猴变人”等诸多进化论的哲学观点。这些哲学观点和理论学说中，包括彝族先民的认识论和独到的见解。

第七节　与民族学相关古籍资料研究

民族古籍文献是民族文化的核心和精髓，是民族学和人类学研究民族文化的主要文献依据。在一定意义上讲，古籍学是民族学与语言学、文字学之间的边缘学科，它与民族学有着直接的联系。民族学是人类学的重要学科，事实上我国民族学的含义与文化人类学的含义基本上是一致的。目前世界各国对于民族学的定义有着不同的看法，但都以历史上的氏族、部落、部族直到现代民族共同体作为自己的研究对象，研究的核心就是世界各民族的文化，而我国的民族学则重点研究各少数民族的文化。民族古籍文献所记载的各民族社会历史和传统文化，不仅是民族古籍文献学的主要研究对象，而且是民族学的重要研究内容。在两个学科的发展过程中，民族学的理论和方法对于民族古籍文献的整理研究有着重要的参考和借鉴价值，而民族古籍文献的整理研究成果也可以极大地丰富民族学的研究资料，并有力地促进和推动民族学研究。

民族学一词源于希腊文 Ethnos，英语中写作 Ethnology 或 Ethnography，两者意思差不多，我国旧译“民种学”“人种学”“人种志学”“民族志学”等。1909 年始译作“民族学”。在 1926 年，蔡元培《说民族学》一文才将民族学这一名称正式提出并定立。蔡元培就任中央研究院院长，设立民族学组，对民族学进行研究，使这一问题在我国固定下来并成为一门学科。它的研究范围包括：世界各民族的起源、形成的历史和规律，分布、迁徙、融合、同化的情况，处在不同社会发展阶段的民族或族体的相互关系。同时将名民族的经济结构、政治制度、社会生活、家庭婚姻、风俗习惯、宗教信仰、语言文字、文学艺术、道德规范、思想意识视为民族学整体研究的内容。它是对民族进行全面、系统的研究。世界各国学者都抱着不同的目的研究民族学，使民族学带有浓厚的政治性和阶级性。在我国，民族学的研究明确提出是为无产阶级的利益服务，民族问题和殖民地问题是历史唯物主义的重要组成部分，并认为其学术价值只能由为实践服务的程度和效果、由斗争实践的成败来检验。民族学要阐明民族斗争与阶级斗争的关系、阐明民族解放与劳动群众解放的关系、殖民地和半殖民地民族解放与无产阶级革命运动的关系、民族主义与无产阶级国际主义的关系。为制定解决民族问题，实现各民族团结、平等和各民族发展与繁荣的政策提供有用的资料。这些是新中国成立后一直到现在民族学的任务。我国民族学者在这一理论指导下开展了一系列的民族学研究，并取得了显著的成果。

西方和我国对民族进行研究很早就开始，但民族学成为一门独立的学科是在19世纪中叶，在此之前，一个民族对一个民族的记录和认识积累了大量的资料。西方“历史之父”希罗多德的《历史》记载了希腊、波斯、埃及及中东各民族的历史、地理、风俗的情况，以后的西方史学家也沿袭这一传统。18世纪初期的法国传教士拉非托的《美洲野蛮人的风俗与远古风俗的比较》对印第安人的风俗进行比较研究，为民族学成为一门独立学科起了很大的作用。美国民族学家摩尔根的《古代社会》的出版标志民族学的正式诞生。在书中他描绘了印第安人的各方面生活，他直接生活在印第安人部落，得出了对于这个部落的社会生活、经济、宗教、习俗的各方面研究成果，摩尔根是资产阶级民族学的奠基人。以他为代表人的民族学进化学派在19世纪最后几十年影响最大，以后进化学派的代表人物著名的还有德国的巴斯提恩，瑞士的巴霍芬，英国的斯宾塞、泰勒费雷峰和麦克伦南。进化学派认为民族是不断向前发展和进化的，他们试图以民族进化的研究揭示人类过去的社会及文化的演变。他们把心灵作为人类进化发展的原因，过多注重比较的相似性，对各民族的特点不加注意。从唯心主义出发，离开了摩尔根原来的唯物主义。19世纪末20世纪初，是历史学派（分为德奥历史学派、英国传播学派和美国历史学派）的研究时期。他们对人类文化起源和传播、民族资料的积累，调查方法上的很多描述使用统计学的方法，以及理论上提倡各种族无优劣之分这些对民族学的调查，研究和理论都作出了很大贡献。功能学派产生于英国，虽是为英国殖民统治服务的，但它将民族作为整体进行研究，并认为各民族的文化现象都有其社会功能。美国的心理学派也是为其帝国主义的侵略服务的，认为落后的民族有不正常的心理素质，不能创造好的文化模式，应该统一于先进民族（指美国）的文化模式。但它尝试用心理学研究民族学，而且进行严谨的调查研究，也有它的可取之处。法国的民族学派和俄国的民族学派成就都没有前几种学派大，但它们推动了这两个国家民族学的发展。

中国古代的史书都有丰富的民族资料记录。但中国的民族学产生是20世纪的事。林舒和魏易合译的《民族学》开始将进化学派介绍到中国。以后蔡元培对推动我国民族学的发展起了很大的作用，他积极进行民族学的理论、实践和调查的工作，并组织了一批学者一起研究。又陆续有许多大学开设民族学讲座。在30年代翻译了许多国外的民族学著作。各种学派在中国都有一定程度的影响。接着，马克思主义的民族学派也传到中国。在抗日战争时期，许多学者和高等院校迁至西南，不少学者深入民族地区进行研究。许多大学也开设了民族学的课程。新中国成立后，我国民族学的工作以马克思主义的唯物主义民族观为指导，对社会主义的民族问题和民族政策进行调查研究。编写了各少数民族的《简史》《简志》及《概况》，并深入少数民族地区，搜集了社会经济、语言文字、文化生活、民俗的大量资料。从80年代开始，对民族学的研究进一步发展，利用现代各门学科对民族学进行不同视角的研究，产生了许多民族学的边缘学科。并直接借鉴西方和世界各国的民族学方法和成果，提出了一些大胆的思想和理论，使我国民族学界呈现出繁荣的景象。

我国是一个统一的多民族国家，各民族都有自己独特的形成和发展阶段，都用自己的辛勤劳动和智慧共同创造了祖国光辉灿烂的文化。历史证明，中华各民族发展谁也离不开谁，许多民族学家都认识到了这一点并致力于研究、发展民族学，他们对少数民族社会经济结构、政治制度、家庭婚姻、风俗习惯、宗教信仰、语言文字、文学艺术、思想意识各个方面都进行了严谨的研究工作，并成就了大批的民族学者，取得了丰硕的成果。20世纪80年代以来，党和国家的高度重视，又进一步推动了民族学的发展。边疆的高等院校对本地区的民族进行了大量的研究，形成了边疆高等院校特有的民族学民族史和民俗学。以后大批的民族问题理论，民族政策，民族史、民俗、民族语言文学方面的专著纷纷出现。部分地区的民族开发已取得很大成就，各民族特有的文化在民族工作者的工作下揭开了面纱，许多民族地区成为旅游胜地。人们开始把眼光从沿海和内地转到边疆民族地区。而许多人对民族地区和少数民族了解甚少，认为少数民族除了落后以外没有什么。因而民族学的工作还远远做得不够，许多少数民族的文化及文化内部的本质、联系及发展还未进行深入的研究，对少数民族优秀文化的宣传也还没有深入。笼统把所有民族的研究都归于民族学，已不能满足民族学发展的需要。于是民族民间文学、少数民族宗教学、民族考古学等边缘学科应运而生。它从各个侧面研究民族，大大丰富了民族学的内容。而民族古籍学的产生也是这种需要的结果。民族学笼统研究过去的民族文化，使其不能有所侧重，不符合对民族古籍整理的真正要求。必须对各少数民族古籍进行研究，把浩如烟海的民族古籍整理出来，对民族古籍进行各方面价值的评价，弃其糟粕，取其精华，整理出各门民族学科及和民族有关的学科能直接利用的资料，给这些学科提供最大限度的帮助和借鉴。因而就不得不建立一门新的学科——民族古籍文献学。它是民族学发展的结果，填补了民族学在民族古籍方面的空白，它将对民族学的各方面有补充作用。丰富民族史、民俗学、民间文学、民族考古学、民族宗教学、民族语言文字各方面的内容。它的研究成果将对这些学科有重大影响，它利用少数民族的各种载体（文字、口碑、金石、原始载体）进行工作，直接展示各少数民族历史、语言、文学、艺术、宗教、哲学、天文、历算、地理、医药、生产和科学技术等各方面的特有文化。这是各门民族学科殊途同归的目的，因而也是一门刚刚起步但有远大发展前途的学科。它将有利于民族文化的交流和发展。在国外，我国少数民族古籍的研究受到日本、印度、欧美、苏联等国家的重视，他们建立了专门的研究所、学会及各种学习机构，对藏学、蒙古学、满学、突厥学和敦煌学的古籍进行了搜集和研究。一些国家的研究已超过了我国。如日本学术界有一句话，“敦煌在中国，敦煌学在日本”。这说明了我国少数民族古籍的工作远远落后，这是不能适应今天民族学的发展需要的。我国许多民族学家都意识到民族古籍的重要性。他们纷纷提出建议，发表文章呼吁学术界行动起来，进行古籍整理工作。贾春光、吴肃民和关照宏编的《民族古籍研究》收录了我国学者关于民族古籍整理方面的一些文章，书中汇集了民族古籍整理的概况、方法和成就及其存在的问题。这也说明了创立这样一门学科的重要性、迫切性。它需要民族学家继续努力将这些民族文化遗产进行整理。

首先，它们都是民族研究联系的两门重要学科，民族学从笼统地研究各民族各方面的内容转向对民族整体的、系统的关于民族理论的学科，而具体的已由民族史、民俗学、宗教学、民族文学、民族语言文字学、民族考古学等学科去完成，而它将从民族方面给这些学科理论上的指导。并随着这些学科的发展而丰富和充实其理论。这些学科将少数民族的历史、风俗、古籍、宗教、艺术、文学、语言文字、考古等特殊性作为独立的学科进行不同视角的研究，以便从各种文化及其发展规律来透视民族文化的本质。从古籍中发掘少数民族的文化遗产作为自己的目的。从这一方面来看，它比笼统的民族学更有针对性。它的研究成果将被民族学及各种民族学科所利用，是民族学发展的又一里程碑。而民族古籍学和其他民族学科的发展及成就，也是民族学的成就，使它更好地利用这些成果在民族理论上进行归纳、总结、定义，又给各门民族学科和民族研究的理论提供正确的指导思想和方法论。

从范围和对象上来说，民族学的范围包括所有民族的内容，基本上将民族古籍文献学的内容包含在内，但民族古籍文献学作为一门边缘学科，它不仅包括民族学的知识，也包括文献学及语言学、文字学的知识，是在多门学科的边缘上产生的，它有自己独立的内容和独特的研究方法。民族古籍文献学的对象是很有针对性的，它以中国境内的所有少数民族的一切类型的文献古籍作为研究对象。以民族古籍文献的搜集、整理为目的，属于文献学的范畴。而民族学是要揭示各民族文化的本质及其发展规律以及各民族文化之间的联系为己任。但由于这两门学科的亲属关系，使它们不可避免地发生许多联系。民族学的发展是民族古籍文献学产生的基础。而民族古籍文献学的成就必将推动民族学的发展。

民族古典文献学的方法论同样可以从民族学借鉴。在民族学的研究方法中，首先，最主要的是实地调查；其次，就是对各民族的历史资料进行分析和比较研究。而民族古籍文献学搜集古籍和文献资料，同样需要实地调查，即使对现成的民族文字古籍进行整理，也要深入民族地区作进一步考证。我国民族学在长期研究中积累的经验和工作方法，都值得民族古籍文献学参考和借鉴。由于以前各民族学科之间的界限不十分明显，许多工作都是很笼统的，事实上民族学者也曾经做了许多民族文献古籍的搜集和整理工作。从这个意义上说，两个学科都在做着同样的工作，各自的方法无疑会有共同之处。由于这两门学科的特殊关系，它们能够在研究中互相借鉴，并推动双方的发展。更重要的是，只有具备了民族学知识，才能更好地进行民族古籍文献的整理与研究。

参考文献：

1. 朱崇先．彝文古籍整理与研究［M］．北京：民族出版社，2008. 9.

2. 朱崇先．中国少数民族古籍文献学［M］．北京：民族出版社，2005. 11.

3. 朱崇先．彝族典籍文化研究［M］．北京：中央民族大学出版社，1996. 10.

4. 中国民族古文字研究会．中国少数民族古文字图录［M］．北京：中国社会科学出版社，1990. 10.

第九章　中国少数民族古籍分类

中国少数民族古籍种类繁多，著述内容涉及广泛的学科领域。目前国内外许多文化部门和学术研究单位，收藏着一大批少数民族文字古籍。无论是古籍研究专家对其进行全面介绍和系统研究，还是馆藏单位加强科学管理和促进古籍文献资料的有效开发利用，都有必要对其进行分类。要全面认识了解中国少数民族古籍的种类及其学科属性，并对其进行科学分类，有必要对历史上各民族古籍的传统分类法和近代学者的分类法进行考察和梳理。只有这样，才能对民族古籍的实际类别和学科分类法作进一步的探讨和论述，并构建起符合民族古籍实际的分类体系，以便在民族古籍的具体分类实践中不断加以补充和完善。

古籍分类是加强古籍管理使用和帮助读者认识了解古籍内容实质的重要途径。因此，无论藏书家还是读书者，历来都很重视分门别类的工作。我国学术史上，汉文古籍出现过各种各样的分类法，但考察其分类的出发点，主要有两个方面。一为藏书家的分类，一为读书者的分类。二者的分类目的也不尽一致，前者重在便于分别放置与查寻古籍，而后者则偏重于了解和揭示古籍的内容。各民族古籍的分类，也同样存在藏书家的分类和读书者的分类问题。历史上各民族古籍的传统分类法，主要是由各民族的古籍制作和使用者所创立的。因此，他们的分类方法犹如藏书家的分类。而近代学者的分类法，主要是由各民族文字古籍的研究者所探索和确立的。所以近似于读书者的分类法。这两种分类法各有优劣。读书者的分类与藏书家的分类不能吻合的症结在于，古代图书的学科特点不鲜明和综合性图书较多，加上零星收藏，卷册数量都不多。由于各种因素，读者可阅览的书籍也很有限，更没有人将古籍的分类法作为专题来研究。书籍的发展和公共图书馆的出现，扩大了读者接触图书的范围，特别是图书自身的学科特点日益显著，专著增多，综合性书籍减少，于是藏书分类与读书分类渐趋统一，这是当今图书分类的基础。尽管如此，我国各大图书馆的分类法仍存在若干差别，各自成为不同的分类法体系。如北京图书馆的分类法简称为“北图法”，中国科学院图书馆的分类法简称“科图法”等不同分类体系。由此可见，当今民族古籍的学科分类问题有待于进一步探索。使学科分类理论原则和具体方法从汉文图书分类的实践应用领域借鉴到民族古籍的学科分类之中，需要认真分析和摸索。首先，要掌握民族古籍的馆藏现状；其次，要了解民族古籍的著述特点；再次，必须兼顾馆藏中的排架管理与研究工作中的文献资料检索和利用。我们在民族古籍的分类过程中，既不能简单地套用汉文古籍的四部分类法，也不能照搬任何一家图书馆的现代图书分类法，更不能完全遵循民族古籍传统分类法或历代学者的分类法。只能从民族古籍的实际出发，在分类实践中，逐步探索出符合民族古籍整理研究工作和适应民族古籍馆藏流通条件的分类方法。因此，本章将对民族古籍的传统分类法以及现代民族古籍分类的基本原则和分类列目的依据、类别的分辨与归类等方面加以论述。

第一节　北方少数民族古籍分类

我国历史上北方少数民族文字种类颇多，保留下来的民族古籍也非常丰富。但各文种古籍数量的多寡及应用范围的大小等情况不尽相同。各民族古籍的种类和分类的方法，也很不统一，真可谓各有千秋。为了便于认识了解北方民族古籍的种类和分类情况，本节对其进行简要的梳理和论述。

一、西北少数民族古籍的分类

（一）突厥文古籍的分类情况

以往从事突厥文古籍研究的专家学者，从古代突厥文以碑铭为主的实际出发，根据碑刻的地区分布情况，将突厥文古籍分为7类碑铭，即：（1）北蒙古碑铭，通常称鄂尔浑碑铭，除吡伽可汗、阙特勤、暾欲谷、翁金、阙利啜、色楞格墓、哈喇巴喇哈逊、苏吉等著名的碑铭之外，还有辉特—塔米尔河流域的10块碑铭、伊赫—阿斯赫特的两块碑铭、肯特碑铭以及在杭爱山和沙漠地带发现的小碑铭。（2）叶尼塞河流域碑铭，又将其分为图佤和米努辛斯克两个小群，已发现70余种。（3）勒拿—贝加尔地区碑铭，已在摩崖上发现37处铭文，另有若干铭文刻在小日用品上。（4）阿尔泰地区碑铭，阿尔泰地区碑铭（数量不多）。（5）新疆碑铭，包括吐鲁番古建筑墙壁上4处铭文和在米兰、敦煌发现的几宗重要文献。（6）中亚碑铭，包括七河流域和费尔干纳地区发现的铭文。（7）东欧碑铭，包括顿涅茨河、多瑙河流域发现的铭文。

按照历史—政治（民族），把突厥文古籍分为7类，即：（1）东突厥汗国碑铭（8世纪）；（2）黠戛斯汗国碑铭（7~12世纪）；（3）骨利干部落联盟碑铭（8~10世纪）；（4）西突厥汗国碑铭（8世纪之前）；（5）蒙古回鹘汗国碑铭（8世纪下半叶至9世纪初）；（6）新疆回鹘汗国碑铭（9~10世纪）；（7）裴奇内阁（佩切捏克）部落联盟碑铭（具体年代待考）。

以体裁类别，将突厥文古籍分为6大类，即：（1）历史传记文献，为突厥、回鹘和黠戛斯贵族身后或在世时立的功德碑，由他们的至亲或本人撰写；（2）墓志铭性质的抒情诗体，属于这类体裁的有叶尼塞河流域和七河流域的墓碑；（3）刻在岩崖、石头和建筑物上的纪念题词；（4）宣扬魔法和宗教的文献；（5）敦煌和吐鲁番发现的法律文书；（6）日用品上的标记。①

（二）回鹘文古籍分类

回鹘文古籍主要见于新疆的吐鲁番和甘肃的敦煌及河西走廊地区。吐鲁番和敦煌是我国西北历史上的佛教胜地，因此在这些地区发现有大量的佛教文献。保留至今的回鹘文文献大致经历了三个发展阶段：（1）早期的佛经大多译自当地的焉耆——龟兹语，如《弥勒会见记》系译自古代；（2）中期的佛经而且是现存回鹘文佛教文献的绝大部分，都译自汉文，如《金光明最胜王经》《佛说天地八阳神咒经》《玄奘传》（3）后期的佛教文献多为自己创作或改写的作品。其内容十分广泛，包罗万象。它是中华民族丰富的文化遗产之一，也是我们研究回鹘的社会历史、宗教信仰、语言文字、文学艺术、科学技术等的重要资料。有关专家根据回鹘文文献的著述内容，将其分为以下五大类，并在宗教类下列了四个小类：

1. 历史类

在回鹘文古籍中，至今尚未发现专门的历史著作，只有一些碑铭文献属于这一类。如《大元肃州路也可达鲁花赤世袭碑》等。

2. 经济类

现存的回鹘文经济类文献主要是契约文书，约有二百件分藏于世界各地，其中主要有《高昌馆来文》《阿体卖奴隶（善斌）给买主写的临时字据》《魔尼教

---

① S. G. 克利亚什托尔内著、李佩娟译. 古代突厥鲁尼文碑铭—中亚细亚史原始文献［M］. 哈尔滨：黑龙江教育出版社，1991：54 -57.

寺院文书》等。

3. 语言文字类

在回鹘文古籍中，专门的语言文字作品极少，属于语言文字类的回鹘文问《高昌馆杂字》则是迄今发现的最重要的文献。

4. 文学类

在回鹘文文献中，除了占有相当大比例的宗教典外，居于第二位的就要算文学作品了。回鹘文文学作品种类很多，有民歌集、诗歌集、传说、故事、剧本等。这其中既有翻译的作品，也有创作的作品。如《弥勒会见记》乌古斯可汗的《佛教诗歌集》《常啼和法上的故事》。

5. 宗教类

现存的回鹘文文献大多属于宗教类，其中又以佛教经典文献居多。历史上回鹘人曾信仰摩尼教、佛教、景教、伊斯兰教，并且用回鹘文翻译和创作了一大批宗教经典。包括以下四小类：

（1）佛教文献。从目前发现的回鹘文佛教文献来看，既有大佛典，也有小乘佛经和密宗文献，（大藏经）中的经、论两部分的主要著作大都被译成了回鹘文。①在翻译过程中，译者常常加进些词句或段落，更有再创作之作，从而丰富了这些佛教著作。它成为我们今天研究回鹘佛教的重要材料。回鹘文佛教文献有：《金光明最胜王经》《大唐大慈恩寺三藏法师传》《阳神咒经》《俱舍论实义疏》《阿毗达磨俱舍论》等。

（2）摩尼教文献。回鹘人早在漠北游牧时期就已接受了摩尼教。西迁以后，摩尼教仍与佛教、景教并存于回鹘，并留有一些鹘文摩尼教文献。这些文献对了解摩尼教教义和回鹘信仰该教情况提供了极为重要的材料。

回鹘文摩尼教文献较为重要者有摩尼教根本教义书《二宗经》、语言古老质朴的《摩尼教忏悔词》以及各种摩尼教赞美诗等。其中《摩尼教忏悔词》包括15项具体忏悔的内容，是了解回鹘摩教徒宗教生活的一份很重要的原始材料。

（3）景教文献。回鹘人在宋末元初曾信奉景教，且极盛于元初。保留至今的回鹘文景教文献很少，其中主要有《福音书》（三扶教僧朝拜伯利恒的故事）、《圣乔治殉难记》等。另外，《伊索寓言》也曾被译为回鹘文，这与回鹘人信仰景教也有关。

（4）伊斯兰教文献。10世纪下半叶，新疆历史上著名的喀喇汗王朝时期，伊斯兰教开始传入新疆。随同伊斯兰教的传入，出现了一批伊斯兰教内容的回鹘文文献，其中主要有《帖木耳世系》《升天记》《圣徒传》《心之烛》《幸福书》

等。这些文献对于研究伊斯兰教史及其在新疆的最初传播无疑是有重要价值的。

除了上述类别之外，现存回鹘文献中还有一些医药学方面的资料。如：土耳其学者阿拉提曾刊布有两卷本回鹘文医学文献（Zur Heilkunde der Uiguren，1－Ⅱ，1930，1932）。[①]

（三）察合台文古籍分类

察合台文时代是突厥语各民族文献大发展的时代。这一时期，出现了许多著名的诗人、史学家、文学家，并创作了大量的作品。察合台文献大致可分为三个阶段：

1. 初期阶段，即纳瓦依之前的时期，包括拉布古孜的《先知的故事》、鲁特菲的《古丽与诺鲁孜》等。

2. 纳瓦依时代，这一时代是察合台文献的鼎盛时期，包括纳瓦依的二十多部作品及与纳瓦依同时代人的作品。

3. 后期阶段，即现代突厥语各民族形成时期。15 世纪以后，现代意义上的突厥语民族开始形成，并开始用各种不同的突厥语进行创作。

察合台文献可分为：历史类，如《拉失德史》《喀什噶尔史》《和卓传》等；语言文字类，如《突厥语词典》《库曼语汇编》等；文学类，如《福乐智慧》《真理的入门》《先祖阔尔库特书》《五卷诗》等。

（四）回族古籍分类

1. 碑刻铭文

碑刻铭文是回族文献中的一个重要内容。碑刻主要是清真寺碑刻和回族人的墓碑。自西域人来华定居后，在各地建立清真寺，它渐渐成为回族活动的中心。而清真寺的历史也可以当成该地区回族盛衰的温度计。清真寺内往往有不少碑文，这就是该寺历史的最好见证，也是研究回族史及中国伊斯兰教史的珍贵资料。对于这些碑刻，很早就有人注意，有人搜集整理，但可惜成书者还没有一本。河北定州《重建礼拜寺记》，为元至正八年（1348 年）所立，应算是早期的碑文了。元至正十年（1350 年）泉州清净寺的碑文和同年立于广州怀圣寺的《重建怀圣寺塔记》，也是元代碑刻，都是早期碑文之传世者。明清时期就更多了。明嘉靖七年（1528 年）刻在济南清真大寺的《来复铭》，时代虽然不太早，

① 张公瑾等．民族古文献概览［M］．北京：民族出版社，1997（11）：373－375.

但它阐明了伊斯兰教教义早于王岱舆等人之著书，所以受人重视。甘肃武都《重建礼拜寺碑》（崇祯四年 1631 年立）也有同样的特点，更因其为马之骏撰文而为世所重。清代清真寺碑刻则遍地皆是，不仅其碑文内容是珍贵资料，碑文之撰写者及捐刻者之姓名，也是研究回族历史之可靠资料。近年来有的地方还在搜集清真寺碑刻，并汇集成书，这是一件极有意义的事。

2. 家谱

家谱也是研究回族重要的文献。回族家谱显然是受汉族人影响而出现的。《郑和家世资料》《雁门萨氏家谱》《怀宁马氏宗谱》《毗陵沙氏宗谱》《芦庄何氏家谱》《冯氏家谱》《丁氏谱牒》（泉州）、《南海甘蕉蒲氏家谱》等，都是十分有影响的大家族谱。对于家谱的利用，必须参考有关史料，多方论证，谨慎从事。非回族人著作，主要是汉人著作。在中国古籍中，专门记载有关回族的著述极少，散见于各类书籍中的片断记载却有一些。这些资料，沙里淘金，十分分散，而且珠玉相混，要作系统介绍很困难，只能概括讲一下。

3. 汉文古籍有关回族历史的零星记载

公元 751 年中国和大食打了一次仗，有一个中国人叫杜环被俘，在大食（阿拉伯）住了十几年，后来他回国，把自己的经历写成一本书，名《经行记》。在这本书里，第一次介绍了伊斯兰教，这是中国人（汉人）最早的关于伊斯兰教的记录，极有价值。其书已佚，但有一千多字保存在杜佑的《通典》里，才得以流传至今。《旧唐书》《新唐书》《宋史》均有《大食传》，专门立传，应该说是给予了相当的重视，这是一大进步。《册府元龟》《太平广记》等类书中，有不少关于大食和波斯人在中国活动的记载或传说。此外，还有一些书籍记载了阿拉伯一带的地理情况和阿拉伯人、波斯人在中国居留情况。如宋岳珂《桯史》、南宋周去非《岭外代答》、宋朱彧《萍洲可谈》、南宋赵汝适《诸蕃志》、元汪大渊《岛夷志略》、元刘郁《西使记》、明马欢《瀛涯胜览》、明巩珍《西洋番国志》、明陈诚《西域番国志》等。

明清时期，正史及官修文件，如实录、起居注，均有关于回民的记载，清代多次镇压回民起义，撰有专书，如《钦定石峰堡记略》《钦定兰州记略》等。这些资料是统治者镇压人民的罪证，但在没有真实记录的情况下，这些反面记录仍然十分珍贵。至于在方志中、文集及笔记里有关回族的记载，应该说不少，但是太分散了。一本笔记里能有一两条有关回族的记载，已经是可贵的了。因此，这些资料很难一一介绍。

除了汉文典籍，在回族人，特别是在教职人员中，还流传一些阿文和波斯文书籍，主要是《古兰经》和其他一些有关伊斯兰教的著作，还有少量的非宗教著作。墓碑、清真寺碑及其他文物上的阿文内容，也应算在回族古籍和文献之中。但这些量不大，又涉及阿文，所以在这里就不多讨论了。

二、东北少数民族古籍分类

（一）蒙古文古籍种类

13 世纪中叶开始，回鹘式蒙古文的古籍文献载体形式已出现多样化，主要有以下种类：（1）石刻碑铭，《十方大紫微宫窝阔台汗圣旨碑》（1240 年）；（2）信礼，如《拔都致窝阔台汗的信》（1238 年）等，另有玺文、碑铭、令旨、书籍等不同类型。初期的蒙古文古籍文献，都属于回鹘式蒙古文古籍文献。八思巴蒙古文古籍文献内容和文体种类则以当时的旨令为主，并以碑文、题记、榜文、诏内书、牌符、货币等为辅。托忒蒙古文早期文献包括：语言、文学、历史、医学、碑文等不同内容。

圣旨、诏书类：《忽必烈敕赐太原府石壁寺安录僧圣旨》（1277 年）、《1306 年榜文》《元仁宗甲子年诏》（1312 年）、《普颜笃皇帝虎年圣旨》（亦称元仁宗圣圣旨）（1314 年）、《答己皇帝太后猴年懿旨》（1320 年）、《帝师公哥罗古思坚藏班鸡年法旨》（1321 年）、《妥欢帖睦尔皇帝鼠年圣旨》（1336 年）。

碑文、题记类：《敦煌六字真言八思巴字碑文》（1348 年）、《居庸关东西壁题记》（1345 年）等重要文献相继问世。《平定准噶尔勒铭伊犁之碑》（此碑在承德，为 1755 年清高宗的题词）、《平定准噶尔后勒铭伊犁之碑》（此碑在承德，1758 年立，汉、托忒、满、藏文合璧）。

历史类：《蒙古秘史》蒙古族第一部历史文献和文学巨著。还有《四卫拉特史》（额木嘎班沙拉布写于 1737 年，现已收入《卫拉特历史文献》一书内）、《鄂尔勒克史》《蒙古溯源史》《土尔扈特诸汗史》《新旧土尔扈特汗诺颜世谱》《蒙古布里雅特史》等重要历史著作。

语言文字类：《托忒蒙古文字母》《明灯辞书》等语言著作。

文学类：《乌巴什洪台吉的故事》《斯德尔扎布的故事》《四卫拉特之失和》、七回本托忒蒙古文《格斯尔》（1716 年）等著名文学著作。另有《罗摩衍那》《萨迦格言》《魔尸的故事》《百喻经》等文学名著译文。

宗教类：《金刚经》《长寿经》《金光明经》等佛经译文相继问世。

另外，有《居希》（《四部医典》），还发现朱奴辛斯克金字银牌和纽克斯克金字银牌以及印有八思巴蒙古文纸币和刻有八思巴蒙古文的铜钱等。

（二）满文古籍分类

满族的古籍文献非常丰富宏大。从时间上看，满文文献从满文创制起（1599年）至清朝末年止（1911年），其间经历了三百多年。在这期间，从满文创制到整个后金时期为第一阶段，经历了大约半个世纪；从清初到清末整个清代为第二阶段，经历了两个半世纪。这两个阶段的满文文献有一些不同的特点。第一阶段为满文文献的初创时期，使用的文字有老满文和新满文，并以新满文为主，其内容以历史文献为主。由于这一时期的文献年代久远，其价值极高。满文文献内容十分丰富，全面反映了满族及整个清代的社会历史、语言文化、风俗习惯、宗教信仰、民族关系等各个方面。从文献内容上，可分为历史文献、语言文献、文学文献、翻译文献、宗教文献、民俗文献、军事文献、地理文献、医药文献及自然科学文献等。

语言类：在语言方面有很多文献，有清一代，满语被称为“国语”。因此，满族语言方面的文献就比较发达。主要有《清文启蒙》《清文虚字指南编》《清文虚字解》《十二字头》《清文接字》《清语易言》《清文指要》《清语问答》《清话问答四十条》《满语会话》《翻译指南》《翻译成语》等教科书，还有《大清全书》《清汉文海》《西域同文志》《清文总汇》《六部成语》《无圈点字书》《清文鉴》《清文典要》《清语摘抄》等辞书。这些语言文献有一百多种，在整个满语文献中占有特殊地位。尤其是在辞书类文献中，不仅涉及满语，而且还涉及汉语、蒙古语、藏语、维吾尔语，对于研究清代的少数民族语言、民族关系具有重要的价值。

文学类：满族的文学也比较发达，在历史上创作了丰富多彩的民间文学和作家文学作品。但从现有的满族文学作品来看，绝大多数作品是用汉语创作的，用满语创作的较少。这种情况，一方面，说明满族受汉族文化的影响较深，他们完全掌握了汉语文，并且可以进行文学创作；另一方面，说明满族在接受外来文化的同时，也失去了一些自己的民族文化。流传至今的满语作品有诗歌、散文、说唱文学及萨满神歌、宗教传说、谚语、谜语等。主要代表作有：《御制避暑山庄诗》《御制盛京赋》《异域录》《二百老人语录》《太祖皇帝大破明师于松山之战书事文》《寻夫曲》《尼山萨满》《满迷》及新近发现的《满文诗稿》等。在满族作家文学中，用满文创作并流传至今的作品不多，而《御制盛京赋》可以说是满文作品的代表作。

翻译类：在众多的满文文献中，翻译文献占有一定数量。汉文典籍占绝大多数。满文翻译文献的内容十分广泛，包括政治、经济、历史、文学、宗教、军事、医学、自然科学等方面，成为整个满文文学重要组成部分。如达海用满文译汉籍有《万全宝书》《刑部会典》《素书》《三略》。始译而未竣者有：《通鉴》《六韬》《孟子》《三国志》《达乘经》。另外，从流传至今的满文翻译古籍文献看，早期文献偏重于教化，所译之书大都是《四书》《五经》《金史》《元史》《大乘经》之类。入关之后所译诸书更为丰富，文学、艺术、医学、自然科学等都有出现。除了上述之外，还有翻译唐诗、宋词、元曲、明清小说等。如《西厢记》《三国演义》《水浒传》《金瓶记》等。

军事类：满文军事文献很多，如：《皇清开国方略》《平定察哈尔方略》《亲征平定朔漠方略》《平定海寇方略》《平定金川方略》《平定准噶尔方略》《平定赞拉楚沁方略》《平定罗刹方略》《平定三逆方略》等。

天文、地理类：满文的天文、地理方面的文献也比较丰富，如：《日食图》《月食图》《晴雨表》《大清时宪书》《大清乾隆相柜书》《钦定西域同文志》《皇舆山河地名考》《盛京舆图记事》《北洋海岸图》《台湾图》等。

满文古籍文献除了上述诸大类之外，还有医学文献：如《西洋医书》等；宗教文献：《满州祭神祭天典礼》；音乐文献：《律吕纂要》《庆隆舞乐章清汉文合谱》《皇帝八旬万寿舞词清汉合谱》等；水利方面的文献：《治河方略》；数学方面的文献：《御制三角形推算法》；法律方面的文献：《大清律例》《刑部新定现行例》《军民治罪条例》等。

总之，满文古籍文献的种类多种多样，其价值也是多方面的。从这些文献中，我们既可以看到满族的社会历史，同时也可以看到满族的语言、文学、风俗、宗教、音乐、舞蹈、经济、政治、军事、医学等各个方面的情况。从一定意义上说，满文文献是昔日满族社会生活的缩影，无疑是认识满族历史文化的百科全书。

第二节　南方少数民族古籍分类

一、西南民族古籍分类

（一）藏文古籍分类

历史上藏族学者十分注重对古籍的分类，并逐步形成了自己的传统分类法。

藏族的古籍大都汇集在“藏文大藏经”中。前人在将“藏文大藏经”总分为《甘珠尔》和《丹珠尔》两大部类的基础上，又按照藏文经籍的内容，创立了“十明”分类法，即在大部类下分为10种，称之为“十明学”。

（1）声明，“释诂、训字，诠目疏别”。即纠正或扫除语言中所犯毛病，以使语言规范化的科学。如阐述梵文本质、结构、组合变化规律及藏文虚词、动词等规律的科学。

（2）工巧明，“伎术机关，阴阳历数”。即关于营造和弓马等技艺的学科。

（3）医方明，“禁咒闲邪，药石针艾”。即医药学，论述所治疾病、能治药物、医治手段、施治医生的科学。

（4）因明，“考定正邪，研核真伪”。俗称佛教逻辑，藏传因明包括佛教认识论和逻辑论两部分。

（5）内明，“究畅五乘因果妙理”。即藏传佛教，包括显宗和密宗两大部分。

以上五类，称之为“大五明”；以下五类，称之为“小五明”。

（6）修辞学，是对印度修辞学体系的译传、阐发和再创造的产物，已发展为藏族自己的东西。

（7）辞藻学，论证事物之命名、名字之运用、同义之异名等道理的学科。

（8）韵律学，亦称声律学，论述诗句组合规律和梵文偈句轻重音组合规律的科学。

（9）戏剧学，藏族戏曲、音乐、舞蹈等综合性学科。

（10）星象学，推算星宿运动、天气季节的科学，包括时轮历和时宪历两个系统。①

近现代整理研究藏文古籍的许多专家学者对藏文古籍的分类方法进行不断的探索，并从不同的角度，对藏文古籍进行分类。

按古籍形成的历史顺序划分，将藏文古籍划分为两大类，即：第一大类为吐蕃时期的藏文古籍；第二大类则是11世纪以后，历代藏族学者著录和翻译的大量藏文典籍。

第一类，即：吐蕃时期的古藏典籍。这个时期的藏文古籍特点主要表现在文献的载体种类上，故从载体角度，将其分为三个小类：

（1）金石铭刻（藏语为 rdo – ring – dang—dril – buVil—gtSy 哈吨 s），其内容包括会盟、纪功、述德、祭祀、颁赏、封诰等。

---

① 张公瑾等. 民族古文献概览［M］. 北京：民族出版社，1997（11）：22 – 23.

（2）石室的藏文手卷（藏语为 Shog—dril—yig—rigs），这批藏文古籍大部分于 1906—1907 年被英国人斯坦因和法国人伯希和窃运国外，目前分别藏于伦敦大英博物馆和巴黎法国国家图书馆，约有五千卷；所幸在国内还散落相当一部分，流传于民间，目前尚待收集整理。

（3）竹木简牍和甲骨卜辞（藏语为 khram 或 byang—bu），于敦煌和新疆南部喏羌米兰古堡出土。

第二大类，即 11 世纪以后的古籍。这部分藏文古籍，是历代藏族学者著录和翻译的藏文古籍，也是现存藏文古籍的主体部分，其中最重要者大都收录在藏文大藏经中。而藏文大藏经则经过反复抄刻和版印，形成了众多版本。于是，其文献特点集中反映在版本方面。故从版本角度划分为以下三小类：

（1）手抄本。

（2）石刻本。

（3）木刻本。

在三种版本中，木刻本的数量最多，木刻版以北京的隆福寺版为最早版本，其次是日喀则的那塘版；再次是里塘版，最晚的是甘南卓尼的禅定 15，隆福木刻版是明代永乐年间刻制的，其他版都是清代刻制的。此外，北京有清代乾隆、嘉庆年刻制的嵩祝寺版和故宫万佛楼版。这些古籍大都保存在各地的印经院里。从西藏阿里到四川康区、青海、内外蒙古等地，凡有寺庙的地方几乎都有规模不等的印经院。据不完全统计，西藏境内的印经院不下二三百处。甘青川和内蒙古等地不下一百多处。此外，手抄本和石刻版的藏文典籍虽然不如木刻版那样丰富，但传为珍本的也不少，如江孜贝科却德寺所收藏的金粉手抄本《甘珠尔》和（丹珠尔）就是公认的珍本。寺规明文规定这两部“圣书”不得随意搬动，更不能搬出寺门。据了解昌都地区和藏北的丁青地区还有过石刻印经的历史，但石刻版藏文古籍比较少见。

在《民族古文献概览》一书中，作者按学科内容将藏文古籍分为八个大类，并列举重要古籍进行介绍。

1. 目录书

在藏文创制与使用过程中，历来都很重视典籍的编目工作，自吐蕃时期以来，先后有许多书目文献问世，主要有：《丹噶目录》《旁塘目录》《钦浦目录》《布敦录》《大藏经》〔有多种版本：永乐版、万历版、里塘版（丽江一里版）、卓尼版、那塘版、德格版、北京版、库仑版、拉萨版、拉嘉版〕。其中《丹噶目录》《钦录》《旁塘目录》世称吐蕃时期的三大目录。可惜后二者仅有丹噶目录保存在藏文《丹珠尔》经杂部内。据日本芳村修基氏研究，此目录集成于842年（甲辰）。所收经论六七百种，共分为37个门类。而《布敦目录》则收录于《布敦佛教史》（即《善逝教法史》）中。内容分为显教、密教两大门，每门又各分两类，即经和论。类下又分种，如把显经分为4种（律本事、毗奈耶、杂阿含经、律上分），把密经分为4种（事续部、行续部、瑜伽续部、大瑜伽续部）。其中显教论典590种、密教论典1747种，合计2337种。每种论典都以著者、译者为序，标明卷数、内容提要和研究要点，查阅十分方便。此目录作者布敦（1290—1322年）精通五明，修学兼优，著述宏富，为藏传佛教界一代大师和著名史学家。所编目录科学详实有据。此目录问世后，曾声振当时并影响后世，亦为当今中外学坛所称道。

《藏文大藏经》作为藏传佛教经典总汇，在汇编过程中贯穿了分门别类的工作，并形成一定的分类法体系。《藏文大藏经》首先被分为《甘珠尔》《丹珠尔》两大部。

《甘珠尔》——“甘珠尔”为佛语（藏文）译典总集，即藏译之佛教经藏、律藏（均为释迦牟尼亲说）。由贡噶多吉编订，编成于14世纪后半叶，有多种版本。据德格版统计，共收佛语藏文译典1108种。包括译成藏文的显宗经律和未译成藏文的梵音密宗经律，内容分为七类，即：戒律、般若（慧度）、华严、大宝积经、经集、涅筹、续部（密乘，佛教密法及其经典）。

《丹珠尔》——“丹珠尔”意谓论证佛语（藏文）译典总集，即藏译之佛教论藏。由布敦·仁钦珠编订。编成于14世纪后半叶。有多种版据德格版统计，共收论典3461种。内容包括经律的阐明和注密教仪轨和五明杂著等。分为四大类，即赞颂类（颂资粮集）、咒释类（续部论典，密宗论典）、经释类、目录类。其中经释类又分为二小类：中观、经疏、瑜伽、小乘、本生、杂撰、因明、声明、医明、巧世论，以及西藏撰述和补遗等。

2. 语言学

藏文古籍中语言文献极为丰富，如翻译辞书中的《翻译名义大籍》和藏汉对照的《瑜伽师地论·菩萨地》是吐蕃时期为适应翻译需要而辑存的两种著名的佛教词语对照手册，被发现于敦煌藏文文献中。又如声明学文献，声明学本是梵文语言学的称谓，后来藏族学者习惯把藏文文法也纳入声明学体系。最著名的梵文声明学文献原著《声律学·宝生论》（古印度论师兴迪著，是一部详述梵语元音、辅音轻重配合规律的书）。除了有藏文译本和藏文转写本之外，还有藏人的注释本。以吐蕃王朝赤松德赞时藏族学者杰奇珠所著《声明八部本释》为最早和最著名。再如文法专著，最著名的有图弥三菩札的“藏文文法八部”。据说，因为梵文有八部书是阐述梵文本质、结构及语音组合变化规律的八部书，这八部书分别为：（1）造作品；（2）复合品；（3）转变品；（4）指引品；（5）用品；（6）类别品；（7）方面品；（8）事物品。图弥为了与之相应，著有八部。然而除《虚词三十颂》（简称《三十颂》）和《音韵性入法》（简称《性入法》）二部外，其余六部皆毁于朗达玛灭法运动。12 世纪以来，对图弥三菩扎所著《虚词三十颂》《音韵性入法》二书，不断进行注疏，各个时期都有重要研究成果刊布于世。其中最著名的旧释本有 18 种，新释本有 32 种，有关正字法名著 30 部。

3. 文学

藏族学者曾对藏族文学划分为“tshigS bead”诗歌、“tshig lhllgs”散文、“bead lhugs spel ma”诗文合体。这样分法固然有简洁方便的优点，然而不足的是它不能专指文学，更不能确指文学中的体裁类别。而不断发展着的藏族文学实际上各种体裁已完备，有诗歌、故事、传记、史诗、小说、戏曲等。从这一实际出发，依照文学自身的形式进行分类比较有利，有利于与汉文学理论接轨，有利于与世界文学理论接轨，有利于藏族文学自身的发展。

4. 历史

藏族在没有文字的远古时期，如同其他无文字的民族一样靠口耳相传的方式记述自己的历史，到 7 世纪有了文字以后，便着手整理历史传说，使之凝固成史。早在吐蕃时期藏族就已经有了成文的历史著作；13 世纪当元朝完成全国统一大业后，藏族地区出现了研究历史的热潮，历史著作纷纷问世，从而大大丰富了藏族历史文献的宝库。

5. 佛学

藏传佛教典籍，分为显教与密教两大部类。（1）显教部又分经、律、论三藏。经藏方面，大乘经典完备，小乘缺四阿含。律藏为一切有部，经释兼备，尤有内地之所无（如德光大师之注疏等）。论藏方面，小乘以俱合为最盛，六足、婆婆缺无；大乘则有广百论、中论、入中论等，而尤以宏传入中论为最盛。唯识方面，则以安慧之释为主。其他论典亦较内地完备，尤其因明论典之完备更非内地可及。（2）密教部有经有论，皆较显教为多，故有人误以为藏传佛教全是密教。然而，在研究教理方面，显教远胜于密教。

6. 因明学

藏区因明文献较之汉地要丰富得多。唐玄藏所译三部因明经典在汉地空前绝后，而在西藏则不然，9 世纪以来的几个世纪内，藏人不但把陈那除（因明正理门论）以外的所有因明著作《集量论》《集量论释》《观所缘缘论》《观所缘缘论释》《观三时》《因轮抉择》与法称的《因明七论以释量论》《定量论》《正理滴论》《因滴论》《观相属论》《成他相续论》《净正理论》都译成了藏文，而且还翻译了多家为这些著作所作的大量注疏。据统计，因明著作译成藏文者近 80 种（除十余种亡佚者外，今实存 68 种），最著名的译师有 25 人。翻译之外，藏人在传授研习的同时，还撰写了大量的因明论著和印度因明论著的注疏，其中除一部分见于刻版者外，大多是以手抄本传世的，至今还发现有仅在尼泊尔、缅甸等地流传的藏文手抄本。因此可以说，藏文的因明文献是难以统计的。藏族为丰富祖国的因明文献宝库做出了卓越贡献。

7. 医学

藏族医学，医史悠久，医理深造，医德高古，医药丰富，是我国藏族人民在风雪高原上长期与疾病作斗争的经验总结，是我国医药学宝库中的瑰宝。藏医学文献形成于吐蕃时期，先为零星，后集大成。零星的医学文献散落在民间的已难明下落，值得庆幸的是在敦煌藏文文献中有大量发现，显得十分珍贵。藏文医学文献集大成者则是著名的《四部医典》。这些文献所涉及的内容极为丰富。

8. 历算

藏文历法既源于藏族社会实践，也缘自他族历算知识体系，终成一门独立学科。其历史悠久，文献十分丰富，仅北京图书馆与民族图书馆合编的《藏文历算典籍经眼录》所收就有 433 种。这些文献与青藏高原各族人民的生产生活有着极密切的关系：依照这些文献所说原理，藏人年复一年地制定着多达数十万册的年历，而年历直接指导着人们（不单中国人，还包括尼泊尔、不丹等地的人们）的劳作行止。因此深受人们的普遍欢迎。藏文历算行文习惯用一种偶颂口诀体式，加之多有藻词杂于行间，造成晦涩难解，自学不易。

藏族历算包括四大类：（1）那孜（黑算，又称窘孜——五行算，7 世纪从汉地引入）；（2）噶孜（白算或星算，11 世纪从印度引进的时轮历，到 14 世纪得到藏族学者广泛承认）；（3）央恰（韵占，以梵文元音字母配合为序计算历数和进行占卜，随白算引自印度，为佛教创始前遗术）；（4）贾孜（汉算，汉历，18 世纪从汉地引进的时宪历）。四者相互影响、相互渗透，不断发展成为卓具民族特色的历算学。其中时轮历（即噶孜）和时宪历（即贾孜）是现行藏历的两个主要部分。①

（二）彝文古籍分类

历史上，彝族从宗教与世俗的角度，或者说从古籍的应用范围，将彝文古籍从总体上划分为“民众文献”和“毕摩文献”两大类。如四川凉山彝区把流传于当地的彝文古籍分为“卓卓特依”（民众书籍）和“毕摩特依”（毕摩经典）两大类；贵州赫章一带则把彝文典籍文献分为“卜苏”和“特苏”；路南撒尼彝区将当地彝文文献分为“毕摩司”（毕摩文献）和“佐稿司”（民众文献）；滇南彝区则把当地彝文文献分为“正经”和“小书”。实际上彝族把彝文典籍文献分为宗教经典和世俗书籍两大类。宗教经典由呗耄掌管使用，其他人不予过问。此类经典文献带有许多神秘色彩，其收藏和使用都要举行一定的宗教仪式，并有不少禁忌。宗教经典主要在祭祖大典，祭奠亡灵，驱魔送鬼，占卜吉凶，诅咒盟誓等仪式和巫术等宗教活动场合中应用。世俗书籍大都还是由呗耄（祭师）掌握，可是应用场合比较松散，除了呗耄之外，其他人员也可以诵读和传阅。从目前发现的世俗书籍中诗歌和传说占很大比重。特别是水西地区，彝族知识阶层中出现呗耄与耄史分离的现象。呗耄主持宗教祭祀活动，从事各种祭仪和阴阳占卜等；耄史则主编文史，从事各种庆典宴会的司仪与宣诵，对彝族社会历史进行赞颂。《西南彝志》就是耄史从事文史工作的见证。《西南彝志》《宇宙源流》《依依苏》等就是世俗书籍中较典型的代表。总地说来，除了宗教经典之外，其余均可归入世俗书籍之列。然而，这种划分是极为粗泛的，不足以揭示彝文典籍的实际学科属性和文化内涵。

彝族传统文化的传人——呗耄在自己著书立说和典籍使用过程中为了显示经典类别，以便检索，将彝文典籍分为作斋经、作祭经、诅咒经、占卜经、献祭经等若干类别。彝族民间对世俗的书籍也作了必要的分类，如：“依依苏”“教育书”等诸多类别都是他们在实际应用中划分的。清代彝族学者概括了彝文典籍的分类传统，曾对彝文典籍的类别作了划分。如道光《大定府志》卷四十九《水西安氏本末》附录《土目安国泰所译夷书九则》中说：“书籍曰命理，言性理者也；有曰苴载，记世系事迹者也；曰补书，巫视书也；曰弄恩，雅颂也；曰怯杰，讽歌也；又有堪舆禄命书。”由此可见，早在清代彝族学者就开始注重总结传统分类法，并对彝文典籍作分类介绍。

---

① 张公瑾等. 民族古文献概览［M］. 北京：民族出版社，1997（11）：22－23.

一个多世纪以来，国内外学者广泛涉足民族典籍与文化研究领域。专家学者们在研究各民族古籍文献过程中，十分重视对古籍文献进行分门别类，他们根据各自掌握的文献资料进行不同程度、不同形式的分类。现列举有关专家学者的部分民族古籍分类情况。

19 世纪中叶开始，西方国家的一些人士进入彝区收集和研究彝文典籍，并着手分类工作。如：法国传教士保罗·维亚尔在路南等地彝区传教达三十年，搜集了大量的彝文典籍，发表或出版过许多有关彝文及其经典的专著和学术文章。他在 1898 年上海出版的《罗罗》一书中，把彝文典籍分为六大类：

（1）创造说。a. 世界的开始；b. 人类的由来。

（2）人类的三体合一；反抗神圣的三体合一。

（3）世界的大旱时代。

（4）世界的洪水时代。

（5）世界的黑暗时代。

（6）人类的救援。

又如：1906 年，法国军人多龙少将率领的考察团，足迹遍布川、滇、黔三省彝族地区。他们对彝族的历史、社会现状、语言文字使用情况等方面进行比较深入的调查，搜集到大量彝文典籍。他们根据所掌握的典籍材料，将彝文典籍分为六大类。

（1）家族系谱。

（2）洪水传说。

（3）人类分布传说。

（4）计算术。

（5）飞禽走兽述录（自然科学）。

（6）山河记录（地理）。

20 世纪 20 年代末，我国专家学者也开始注重彝文典籍的学术研究价值，他们在征集彝文典籍、研究彝族文化的过程中也强调对典籍的分门别类。如我国著名民族学家杨成志教授当年赴西南地区调查民族情况时，搜集到一批彝文典籍，并作了分门别类的研究和介绍。他在 1931 年发表的《云南罗罗族的巫师及其经典》一文中，把 130 部彝文典籍分为十六类，并在每一类下列有所属书名。

（1）献祭类：《请圣开坛经》《平时祭祀经》《祭天地经》《安圣牌经》《回熟经》《请诸天神圣经》《上供尊经》《当天上供经》《送回神圣经》《领生课文》《献神经》《请神开始经》《献祭经》。

（2）祈祷类：《祷福祈寿经》《祝福收场经》《祈祷平安经》《保福经》《祈洁经》《祷吉经》《祷六畜平安经》《祝告神圣经》《祈清净经》《洁身经》。

（3）酬愿类：《酬愿经》《还天愿经》《祭天还愿经》《消灾祈吉还愿经》。

（4）做斋类：《献斋经》《金山大斋经》《大斋请圣开坛经》《做斋开坛经》《大需请圣经》《做斋祈告经》。

（5）禳祓类：《驱麻疯魔经》《驱魔鬼经》《草人替魔经》《草人替病经》《镇宅经》《退祸秽经》《禳祓经》《扫净经》《荡秽经》《禳畜温经咒》《消灾奠上经》《祭瘟疫经》《送退疯狂病经》《退送打扫经》《退送祸秽经》《消灾免难经》《退送祸秽五鬼经》《拔除经》。

（6）自然物经咒类：《黑眼黄头咒》《吃人哈木咒》《黄黑圆女子咒》《茂沙白虎咒》《铜中并儿咒》《柴头柴翼纪马咒》《三支飞咒》《白狗抵赖咒》《肥猪的尾咒》《猪尤雌龙咒》《粗皮粗钢咒》《吃人树及角咒》《树上黑猴咒》。

（7）咒术技法类：《退咒经》《播弄冤家经》《驱逐野兽经》《狗上屋顶退送经咒》《止风神咒》《祭山谷回声经咒》《治病咒》《解罪孽经咒》。

（8）婚姻和生产类：《迎亲设帐祷吉经》《迎亲祈吉经》《迎亲家祭经》《得子还愿经》。

（9）丧葬及祭祖类：《丧事超度经》《超度亡灵经》《丧事开路经》《丧礼成服经》《招魂经》《超度经》《祭灵经》《祀祖经》《祭祖宗经》《请三代祖宗经》。

（10）农业类：《五谷经》《田公地母经》《祭三皇经》《五谷会开坛扫净经》《祭田公地母五谷太子经》《祈五谷丰登经》《祭虫经》《祭捉虫经》《祷农事丰登经》。

（11）火神类：《谢火经》《祭火经》《攘灾谢火经》《制火经》。

（12）雷神类：《雷神经》《请雷神经》《三十六天大帝经》。

（13）龙王类：《迎香清水经》《祭龙经》《祈雨经》《安龙奠土经》。

（14）李老君类：《请太上老君经》《太上清净消灾经》《酬谢祖师老君经》。

（15）占卜类：《十二生肖经》《阴阳推算课书》《诸灾秘要》。

（16）历史与传说类：《历史传说》《毕摩世系谱》。

我国著名语言学家马学良教授20世纪40年代深入滇东北彝区研习古彝文，调查研究彝族传统文化。在此期间搜集到的彝文典籍数量较多，内容也很丰富。他在1947年发表的《倮族的巫师“呗耄”和“天书”》一文中，根据所收集的二千余册彝文经典，把彝文典籍分为九大类，并在各大类下作二次复分或附加文字说明。

1. 祭经

(1) 作斋经;

(2) 作祭经;

(3) 百解经;

(4) 除祟经。

2. 占卜经

(1) 膀卜经;

(2) 鸡骨卜经;

(3) 签卜经;

(4) 占梦经。

3. 律历。记节令、星辰、岁月、冲克等。

4. 谱碟。各支系之宗谱及其发源地。

5. 诗文。古人之诗歌及理论作品,如女诗人普筹荷格之抗婚歌。

6. 伦理。记日常应守之条律及待人接物之态度。

7. 历史。记历代祖先的丰功伟绩及各种建树。

8. 神话。如洪水神话。

9. 译著。如彝文所译之《太上感应篇》。

1981 年中央民族学院彝族历史文献编译室主任果吉宁哈先生召集四川、云南、贵州的知名彝文经师,与有关藏书单位合作,共同为北京图书馆、民族文化宫、中央民族大学所藏的 659 部彝文典籍分类编目。将其分为 11 大类并注明各类典籍的数量。

1. 历史书 56 部。

2. 哲学书 28 部。

3. 文学书 35 部。

4. 历算书 43 部。

5. 作斋经 81 部。

6. 作祭经 211 部。

7. 指路经 19 部。

8. 占卜书 22 部。

9. 百解经 70 部。

10. 福禄书 17 部。

11. 其他书籍7部。

20世纪80年代以来，随着彝族典籍文化研究工作的深入，许多学者对彝族古籍文献分类问题作了多视角全方位的考察论证，使分类列目与归类更为系统化。如朱崇先和巴莫阿依，对彝文文献的分类方法作了全面的考察论证，认为彝文文献的种类繁杂、内容丰富多彩。要系统地揭示其文化内涵，为彝文典籍的馆藏与文献资料的充分利用提供有利条件，就必须从不同角度，对彝文典籍作各种形式的分类。于是提出了，从版本角度分类、从地域特点分类、从书目所能反映的学科特点分类等。特别对学科分类作了详细的列类立目。并在《彝文文献分类初探》一文中，首先，按照彝文文献的版本特征，将其分为写本和木刻本两类；又按年代将其划分为明代文献和清代文献；再从地区特点，将彝文文献划分为凉山、滇南、滇中、滇东北、滇东南、滇东、水西、水东、乌撒、广西十个地区类型。最后根据彝文书目材料，按书目所能反映的学科特点，进行详细的分类列目，并在各大类下作二次分类。克服了以往不同类别层次混杂于同一平面的缺陷。先把彝文典籍文献，划分为宗教、历史、天文律历、军事战争、文学艺术、医药病理、地理、伦理道德教育、农牧生产、工艺技术、哲学、字书、译著共13大类，并在部分大类下作了复分。如把宗教大类分为作斋经、祭奠亡灵经、祭祖祀神经、消灾除秽经、驱魔送鬼经、诅咒盟誓经、指路经、招魂经、祈祷祝福经、占卜经、宗教仪式神座图录共11个小类。又如历史类下，划分了历史专著、谱碟世系、传记等类别。这一学科分类法体系，经国家图书馆馆藏彝文典籍的具体分类编目工作验证，不仅具有理论意义，而且有实际应用价值，是目前比较系统完善的分类法体系。①

阿哲课仆先生根据红河州境内流传的彝文典籍情况，作过分类介绍。他在《红河彝文古籍及其研究价值》一文中提出按支系分类的方法。文中首先把红河州境内的彝文典籍分为五种类型：

1. 尼苏彝书指尼苏支系的文献，流传于石屏、建水、红河、元阳、金平、绿春、个旧等地彝区。

2. 阿哲彝书指阿哲支系的文献，流传于弥勒县的五山、巡检、棚普、虹溪开远市的乐白达等地。

3. 撒尼彝书指撒尼支系的文献，流传于泸西的白水、午间铺和弥勒县的西三等地。

---

① 朱崇先、巴莫阿依. 论彝文文献分类［J］. 彝文文献研究. 北京：中央民族学院出版社，1992：3.

4. 仆喇彝书指仆喇支系的文献，流传于红河县的达萨、木龙，蒙自县的芷村、西伯勒和开远市的古德、马者哨一带。

5. 阿细和阿乌彝书指弥勒阿细先民写在西三彝区山石崖、石洞（石壁）上的彝文和东山阿乌先民写在牛角上的彝文。

阿哲倮仆先生还根据红河州彝文典籍的著述内容作了如下学科分类：

1. 历史类；
2. 谱碟类；
3. 天文类；
4. 哲学类；
5. 伦理类；
6. 医药类；
7. 文学类；
8. 神话类；
9. 文字类；
10. 占卜类；
11. 谚语类；
12. 碑刻类；
13. 摩崖类；
14. 译本类；
15. 通告。

（按：阿哲倮仆先生所列的上述15类中，除碑刻、摩崖、通告、译本，分别属于载体分类和文体分类之外，其他10类属于学科分类的范畴。）

（三）纳西族东巴古籍分类

纳西族东巴古籍，以东巴教经典为主。东巴在使用经书的过程中，逐步形成了自己的传统分类法，他们根据经典在宗教活动及其各种仪式上的用途，进行分类列目。据东巴大师和即贵先生介绍，可将东巴经典分为四大类：第一类叫“尼虚俄虚奔”，译成汉语为“祭神灵仪式及其经典”，其下分祭天、祭村寨神、祭家神、祭祖、祭快乐神、祭胜利神、求寿、祭谷神、祭畜神、求子嗣、求雨、祭署、祭猎神、祭三多等多种仪式及其经典；第二类叫“古虚阔虚奔”，译成汉语为“镇鬼攘灾仪式及其经典”，其下分大祭风、小祭风、攘煞星、攘反常鬼、除秽、送瘟君、招魂、抵灾、祭土皇退口舌是非、除绝后鬼、攘祸鬼、攘倒霉鬼等仪式及其经典；第三类叫“失本务本奔”，译成汉语叫“祭奠亡魂仪式及其经典”，其下分开丧、超度等仪式及经典。其中，超度仪式又分超度将官、超度长寿者、超度什罗、超度什罗夫人、超度牧人、超度木匠、超度铁匠、超度难产者、超度贤人、超度夫妇亡灵、超度暴死者等仪式及其经典；第四类为占卜经书，它一般独立于各种仪式而存在。①

在《纳西族象形文字谱》中，方国瑜先生将其所掌握的东巴经典的书目划分为16大类：

1. 祭天经类：祭天除秽、祭天献牲・叙人类迁徙、祭天放牲经、祭天献饭祝福经等8种。

2. 解秽经类：祭男女神除秽经、迎神烧天香经、开场点鬼经、虔祝经、除秽经・人类迁徙记、开导秽鬼经、神箭来历经、“丁巴什罗”传略、“崇则丽恩”传略、“高勒趣”传略、举火行香经、三牲行香经、净水壶来历・洗污秽经、迎“佐体”神经、送“冷车”鬼经等19种。

3. 祭龙经类：送阁神经、杀“猛厄”鬼经、山神龙王来历经、点龙王药经、祭“尼布老多”经、“卜赤瓦卢”传略、“梅生都底”传略、鹏龙战经、建龙塔经、送山神龙王经、送龙王面偶经等19种。

4. 祭风经类：开场点鬼经、请四头神经、召亡魂经、迎五方神经、迎九头神经、解脱年灾经、放牲经、送神兵经、祭风结尾经等56种。

5. 替生（消灾）经类：消灾开场经、擒仇经、人类迁徙经、消男灾经、消女灾经、压年灾经、擒敌囚敌压敌经、消灾结尾经等39种。

6. 求寿经类：搭毡房经、祭二十八星宿经、求寿竖幡经、天神经、“海英宝达”树下求长寿经、采福寿枝经、求寿神将药品经、求寿送幡经、求寿福送神经等55种。

7. 赶瘟症经类：赶瘟除秽经、赶瘟擒敌经、瘟魔来历经、赶瘟解结经、驱瘟魔经、拒瘟抵灾经、解瘟真经等19种。

8. 解死厄经类：解死厄“高勒趣”招父魂经、解龙王纠缠经、解厄除死经、解脱苦海就乐园经、关却五方死门经等13种。

9. 祭释理（东巴祖师）经类：“释理”身体由来经、“释理”出处来历经、火狱鬼来历经、“毒”鬼由来经、宰牛献牲经、找“释理”鬼经、“释理”除秽经、人类生存道经等40种。

---

① 张公瑾等．民族古文献概览［M］．北京：民族出版社，1997（11）：138.

10. 燃灯经类：燃灯迎神经、灯照神阙经、燃邓光照十八狱经、信徒（弟子）献灯经、“释理”接引经、送神将归位经等11种。

11. 祭老母女神经：“老母”身体由来经、“老母”求偶经、招“老母”魂经、祭“老母”烧天香经、解“老母”生前纠缠经等30种。

12. 开路（开丧）经类：杀“猛厄”鬼经、盖棺订钉经、唱挽歌经、铠甲由来经、超荐官目经、官娘超荐经、持法杖经等29种。

13. 荐死经类：搭白毡房经、“纳萨”寨前叙古今经、迎神主木偶经、偶前献饭经、迎九先师赞经、舅设祭坛经、荐死杀牛祭经、荐死祭祖经等26种。

14. 祭帅崩类：招帅魂、祭帅破狱鬼经、祭帅擒敌经、祭帅献牲经、帅之出处由来经、祭帅功德颂、祭帅“尤麻”神攻破敌垒等。

15. 零杂（派生）经：原籍经（部落神）、祭风雨经、得子祭天经、抵灾（冰雹）经、祈丰消灾（祭风）经、岁暮退口舌经、解决劝消灾经等。

16. “左拉”卜经：推算“精畏”五行经、推算“巴格”卜课经、推算九宫经、推算凶星经、推算年灾病厄经等。

其后又有几位专家根据纳西族东巴古籍文献的实际内容，从不同角度，以多种方法对纳西文文献进行分类。如：李霖灿将美国国会图书馆所藏东巴经典分为祭龙王经、祭风经、超度经、替身经、延寿经、退口舌是非经、占卜经、音字经、若喀经9大类。

和钟华、杨世光主编的《纳西族文学史》则将东巴经典分为祭天经、祭龙王经、延寿经、解秽经、祭家神经、祭村寨神经、祭五谷六畜神经、祭山神经、祭祖先经、求嗣经、祭猎神经、放替身经、解攘灾难经、祭水怪猛妖经、开丧经、祭死者经、祭风经、祭短鬼经、退口舌是非经、驱瘟神经、占卜经、道场规程经、零杂经24类。①

和志武先生则使用十分法，将东巴经典分为祭山神龙王经、除秽经、祭风经、消灾经、开丧经、超荐经、祖师什罗超荐经、大退口舌是非经、求寿经、零杂经。其中，前四类又各分大、小两类，超荐经下分十个小类，零杂经下分三十个小类。其实，东巴教祭师自己也有对东巴经典的分类。可见，李霖灿的九分法是按仪式与文字双重标准作的分类；和钟华、杨世光的二十四分法兼顾到了仪式及经书本身的存在形式，且比较全面周到；和志武的十分法也比较全面，最突出

① 方国瑜编撰，和志武参订．纳西象形文字谱［M］．昆明：云南人民出版社，1981（4）：597－645.

的特点是大类下分小类，但零杂经类所占比例过大，对超荐类的划分也值得商榷；和即贵所介绍的东巴祭师自己的分类体例完备，对象明确，仪式与经典分类的统一性强，因而最具实用性与科学性。它只需稍加整理补充，即可作为权威性分类。

白庚胜先生认为："考虑到纳西文文献虽以东巴经典为主，但尚有哥巴文经典、阮可文经典、玛丽玛莎文文献，而且纳西文文献虽以宗教经典为主要内容，但尚有一些书信、账本、契约等内容。"于是他提出："总体性分类体系，其基本原则是按文字、内容、对象、仪式（形式）等层层下分，做到统而有之，兼而顾之，有纲有目，有分有合。"根据拟定的分类原则，白先生对纳西族古籍文献作了如下多层次的分类：

在文字层次上，纳西文文献可分成东巴文文献、哥巴文文献、阮可（若喀）文文献、日喜文文献、玛丽玛莎文文献 5 大类。其中，按内容划分，东巴文文献、哥巴文文献、阮可文文献均属宗教类，玛丽玛莎文文献及一小部分日喜文文献属世俗类。

按对象进一步细分，宗教类可分成祭神、镇鬼、慰灵、占卜规程 5 类，世俗类可分成书信、契约、账本 3 类。所谓"神"，既指狭义的神灵，也指自然神、战神、祖神、生产神、生活神、生育神；所谓"鬼"，既指精怪，也指妖魔、鬼蜮、恶神、怨魂；所谓"灵"，指死者之亡；所谓"规程"，也就是诸如"画谱""舞谱"等"冬模"（规范或典范谱典）；所谓占卜，分事占、梦占、图占、物占、动物占、植物占、天象占等多种。如果对以上类别再作细分，神灵类又可分迎神、送神等仪式及其文献，这里的神灵指董神与塞神、萨英畏登神、恒丁窝盘神、英古阿格神、盘孜萨美神、五方神等；自然神类又可分祭祀天神、地神、山神、火神、星神、风神；战神类可分为祭祀胜利神、尤麻神、三多神；祖神类分为在春祭、夏祭、冬祭中所祭祀的人类始祖神、民族始祖神、氏族祖神；生产神类有祭祀畜神、谷神、猎神等；生活神类可分为家神、村寨神、快乐神、灶神、门神等；生育神类可分为祭祀求寿、威灵等仪式中被祭祀的华神。与之相对应，就镇鬼而言，精怪类分为杀猛恩、除秽等；妖魔类可分为退口舌是非、攘灾、攘反常鬼、攘绝后鬼、攘倒霉鬼、攘瘟君、攘难产鬼等；鬼蜮类如放替生等；神类如抵灾等；怨魂类如大祭风等。慰灵类可细分为开丧、超度等，其中，超度又可细分为一般性超度、超度丁巴什罗、超度拉姆。超度武将、超度贤人、超度木匠、超度铁匠、超度男长寿者、超度女长寿者、超度美女、超度盲人、超度牧人、超度麻疯病死者、超度夫妇同亡者等；开丧分开路、洗马等。以上这些类别都有与之相对应的经典，经典数量从一部至数部、十数部、甚至数十部不等。至于世俗类文献，大约包括书信、契约、账本、民歌等种类。①

（四）傣文古籍分类

专家学者按照现存傣文古籍文献的实际情况，把它划分为以下 13 类：

1. 史书类

这是傣文文献中最有史料价值的部分，计有编年史土司世系、历史事件专著等。其中比较重要的有傣仂文的《西双版纳历代编年史》即（沥史傣语为《囊丝本勐》）和傣哪文的《勐果占壁历史》《勐卯古代诸王史》及《麓川土司历史编年》等，此外还有《车里宣慰世系》《叭真以来 44 代召片领世系》《双江土司 18 代世系》《刀氏土司家谱》《同治元年至光绪 23 年史事》等。

2. 政治类

政治类包括政府文牍、节日祝文、宣誓文、委任状等，如西双版纳的《宣慰使为征派招待天朝官员费用的指令》《开门节、关门节宣慰复各勐土司的祝词》《对缅王饮誓水文》以及德宏“做摆”或“做扒冥”（皆宗教集会）时的赞颂文等，还有各种委任状。委任状行文虽短，却能对各个时期的政治制度提供许多重要情况。

3. 法律类

用老傣文保存下来的封建法规，是傣族农奴制社会行为和道德的法律规范。傣文法规最早的要数《芒莱法典》，这是一部 13～14 世纪的作品。傣族其他各种法规品种繁多，主要有等级法规、民刑法规、地方公约、罚款和赎罪的规定等。此外，各勐有勐规、寨有寨规、佛寺有寺规、宗教有教规，当召勐（土司）的还有关于召勐的规定等。这些法规使我们较容易地看清楚农奴制度下阶级关系的实质。

4. 军事类

傣族的军事著作很少，西双版纳傣文有一部《布阵术》，傣语叫《挡达普》。此书说明如何按照各种不同的形势布阵和修建战壕，书后并附有阵图 20 幅，十分珍贵。

5. 文化教育类

有关于语言文字、数学及学习佛教经典的入门读物，如德宏傣文的《字母故事

---

① 张公瑾等．民族古文献概览［M］．北京：民族出版社，1997（11）：137－140.

K 和 X)；在教育领域内，则有较多的道德说教类的作品，如《土司对百姓的训条》《祖父对孙子的教导》《教训儿子处事的道理》《教训妇女做媳妇的礼节》等。这些著作中所宣扬的道德观念，曲折地反映了不同时期人和人之间的各种关系。

6. 语言文字类

语文教学类的著作也可归入此类，其中比较高深的著作有《萨普善提》和《嘎拉扎珊》，前者可译为《音韵诠释》，后者可译作《至尊声韵疏稿》。这两部著作都是阐释傣文声韵结构和字母分类的早期文献，对研究傣族语音史和文字史有重要的价值。

7. 文学类

这一部类数量很大，其中仅长篇叙事诗就有 500 部，极为壮观。此外，民间流传着不少散文体的民间故事传说、童话寓言的抄本。西双版纳还有一部《论傣族的诗歌》，是极为重要的文学理论著作。

8. 艺术类

艺术类有佛画集等。

9. 宗教类

宗教类包括小乘佛教经典和原始宗教资料两部分，在傣文古籍中数量最大。小乘佛教经典据称有 84 000 部，分经、律、论三藏，其中经藏 21 000 部，律藏 21 000 部，论藏 42 000 部。此外，还有不少藏外经典。原始宗教资料包括祭文、祷词及占卜禳灾书。如景洪祭勐神书《囊丝舍不先宰》《祭水神祷词》及《占卜与命图》等。

10. 天文历法类

天文学被傣族人民认为是一种最高深的学问。傣族的天文历法发展很早，后来，傣族将汉族的干支纪时法和中南半岛通行的小历纪元纪时法融为一体，形成了别具一格的傣族天文历法。它将天宫分为十二宫和二十七宿，将年长度定为 365. 25 875日，以泼水节为送旧迎新的日子，并使用一种纪元积日数（即傣历建元以来的累计日数）来计算日月行星的运行位置和安排年月日。这种天文历法反映了傣族地区的地理位置、农时特点和人们的生活习惯，又与星占学结合在一起，与人民的日常生活和思想信仰都有密切的联系。傣族天文学文献至今保存甚多，其重要者有《苏定》《苏里亚》《西坦》《历法星卜要略》《纳哈达勒》等书，对日月行星的运行及日月食等都能进行相当准确的计算。此外，在傣族民间还保存有大量的傣文年历书，这种年历书多者积一百年为一册，少者数十年一册，也有一年一张的单年历。这些年历书保存着各个时期傣历的面貌，是研究傣历发展史的珍贵资料。

11. 医药类

傣族的医药是一宗珍贵的医学遗产。在民间流传的医学书籍种类很多，这些书的书名一般都叫作《档拉雅》，意即《药典》，但内容繁简不同，侧重面也各有特点。所用药剂多以当地较为常见的植物根、茎、叶为主，部分矿物（如硼砂）和动物的胆、骨、血、角等也可入药。傣族民间医药中所使用的这些药物，能治疗当地常发的多种疾病，如疟疾、痢疾、吐血、抽风及各种炎症等都有对症的处方。

12. 农田水利类

傣族很早就掌握了水稻栽培技术，同时也发展了水利灌溉事业。有关这方面的傣文文献主要分两类，一类是关于土地制度的，一类是关于水利管理的。前者如《宣慰田、头人田及收租清册》、《耿马九勐十三圈的头田登记册》和各勐土司私庄田的各种收租清册，以及各村社占有土地的登记册等，较清楚地反映出领主土地所有制的性质。有一份1883年曼蒙和曼昂两个村社签订的田界契约，反映了领主土地所有制下村社对土地的占有权和使用权。

新中国成立前，傣族地区，特别是西双版纳一带，在领主阶级大土地所有制下，同时保存着农民村社集体占有土地、各农户定期平分耕种的制度。这种村社组织及其土地制度是与有严整的沟渠灌溉系统的耕作制紧密联系着的，因此，在傣文文献中保存着大量有关水利灌溉和用水分配的历史资料。如15世纪的景洪的《水利分配卜书》，其中反映当时的土地关系及灌溉情况，对了解景洪一带历史上水利事业的发展情况很有帮助。1778年西双版纳宣慰司颁布的《议事庭长修水利令》，对领主阶级经营水利事业的目的、水利管理的制度、分配用水的原则及各村社、各农户应尽的义务等，都作了规定，对我们了解水利灌溉在社会政治和经济生活中的意义和作用，有重要的价值。属于这方面的文献还有《景洪坝的宣慰田及官田》（景洪地界水沟清册》《景洪田亩数及水利分配》《从贺动到景澜水利分配及保管手册》等。西双版纳新中国成立前所保存的土地制度及其水利灌溉的原则，历史上在各个傣族地区都实行过，而且在许多地区延续了六七百年。恩格斯曾经指出，正是水利灌溉和定居农业促进了专制王权的建立。傣文文献中有关农田水利方面的材料，是研究傣族农民村社和农奴制度的重要史料。

13. 碑文类

现存傣文碑文不多，较著名的有《西双版纳大励笼傣文碑》等。[①]

---

① 张公瑾等．民族古文献概览［M］．北京：民族出版社，1997（11）：275－278.

（五）白族古籍分类

民族古籍文献研究者根据白族古籍的实际情况，按不同的历史时期将白文古籍文献分为以下几类：

1. 南诏前期白族古籍

南诏前期的“借汉字白文”古籍。如《星回节诗》《云南志·山川江源第二》所载的《河赕贾客谣曲》等。

2. 早期白文古籍

早期的方块白文古籍，以南诏有字瓦为代表。这类文献的主要特点是：年代较早，多数是南诏中晚期之物（也有一部分属大理国时期）；已有较多的自创字，但主要是通过增损汉字笔画而成，尚未形成较为固定的造字原则，其文字符号结构奇特，很难从字型结构上推知其意，释读难度较大。加上年代久远，文献材料也较为零散，因此，这一时期的方块白文古籍有待于进一步认识和研究。

3. 初步发展期白文古籍

这一部分古籍以南诏大理国时期的手写白文佛经和大理国《段政兴资发愿文》为代表。

4. 明清白文古籍

明清时期的方块白文文献以各种碑刻铭文为主。如明代杨黼的《词记山花·咏苍洱境》（即《山花碑》）、杨安道《故善士杨宗墓志》《故善士赵公幕志》；清代的《史城芜山道人健庵尹敬夫妇预为家冢记》后附《白曲一诗》等。

有些学者按照白文古籍的文体和内容将白文古籍文献分为大本曲和本子曲与祭文碑铭。如：

1. 大本曲和本子曲

大本曲是白族人民喜闻乐见的曲艺形式，主要流传于大理地区。唱腔悠扬婉转，语言优美。它的唱腔由白族调发展而来，有一整套的说唱形式，具有鲜明的民族特色。本曲数量极其丰富，流传较为广泛的有60本，如《柳荫记》《血汗衫》《磨房记》《摇钱树》《张四姐大闹东京》《琵琶记》《赵五娘寻夫》《秦香莲》《招魂祭江》《丁郎刻木》《王素珍观灯》《金钗记》《辽东记》《黄氏女对金刚经》等。

本子曲是用方块白文书写，主要流传于剑川县。目前已收集到的曲本有：《青姑娘》《鸿雁带书》《放鹞曲》《秧鸡曲》《出门调》《李四维告御妆》《兵灾匪祸血泪仇》《月里桂花》《串枝连》等。

2. 祭文

白文祭文分为两种，一种是在宗教仪式上诵唱，赞美神灵公德，祈求赐福的祭文；一种是在丧葬仪式上诵唱，缅怀死者，寄托哀思的祭文，在各地都有传诵。

3. 碑铭

白文碑铭分为墓志铭和纪念碑文。

二、其他地区民族古籍分类

（一）壮文古籍文献分类

在《民族古文献概览》一书中，作者根据壮族古籍文献的著述内容，从载体和学科属性角度，将其分为以下类别：

1. 碑碣

碑碣主要有住宅碑、山寨碑、界碑、路碑、乡规民约碑、城池碑、桥碑、岩洞碑、江河碑、墓碑、功德碑、例规碑、革除陋规碑、蠲免碑等。这些碑碣使用的文字有汉文、古壮字、汉文加古字三种，属古壮字古籍文献的是后两种。半汉文半古壮字碑文是壮族地区一大特色，其行文不是一边汉字，另一边译文，而是夹杂使用。例如万承土司（今广西大新县境）辖境有不少碑文，半汉半壮，其中一块蠲免减免碑，前面行文用汉文。村寨名称大多是古壮字，如“那田関村总数银六两四钱二分九厘，永免银五钱五厘正，多山有村总数银十二两一钱一分正，永免银二两九分正”“㖣伪村总银五两七钱三分九厘，永免银八钱五分二厘”，淰淋村总数银两四钱五分六厘，永免银三钱一厘”……有的碑文则全部是古壮字，如桂西发现的一块悼念因受封建婚姻迫害致死的情侣的墓碑，碑文为壮歌体，用古壮字刻就，对研究壮族社会情况有一定的价值。

2. 乡规民约及讼碟

壮族各地有不少《传扬歌》，专门传播做人的道理，被称为壮人的“道德经”，其中明代的一部最为著名的《传扬歌》被当作习惯法使用，各地还配以乡规民约，力图用德安定社会，教育后代。若遇民间刑事民事大案，《传扬歌》《乡民约》都无法了结时，便需写讼牒呈报官府开堂断案。《传扬歌》是用古壮字创作的，《乡规民》约则有汉文、古壮字两种；讼牒在宋以古壮字为主，明清时代懂汉文的人多了，有的也用汉文书写。

3. 信函

壮族古代信函和中原的信札完全不同，它是一种信歌，确切地说是一种容量较大的信体长诗。这种信歌可以写在特制的扁担上，称为担歌，也有的写在扇面上，百十首相连。但更多的是写在纱纸上，订成歌本，托人送到远方朋友、亲属、亲戚、情人的手上。有名的《特华之歌》便是代表，信中诉说了兄妹的悲惨遭遇，读来令人潸然泪下。

4. 谱碟

壮族乡间过去有很多谱碟，多是族谱而不是家谱。这种族谱用纱纸装订成册，后面留大半本空白。这种用古壮字或半壮半汉文书写的谱碟，若仅是记录历代祖先考妣之名讳也就没有多少价值了，但它不仅有历代家族的赓续，还追述本家族的起源及最早的聚族之地，第一个祖先的名字、业绩，本家族迁徙路线，每一代的重要活动及事件。特别是有业绩的，总大书特书，因此，这种谱牒实际是一个家族的历史，因而具有较高的研究价值，对了解壮族社会家族的变迁、社会的情状、重要的人物及事件，都有参考价值。

5. 民歌

古壮字大量用于民歌的创作和记录，唐代之所以出现歌仙刘三姐与此有关。后世壮人中形成一条不成文的规定，即无论谁创作了一本壮歌，都要抄一本放在刘三姐庙宇的供桌上。迷信说法，只有供歌本，歌场上才能稳操胜券。由散歌到歌本，有赖于古壮字，有了它，才能精雕细刻，才能集腋成裘，使散歌向歌本发展。唐宋时代，大约是以散歌为主。明清时代，民间积累了大量经验，才出现了成套的歌，又叫组歌。典型的有桂西各县的排歌，其特点是一部排歌由若干组歌结合而成，既相联系又相对独立。每组又由若干首构成，每首句数不限。壮族的这种民歌本，民间比比皆是，从内容到艺术形式，都有重要价值，是古壮字古籍中的主要部分。

6. 长诗

明清时代，古壮字长诗得到了充分的发育，除了早期的史诗进一步得到了充实加工以外，出现了大量的哲理诗、历史长诗、叙事诗，据初步统计多达1000部。目前整理翻译出版的仅几十部。

史诗由于产生较早，失传甚多，目前仍流传的创世史诗代表作是《布洛陀》《布伯》《郎正造太阳》《猴野射太阳》《特康》等。壮族英雄史诗很少，目前具有代表性的作品仅是《莫一大王》，这反映了壮族社会的相对稳定。

历史歌是壮族文学的特产，这类歌的特点是对历史、历史事件、历史人物作概括性评述。代表作主要有《龙胜壮族历史传说歌》《情趣歌》《唱中国历史》《从光绪到民国》《自明朝至民国史歌》《中法战争史歌》《长毛破城歌》《粤军作乱歌》等。20世纪30年代还产生了《东兰革命史歌》《红八军歌》等反映土地革命的历史长诗。

叙事长诗是长诗的主体，篇章宏大，在古壮字古籍中独占鳌头，价值很高。其中反映爱情悲剧和爱情生活的主要有来自本民族题材的《蛇郎》《马骨胡之歌》《甫牙》《毛红玉音》《幽骚》《石朋与王莲》等，汉族题材有《董永与七仙女》《梁山伯与祝英台》等；反映壮汉青年曲折婚恋的如《李旦与凤姣》；反映家庭生活和家庭悲剧的主要有《达稳之歌》《达备之歌》《迷苏和勒苏》《如昌舜儿》《欺妻重妾歌》《朱买臣》等；反映战争题材的主要有《嘹歌·贼歌》；反映阶级矛盾的主要有《布卓》《文龙与肖尼》。此外还有反映文化生活的《歌唱刘三姐》。

7. 壮族剧本

壮族有师公戏、德靖木偶剧、马隘壮剧、田林壮剧、隆林壮剧、富宁壮剧和广南壮剧7种地方剧种，其剧本以古壮字创作，题材一半为本民族生活，半数来自汉族古典名著、汉族剧目、古籍及民间传说故事。据初步统计剧目过千，多数剧本犹存。

剧本中反映神话传说的主要有《盘古》《布伯》《雷王》《岑逊王》《莫一大王》《八仙图》《张四姐下凡》等；歌颂民族英雄的主要有《甘王》《侬智高》《乔老苗》《杨文广》等；反映政治斗争的主要有《百鸟衣》《梅良玉》《三国演义》(7台连台戏)、《浒传》(连台戏)、《封神演义》(连台戏)、《大闹金刚山》《卜荷戏司》《包公卖布》等；反映爱情生活的主要有《达七》《挞八》《三秀英》《文龙与肖尼》《李旦与凤姣》《山伯访友》《田娘》等；反映家庭生活和家庭悲剧的主要有《任氏逐夫》《迷苏与勒苏》《董永》《女儿媒》《孟姜女》《孔雀东南飞》《六月飞霜》《八姑》《秦香莲》等；反映民族文化生活的主要有《蒙伦》《刘三妹》等。此外还有反映农业生产的《冯远》等。

8. 说唱本

壮族的说唱艺术、剧目及唱本甚多。内容和唱本名称有相当一部分与壮剧相同。主要有《二度梅》《吴忠的故事》《毛红玉音》《四季歌》《如国春蚕》《卜必乜必》《人圆月也圆》《莫一大王》《鲁班》《布伯》等。唱本有勒脚歌体、排歌体。七言四句民歌体、散文体等格式，七言五言均有。

9. 经书

宗教经书在古壮字古籍中占有相当大的比重，其思想性比较复杂。道教的经典主要有《太平经》《灵宝经》《三皇经》《阴符经》《太上感应经》等。道场的开斋、请圣、召亡灵、冥路、行孝、初霄、消灾、末夜等诸科及其他驱鬼酬神法事，还有一些较短的经文。经书一般以古壮字书写，散文体，中间杂有壮歌，以壮语吟诵。佛教经典主要有《金刚经》《地藏经》《无量经》及解关、安祖・做斋、赶鬼等法事的短经文，全部按壮人观念重编，与原文差异甚大，念壮音。

巫教经典最多，因为都是韵文体，故统称为经诗。壮族题材经诗主要有《唱三元》《唱四帅》《唱九官》《唱天王》《唱龙王》《唱上界》《唱社王》《土地公》《唱夜宿仙婆》《唱莫一》《唱莫二》《布洛陀》《布伯》《雷王》《德生造世》《特康射太阳》《白马三娘》《冯四将军》《甘王》《东林》《分家泪》《十月怀胎歌》《祖源歌》《秧姑》《七姑》《八姑》《唱秀英》《天上月圆人也圆》等等。以汉族文学为题材的主要有《鲁班》《董永》《孟姜女》《仁十四孝》《唐僧西天取经》《唱关公》《何文秀》《高文举》《吕蒙正》《赶子牧羊》《六月飞霜》等。部分经诗实为民间文学作品，有一定的思想性。在保存民间文学方面功不可没。

10. 医药

壮医萌芽比较早，到土司时代，官方开设有医学署，明代多达四十多处。民间与官方结合，使壮医留下了许多珍贵的文献资料。首先是壮族地区的多发症、常见病，壮医都有壮语名称，并以古壮字记录，20 世纪 80 年代出版的《广西少数民族常见病便方》，便得益于这些资料。壮药多达两千多种，常用有六百多种，均有壮语名称；诊法疗法甚多，民间著名验方多达数百，皆以壮语名之、古壮字记之。其医书编成壮歌，在民间传唱。

从以上 10 个方面可以看出，壮族的民族文字古籍有鲜明的特色，从总量上看，韵文远多于散文，韵文的艺术水平也高于散文。有不少古籍本应以散文体出现，但它却采取了韵文形式，足见歌海的深刻影响。因此，不能用通常的古籍以散文为主的形式来套壮族古籍；也不要因壮族古文字古籍多以韵文形式出现而简单归入文学作品。如《控告土官歌》本是一篇讼牒，是民众呈送官府控告土官的呈文，但形式却是壮歌，它应当归入法律及相关活动的文献一类。[①]

① 张公瑾等．民族古文献概览［M］．北京：民族出版社，1997（11）：228 －233.

（二）苗文古籍分类

（1）历史类：《创造天地万物之歌》《洪水滔天歌》《居诗老歌》《格炎爷老歌》《则嘎老歌》《格乌爷老和格娜爷老歌》（一、二）、《格池爷老歌》《格炎爷老、格迟爷老和嘎梭卯丙歌》《怀念失去的地方》（一、二）等。石板塘苗歌中历史诗篇有《苗族名人歌》《祖先歌》《苗歌祖师张八姐》等。

（2）文化教育类：（以下书名的苗文为新文字对老文字的转写）。《算学问答歌》按照加、减、乘、除的计算编成的诗歌。

（3）天文类：《测量天地歌》诗歌描写“烈地昂彩劭”和“高杜占地奥”两位能写书的人为了测量天地，走遍了天涯海角。他们叫家乡人建立“卯施鲁城”以便观察天文。……歌谣幻想地叙述了古代苗族人进行天文观测和编订历法的科学活动的情况。

（4）语言文字类：主要为词典，如：《苗文正字谱》又称为《阅读苗歌字词》石板塘编。《大花苗语词汇》抗战时期从上海搬迁贵阳的大夏大学社会学部主持研究贵州少数民族语言的一个项目。主持人是李振麟，“大花苗语”即今天的苗语滇东北次方言，由杨汉先（苗族）负责，《词汇》按意义分为39类。《苗文字汇》王建光编，重庆新疆教育干部人员培训班刊行，1941年出版，苗汉对照。《苗法法苗词典》法国传教士JosPh Esquirol编著，1931年在香港出版。《川苗苗语词汇》美国传教士葛维汉（D. C. Graham）编写，1938年出版。他的其他著作还有《关于川苗札记》（1926—1929年）、《川苗的习俗》（1937年）、《川苗的礼仪》（1937年）、《中国西部川苗札记》（1939年）、《川苗的宗教习俗》（1940年）和《川苗的诗歌与故事》（1954年）等。英国传教士埃德肯斯（JosPh EdKins，1823—1905年）于1870年编有《苗语方言词汇》一书，但目前没有看到原书。

（5）文学类：苗文古籍文献中的文学部分，主要是记录民间文学和文人创作的苗语文诗歌，如爱情长诗《娥扎和召觉思那》；创作的有石板塘的《吕洞山古歌》《龙潭河》《猴儿出世》（西游记片段）、《百鸟裙》等。另外还有宗教文学作品《大卫赞美诗》《丹尼尔创始纪：小故事》《赞美诗》《普天颂赞》《赞美主诗》等文献。

（6）宗教类：苗文古籍中的宗教类全都是教会翻译的圣经，计有克拉克苗文、党居仁苗文、滇东北老苗文等编著宗教典籍。如：《马可福音》（Mao Co Mao Rao）1910年，安顺府，苏格兰国家圣经协会、中国内地会。《约翰1，2，

3》（Yoh Han Daeo Mao）、《马太福音》（Ma Tai Mao Rao）、《约翰福音》（Loh Han Mao Rao）、《罗马人福音，加拉太人福音》（Lo Ma Den Neng Daeo Mao，Dja La Tai Den Neng Daeo Mao）《花苗一书》《花苗二书》《新约全书》（1919 年），注音字母苗文《马可福音》（1928 年）、《马可福音》（昭通，不列颠与海外圣经协会编，1907 年柏格理和理司提反翻译）、《约翰福音》（不列颠与海外圣经协会，1908 年；柏格理翻译，照相版）、《圣经日课》（Ndux Ndeud Guk Hnub Dlaf，1910 年，成都，华英书局）、《马太福音》（Mat Taid Maot Raot，1912 年，上海，在日本印刷。）、《花苗福音诗》（Nggaox Maot Raot，1914 年，上海，杨荣新翻译）、《使徒行传》（Dub Draot Maot Nil Nrus，1915 年，上海，在日本印刷。）、《教义问答》（Ndeud Nus Dib，1917 年，木刻印刷）、《从摩西到丹尼尔的旧约历史》（Ndeud At Laol Gangb Gid Mot Xit Dalt Dad Nib Lib，1917 年，木版印刷。）

总之，各民族的传统分类法虽然没有严密的系统性，但在当时的条件下能够根据典籍的实际用途进行分门别类，也是难能可贵的，应该予以肯定。他们通过粗泛的概括，进行集中归纳，揭示了典籍的用途和基本内容。其间不无科学因素和合理的成分，值得我们参考和借鉴。特别是历代学者在探讨各民族传统文化中，为了加深对各民族古籍文献著述内容的认识和了解，以便系统全面地揭示其文化内涵，从不同范围和角度对彝族古籍文献进行分门别类，并在分类法的探索与实际分类方面都取得了许多可喜的成果。他们在民族古籍文献的学科分类方面所寻求到的一些重要途径和摸索出来的诸多有效方法，需要我们认真总结，并用于指导分类工作。

第三节　中国少数民族古籍学科分类法体系

一、民族古籍学科分类的目的、意义

随着文献资料的增多和书籍的发展，公共图书馆和文献资料馆藏、服务部门的出现，扩大了读者接触各种文献资料和图书的范围，特别是文献资料和图书自身的学科特点日益显著，专著增多，综合性书籍减少，学科特点显著的专门文献逐渐自成体系。加之文献资料和图书的读者，在现代生产生活中的专业分工越来越精细，各自的专业学科特点日益显著。于是藏书分类与读书分类渐趋统一，这是当今文献资料和图书分类的基础。尽管如此，我国各大图书馆的分类法仍存在差别，形成不同的分类法体系。如：北京图书馆的分类法，简称为“北图法”，

中国科学院图书馆的分类法简称“科图法”等不同分类体系。由此可见，当今民族古籍的学科分类问题也有待探讨。使学科分类理论原则和具体方法从汉文文献、图书分类的实践应用领域，借鉴到民族古籍文献的分类之中，需要不断摸索。首先，要掌握民族古籍文献的馆藏现状；其次，要了解民族古籍文献的著述特点；最后，须兼顾馆藏中的排架管理与研究工作中的文献资料利用。在古籍文献和图书分类的历史上，有过各种各样的分类法。但是归纳起来有两种最其本的分类法：一是藏书家的分类法，二是读书者的分类法。二者各有不同，前者的分类目的在于分别放置与查寻，后者的分类目的偏于对文献资料和图书内容的揭示。各民族文献古籍的分类，也同样存在收藏家的分类和读者的分类问题。民族文献古籍的传统分类法，主要是由典籍的制作和使用者创立的。因此，近似于藏书家的分类法，而近代学者的分类法为文献典籍研究者所探索，则略同于读者的分类法。这两种分类法各有优劣。那么，长期以来读者分类与收藏家的分类，相互之间不能吻合的症结在于古代文献、图书的学科特点不鲜明和综合性图书较多，加上零星收藏，卷册数量不多，读者可阅览的文献书籍也很有限，更没有人将文献图书的分类法作为专题来研究。因此，我们现在对民族古籍文献的分类问题进行探讨，并建立符合民族古籍文献的实际，又能为今后民族古籍文献的充分利用和科学研究提供准确、快捷的服务的分类法体系。既不能简单地套用汉文古籍的四部分类法，也不能照搬任何一家图书馆的现代图书分类法，更不能完全遵循民族文字文献古籍的传统分类法。我们应当在继承各民族的传统分类法和借鉴现代图书分类法的基础上，结合民族古籍的实际，认真总结历代专家学者的分类经验，充分参考他们的分类方法，创立一套既符合各民族古籍特点，又方便管理和使用的民族古籍文献分类法体系。

民族古籍的学科分类，就是根据民族古籍的实际著述内容，按照其学科属性加以分门别类，并根据其划分的类别列出一系列条目，称之为分类体系。其目的是为民族文字文献典籍的具体分类提供理论依据。民族古籍的归类，是指图书管理人员和研究工作者，把所掌握的图书或书目资料，按照已有的分类条目，进行著录或排架。也就是让每一部图书的书目与所列的分类条目之间能够对号入座。任何一套分类法体系都包括分类、列目、归类三大环节。三者之间具有相互依存的关系。正确的分类，可以列出层次清晰、井然有序的类目。与此同时，有了系统完整的类目序列，就能使图书排架与书目著录工作具有分门归类的依据，真正做到对号入座。在这个意义上讲，民族文献古籍的分类列目对实际的图书排架与书目著录，有着理论上的指导意义，并且可以作为实际工作的参照依据。与此同时，图书排架与书目著录及文献典籍归类过程中的具体实践，也可以检验文献典籍的分类列目是否正确，并为分类法的修改完善提供事实根据。形成一套既完善又适用的分类法体系，这不是一朝一夕就能实现，而是要经过长时间的摸索与改进。因此，应该本着探索的精神，根据民族古籍文献的实际，对众多的民族古籍文献书目及其有关资料，进行比较分析和系统考察之后，按照民族古籍文献的著述内容及其书名的学科属性来分类，形成一套分类、列目、归类为一体的分类法体系。

二、民族古籍分类法体系的构建

构建少数民族古籍分类法体系，形成分类列目并符合我国民族古籍的图书目录体系，是加强我国少数民族古籍管理、使用的重要手段，也是帮助读者认识了解少数民族古籍内容的根本途径。历史上无论是古籍的收藏家，还是古籍的读者，都很重视对古籍进行分门别类。我国学术史上，历来将古籍的分类以及列目和归类，作为加强古籍文献管理、使用的重要手段；古籍读者和古籍资料应用者，更是把古籍的分类及其分类目录当作认识了解古籍面貌和文献内容的重要途径。因此，无论是古籍的收藏家还是读者，都很重视分门别类的工作。随着书籍的发展，一方面，公共图书馆和文献资料中心等机构的出现，扩大了读者接触古籍文献资料的范围，特别是各种著作的学科特点日益显著，专著增多，综合性书籍减少。另一方面，古籍文献的使用者以及广大读者对古籍的阅读利用，也在趋于专业化。于是，藏书分类与读书分类渐趋统一。

以往我国各大图书馆根据所藏图书进行分类，形成各自不同的分类法体系。如北京图书馆的分类法简称为“北图法”，中国科学院图书馆的分类法简称“科图法”，北京大学图书馆的分类法等。由此可见，当今民族古籍的分类问题，应当根据民族古籍实际进行探讨和研究。积极学习和借鉴以往汉文古籍分类实践应用中归纳总结出来的分类理论原则和具体分类方法，也可以参考借鉴现代图书的学科分类法，但是需要充分考虑民族古籍的实际情况。首先，要掌握民族古籍的馆藏现状；其次，要了解民族古籍的著述特点；再者，必须兼顾民族古籍在馆藏过程中，便于排架和管理。与此同时，还要考虑到研究工作中，古籍的检索和利用。因此，我们在民族古籍分类过程中，既不能简单地套用汉文古籍的四部分类法，也不能照搬任何一家图书馆的现代图书分类法，更不能完全因循各民族的传统分类法和历代学者的分类法。只能从各民族古籍的实际出发，在实践中逐步探索出，符合各民族古籍实际，并适应各民族古籍的馆藏、流通条件的分类方法。

这就需要从民族古籍的实际出发，既要很好地继承各民族传统分类法和近现代专家学者的分类方法的合理成分，又要积极参考和借鉴现代图书分类法中符合民族古籍实际的理论原则和具体方法，通过深入考察缜密的分析和归纳总结，创立科学合理的分类法体系及其列目、归类的基本原则和标准。于是我们根据中国少数民族古籍的实际情况，在参考各民族古籍的传统分类法和近现代专家、学者对少数民族古籍的分类经验，并积极借鉴我国汉文古籍的传统分类法以及现代图书分类法的基础上，切实按照民族古籍的收藏、使用情况，初步形成以下分类、列目、归类为一体的分类法体系：

1. 宗教类

（1）原始宗教经典。

（2）道教经典。

（3）佛教经典。

（4）伊斯兰教经典。

（5）基督教经典。

2. 历史类

（1）史书。

（2）传记。

（3）谱牒。

3. 文学艺术类

（1）神话。

（2）史诗。①创世史诗；②英雄史诗。

（3）诗歌。

（4）散文。

（5）小说。

（6）传说。

（7）故事。

（8）戏曲。

（9）音乐。

（10）舞蹈。

（11）美术。①绘画；②剪纸。

4. 政治类

5. 法律类

6. 军事类

7. 文化教育类

8. 语言文字类

（1）字书。

（2）修辞学。

（3）文法。

（4）辞藻学。

（5）韵律学等。

（6）书法。

9. 天文历法类

10. 医药类

11. 农业类

12. 牧业类

13. 水利类类

14. 工业类

（以上除部分已进行二次、三次复分之外，可根据各文种所涉及的学科内容情况进行多次复分。）

参考文献：

1. 朱崇先．民族古籍文献研究［M］．北京：民族出版社，2014. 1.

2. 朱崇先等著．中国少数民族古籍文献学［M］．北京：民族出版社，2005. 11.

3. 朱崇先著．彝文古籍整理与研究［M］．北京：民族出版社，2009. 9.

4. 张公瑾等著．民族古文献概览［M］．北京：民族出版社，1997. 11.

第十章　中国少数民族古籍的保护与开发利用

中国少数民族古籍是各民族古代社会历史与传统文化的主要载体。各民族的传统文化虽然有多种传承方式和途径，也有各种各样的文化载体。但是在很大成程度上讲，以书面形式被传承的文化，与它们的物质载体一起构成的古籍文献无疑是一个民族传统文化最核心的部分。它作为各民族祖先给子孙后代留下的珍贵文化遗产，是我们中华民族取之不尽、用之不竭的一笔巨大的知识财富。要把它作为可持续性开发利用的文化资源，就必须加强科学的保护和合理的开发利用。为此，本章对中国少数民族古籍文献的抢救与保护、转移方式与再生技术、开发与利用等进行分节论述，并将古籍数字化的问题作为论述的重点。因为数字化是实现民族古籍整理现代化的一个重要环节，也是重点和难点。所以，有必要从不同的角度探讨民族古籍文献的数字化问题。

第一节　中国少数民族古籍的抢救与保护

中国少数民族古籍文种多、数量大，笼统地看来似乎体系非常庞大。实际上民族多、文种多，整个体系内部十分繁杂。各民族古籍自成系统，有些文种保留到现在的古籍已经非常少。例如：契丹文几乎没有纸书文本传世，只遗留下很少的一些碑铭之类的石刻文献。即使保留下来的许多文献载体，其破损情况也十分严重。如墓碑、摩崖等石刻文献在露天自然条件下，长期受到风雨剥蚀，有的局部字迹泯灭，有的甚至字迹荡然无存，纸书文本的残损情况也非常严重。若再不采取有效的抢救手段与保护措施，现有的这些各民族古籍也面临继续破损和亡佚的危险。由于历史上各民族的社会发展极不平衡，文字创制使用的情况也有所不同，古籍制作和保存条件更是千差万别。许多民族的古籍历遭劫难，大部分已经亡佚，仅有一小部分幸存下来。因此，当前抢救和保护少数民族古籍，并非把濒临消失的民族古籍简单地收集起来加以保存，而是要对其进行科学的整理与保护。于是在民族古籍抢救、保护，以及整理研究的实际工作中，必然面临如何管理和保护这些古籍实物的诸多具体问题。

一、对中国少数民族古籍的抢救

中国少数民族古籍作为一个庞大的系统，其中许多文种的古籍处于濒危状态，有些文种大部分古籍在历次劫难中损失惨重，就是幸存下来的古籍也因年代久远而自然损坏和保管不善而残损严重。如果再不加以抢救，这些珍贵的古籍势必在我们这一代人的手里失传。因此，抢救和保护民族古籍已成为刻不容缓的历史任务，摆在我们面前。要担负起抢救中国少数民族古籍的历史重任，除了具有正确的指导思想，还需要科学的方法和具有效率的重要手段。特别是在现代化条件下，必须积极主动地掌握和利用各种先进的科学技术手段，才能更好地完成历史赋予的使命，并在古籍抢救、保护和可持续性开发利用方面取得辉煌的成就。特别是在民族古籍的抢救工作中，虽然有许多手段可供选择，但是各种手段都有其局限性，有些手段需要交替使用，而另一些手段则需要综合应用。以往在抢救少数民族文字古籍方面采用的主要手段，可以概括为传统手段和现代化手段两个方面。

（一）抢救少数民族古籍的传统手段

在我国抢救古籍的工作历来有之，不同的时代有着不同的抢救目的和不同的方式，根据时代特点采用符合当时条件的抢救手段。无论古今，就古籍的抢救内容及其范围而言，大体包括两层含义，一方面对古籍载体与记载内容进行综合性抢救；另一方面则是只对记载内容进行抢救。按照传统方法抢救古籍，通常采用以下手段：

1. 对少数民族古籍进行宏观上的总体抢救

（1）对少数民族古籍采用普查、登记等手段，充分认识了解其现状。通过大规模的调查从宏观上掌握民族古籍文献的征集馆藏和民间的留存情况，并制定系统全面的抢救和保护工作规划，为中国少数民族古籍的征集、馆藏和进一步整理研究与开发利用提供依据。

（2）对分散在民间的民族古籍采用征集、收购等手段进行集中收藏与保护。通过对民族古籍文献进行大规模的调查，对那些流散在民间而缺乏长期保存条件的少数民族古籍，进行征集、收购，将其收藏于正规的图书馆藏部门和研究单位，以便进行妥善保存与整理研究。

2. 对少数民族古籍载体与记载内容进行综合性抢救

（1）对征集到的纸质古籍，采用金镶玉等手段予以裱糊装修。对那些破损的纸书残篇，以其他纸张予以衬托并用糨糊粘贴，这样做不仅能够把古籍原件保留下来，还可以延长其使用寿命，从而达到抢救的目的。

（2）对征集到的非纸质古文献，采用修复等工艺技术使之尽量恢复原来的面貌。如对那些印刻文字的陶器、金属器物等文献载体的破碎部位予以粘结和修补，使之复原。

（3）对长期在野外风雨侵蚀的石刻等载体，采用转移、防护等手段加以保护。将能够移动的石碑、钟鼎等古文献载体移入室内保存，对体形庞大不能移动的文献载体采用一些可以遮光避日和防雨的保护措施。

3. 对少数民族古籍记载内容进行抢救

（1）对古籍采用抄录等手段，将其著述和记载的内容保留下来。对年代久远而破损严重的古籍和各类载体文献进行抄录，将其内容完整地保留。

（2）对古籍中零星、散乱的文献资料，采用辑录、汇编等手段予以集中保存。

（二）抢救少数民族古籍的现代化手段

在现代化条件下，对民族古籍实施抢救，许多先进的科学技术手段可供我们掌握应用。因此，我们要在继承传统方法和传统手段的基础上，积极采用现代化手段，以达到快速、高效地抢救少数民族古籍的目的。充分利用高新技术及其产品，采用照相、复制、扫描、摄影等手段抢救中国少数民族古籍，将珍贵的古代民族文化遗产完整地继承下来，并流传后世。对现代化手段的具体应用在下一节中具体阐述。

二、对中国少数民族古籍的保护

抢救各种文献载体和文献内容的目的，在于更好地使用古籍文献资料。但是要把抢救到的古籍文献真正应用于学术研究和文化交流，并且使之长期保存和流传，成为可持续性开发利用的宝贵资源，就必须应用科学方法对各种载体的古籍文献加以保护，并进行规范化管理和使用。事实上古籍文献的保护和使用之间存在着突出的矛盾，例如：古籍文献的使用需要反复的翻阅，甚至复印文献原件。然而，反复的翻阅和复印都会损伤文献原件，对保护工作极为不利。因为无论用手反复翻动书页，还是用复印机复印时的高辐射和高温烘烤都会严重影响古籍文献的使用寿命。于是文献保护要求减少翻阅次数和尽量避免复印所产生的高辐射、高温烘烤对文献的损伤。由此可见，在古籍文献的管理工作中处理好这一矛盾，可以说是搞好古籍文献保存、利用的关键。总地说来，我们保护古籍文献的目的在于利用，但不能只顾眼前对文献资料的需求，而是要着眼于古籍文献的永久保存和长期利用。因此，在古籍文献的利用过程中要有强烈的保护意识，具体使用古籍文献时必须采取强有力的保护措施。譬如典藏重要古籍文献，要进行备份，每一种文献都要拷贝一定数量的复制品，分质存放在不同的地方，而且每个地方都要相对独立。这样做，万一某处发生火灾等事故，所藏的古籍文献被毁时，不致于所有古籍文献的内容和载体都彻底失去，以保证古籍文献长期流传。文献资料的具体利用必须服从对文献保护的有关要求，真正做到在保护中得到有效的利用，在利用中讲求保护。无论对古籍文献进行有效保护，还是对古籍文献资源的合理使用都要讲求科学性。由于文献制品自身的原因或人为的原因，在使用和保管的过程中文献会不同程度地受到损害，自身的原因指构成文献制品的成分在一定条件下发生变化，久而久之，使文献制品发生质的变化，使文献内容受到损害，这是自然损害；人为的原因是指在使用和管理过程中由于管理制度不规范、不完善，没有做到科学地使用和管理文献，甚至人为的因素导致发生火灾或被盗等事故，使文献受到严重损害。不管是什么原因，文献在使用过程中不可避免地会受到损害。因此必须制定一套对各种文献制品进行科学管理和正确使用的措施。

（一）加强少数民族古籍的管理与保护

对所抢救和收藏的古籍进行编目和登记是古籍保护不可缺少的环节。加强古籍保护，不仅需要科学的管理方法，还应当根据实际情况采取必要的措施和特殊手段。古籍馆藏工作中包含科学保护和合理使用的双重任务，既要有效地对古籍实施保护，又要为人们使用古籍文献资料提供方便。为了达到这一个目的，要做到古籍管理制度的规范化。在对古籍实施具体保护过程中，可以使用编目、索引、文摘等二次资料管理、查询的方法管控或减少古籍原件的直接使用频率。

1. 建立健全少数民族文字古籍管理使用的规章制度

任何一项长期的工作，都需要制定一套系统完整和科学合理的规章制度，并要求管理人员，以及一切与此项工作发生关系的人都严格遵守。“没有规矩不成方圆”，如果一项工作没有一定的规则，就会各行其是，势必造成各个工作环节上的混乱局面。因此，建立健全规章制度是保证各个工作环节正常运转的需要。只有建立起一整套科学合理的规章制度，使各个工作环节和每一个工作人员，以及所有的服务对象都有章可循，这样才能做到有条不紊、井然有序，并获得最大的工作效益。任何有组织的工作都是如此，古籍文献的保护管理工作也不例外。

2. 加强对少数民族文字古籍的分类登记管理

首先，对古籍文献进行清册登记。建立登记簿，对藏品的收入、借出等进行详细登记。切忌账册错乱，对藏品底数要做到胸中有数，账内账外文献资料要清楚明了。

其次，对古籍进行分类登记。分类要统一，对于古籍的分类登记，要根据藏品情况而定。一般可以作如下分类登记：

（1）按文献性质分类登记。

（2）按文献流传的地区分类登记。

（3）按文献形成或出版时间分类登记。

3. 编制古籍藏品目录

少数民族文字古籍馆藏部门或单位，要编制自己的藏品目录。一般情况下把目录分为书本式目录和卡片式目录两种，目录的具体著录格式和著录内容，可根据馆藏情况和用途进行设计。

（1）在分类登记的基础上进行编目。在目录中附注每种古籍的内容梗概。按分类列目的方式编排目录和索引。这些目录和索引形成二次文献。又在二次文献的基础上编制总目录或总索引，实行三次文献管理。

（2）编制文献目录卡片。同样在分类登记的基础上编制目录卡片，这时可以每册古籍为单位编制目录卡片。目录卡片要揭示古籍的外部特征和内容提要，传统古籍目录包括以下著录内容：

①书名：书名一般能集中地概括反映一部文献的内容。

②出版或大概形成时间。

③流传地区。

④目次：目次是古籍文献的结构，相当于一部古籍的内容大纲。

⑤内容梗概等。

4. 古籍的典藏要实行规范化管理

要对古籍的登记保管提出一系列规范化管理的要求，即：分类要准确、目录要详备、藏品账目要清楚、藏品陈列要有序，做到用户和管理人员一目了然。如果管理不善，动辄就开库寻觅，势必出现无目的地乱翻，甚至出现丢失古籍等现象。古籍文献在使用和管理过程中如此来回折腾，就会造成文献损坏，因而缩短文献的收藏和使用寿命。

（二）改善古籍的库房保存条件

任何物资的保存仓库都要提出：防潮、防火、防盗、防震等最基本的要求。对于古籍藏品库房来说，除了这些最基本的要求之外，应该提出更高的要求。一般情况下，火灾、被盗，是一种显性的古籍损毁现象。只要加强责任心比较容易防范。而古籍因自身的原因发生变化和环境温湿度不稳定而被微生物、光线、灰尘侵蚀和破坏等自然损害，则是一种隐性的古籍损毁现象。要控制和避免古籍在收藏和保管过程中因自身的原因发生变化或因保护环境温湿度不稳定而被微生物、光线、灰尘侵蚀和破坏等自然损害，就不是轻而易举的事情了。这就需要掌握化学、生物等知识，才能应用现代科学技术手段，对古籍采用各种行之有效的保护措施。虽然火灾和被盗，对古籍的损害几乎是毁灭性的，应当加强防火、防盗，切实保证古籍的安全，这无疑是古籍保管过程中极其重要的工作。但是对建筑简陋、设计不科学、保管不当等对古籍产生隐性损害的问题，同样不容忽视。因此，有必要对古籍库房保存条件提出下列要求：

1. 切实提高古籍库房的建造质量

库房建筑要坚固，库房最好是混凝土结构的建筑，地基不能选在低湿排水困难或容易下陷的地方，以防止倒塌或因潮湿滋生对文献有害的微生物、害虫等。与此同时，要求每个库房都有比较宽而且防尘、防盗的门。除了防尘、防盗外，在发生紧急事情如火灾等的情况下能尽快疏散古籍文献。库房应当有一些小通风口，以避免空气不流通，亦防止因开窗过大使大量的光线和灰尘进入库房损害文献。温湿度对文献制品的影响很大，而民族古籍文献大都是纸质载体，而纸张是有机材料，对温湿度的变化相当敏感，怕高温、潮湿和干燥。因此，库房和陈列室内过高、过低或不稳定的温湿度，不利于文献的保护和管理。库房要有安全有效的防火、防盗设施和报警察系统。总之，库房的建造不但要求环境优良、建筑质量高，而且要求结构合理、设施齐全、设备先进。

2. 严格控制古籍库房和陈列室的湿度和温度

库房和陈列室内潮湿和高温，容易助长霉菌和害虫等微生物的滋生和繁殖，也会使纸质文献纤维水解、褪色，引起纤维龟裂。库房和陈列室内干燥和低温，可使文献制品材料中的水份蒸发，造成纸张由软变硬。库房内温湿度不稳定，忽上忽下，波动很大，那么，文献制品材料中纤维在不断的伸缩膨胀中发生断裂，纸张强度下降。纸张在制造过程中添加的化学成分，如：硫酸钾和硫酸铝的含水复盐——明矾以及松香、墨水中的化学成分在温湿度发生变化或遇到空气中有害气体时逐渐发生化学反应，导致纸张损坏，字迹褪色，影响文献制作材料的质量。所以，保护和管理文献制品资料，必须做到库房和陈列室内恒温、温湿度波动不大。一般来说温度在 14℃ ~24℃、湿度在 55% ~65% 有利于文献的保管。但这不是绝对的，各地可根据各地不同的气候制定各地库房、陈列室的温湿度的控制标准。如：日本要求陈列室温度为 18℃ ~20℃；英国大英博物馆要求温度控制在 14℃，相对湿度在 57% ~63%；《美国博物馆手册》规定温度为 16℃ ~24℃，湿度为 40% ~60%；联合国教科文组织出的《博物馆手册》规定陈列室温度为 18℃ ~20℃，湿度为 50% ~60%，极限为 70%。不管怎么说，最高温度不能超过 24℃，最大湿度不能超过 75%。超过这个限度就是霉菌、害虫等微生物生长的最好的环境。保持库房、陈列室的恒温，必须解决以下几个问题：

（1）制定季节温湿度标准。掌握当地气候的变化规律，合理制定每个季节的温湿度标准。因气候发生变化，每个季节的气温和湿度都不同。因此，制定每个季节的温湿度控制标准，在季节交替时，温湿度不要出现过大的波动，保持恒温。

（2）适时调整温湿度。要密切注视天气的变化，在制定季节温湿度标准的同时，制定更细的月或日温湿度标准。季节气候一旦发生变化，就能及时调整气温和湿度。

（3）完善温湿度调控设备。要合理配置一套能用于测验和控制、调节室内温湿度的设备，如风扇、去湿机、空调器、加湿器和计温湿度仪器，通过这些设备控制室内温湿度，保持室内恒温。利用自然通风和设备控制调节的方法，在室外湿度低、室内湿度高时，开窗通风；在室外湿度高、室内湿度低时，注意封闭窗口等通风口，用去湿机去湿；室内干燥，用加湿器加湿；室内温度高、室外温度低时，利用风扇、空调器调节室内温度。

3. 防控阳光和灯光对古籍的影响和危害

光对古籍的使用寿命有一定的影响，而收藏古籍的库房和陈列室又不能没有光线照明，光线照明是管理古籍的重要条件。但是各种发光体发出的光线包括阳光、各种灯光都有大量的紫外线和红外线。而各种制品的文献，如棉、麻、纸、绢、毛、皮革等都属于有机材料，受到光线照射时，光线中的紫外线和红外线对它们有破坏作用，可以使之变色变脆。纸质文献在一盏 30 瓦的日光灯照射一个半小时，或者在阳光下曝晒 30 小时后，纸张严重褪色、强度下降、纤维断裂、纤维聚合度降低，出现翘曲、脆裂状态。为防止光线对文献的破坏，库房窗户要小且有挡光设备，在通风时注意光线不要进入库房和陈列室直射古籍，库房玻璃上涂上防紫外线的涂料。库房光线要柔和，尽量不要使用日光以及像日光灯等其他放射紫外线的照明灯具。因此，库房建筑要高，用于照明的光源离藏品要远。

4. 防治灰尘和微生物对古籍的污染和侵蚀

微生物中的霉菌和害虫对古籍文献制品有很大的破坏作用。霉菌是一种低等微生物，其种类繁多，活动范围极广。霉菌能分泌出有机酸和各种色素，这些分泌物对各种质地的纤维素有分解作用，因而对各种质地的古籍文献危害极大。霉菌在侵入藏品后会留下色斑，这些色斑随着霉菌细胞的活动而不断扩大，会迅速催化分解纤维素，使文献大片霉烂。害虫也是对文献有危害的微生物。大多数害虫是多食性的，它们不仅食植物质、动物质、有机质、合成化合物，还会蛀蚀有机玻璃和塑料制品。因此，害虫的危害面很广。害虫耐热、耐寒，无论在怎样恶劣的环境里都能生存，而且在完全没有食物的情况下能生存几年。害虫不仅生存能力强，繁殖能力也很强，害虫可连续几年不断繁殖。害虫的体积都相当小，不易被发现，甚至有的害虫还有一定的抗药能力，害虫因其具有以上特点，一旦进入库房，就会对文献产生危害作用。因此，在古籍文献的保护和管理过程中必须注重防虫。灰尘能污染文献，并能阻止文献的空气流通，使文献受潮产生霉菌等危害文献的微生物。灰尘还可把霉菌等对文献有害的微生物带进文献中，破坏文献。微生物中的霉菌、害虫和灰尘对文献的危害极大，要采取措施杜绝霉菌和害虫、灰尘的来源。抑制、消除适应霉菌、害虫生长繁殖的条件。为了有效地防止和控制微生物、灰尘对文献制品的影响和破坏，需要采取以下措施：

（1）有效控制库房温湿度。库房、陈列室内温度不能超过24℃、湿度不能超过75%，超过了这个限度，便是微生物生长繁殖的最佳环境，微生物的生长速度比平时要快几倍。因此，库房、陈列室要经常保持恒温。其温湿度高时用自然通风或用去湿机、空调设备去湿降温。防止文献在高温潮湿的环境中生霉、生虫。

（2）保持库房周围干净清洁。注意库房、陈列室周围排水，经常保持清洁，不能有污物或污水滩（池）。室内经常打扫，不能产生垃圾和灰尘，孳生害虫。

（3）防止害虫进入库房。门窗要严，通风时通风口要有密纹纱窗等能过滤空气中的其他有害物质的设备，切实防止飞虫进入。

（4）注意消毒灭菌。在文献存入库房、陈列室时，对库房、陈列室和文献本身都要进行彻底消毒和杀菌，防止霉菌和害虫被带入。

(5) 避免在文献制品上留下汗迹。工作人员和用户在管理和使用文献的过程中，不要将灰尘和手上的汗迹留在文献制品上。特别是缩微品，要严禁直接用手去摸。使用缩微品时要戴上手套，防止将汗迹留在照片上，生霉危害胶片。

(6) 勤于检查及时防治。经常检查文献是否染上霉菌，产生了害虫。一旦发现文献已染上或产生了害虫，则立即采取措施进行消毒。严重的还要进行复制、拷贝。可以进行冷冻杀虫和消毒杀虫灭菌。使用化学药品要慎重，虽然化学药品能彻底消除霉菌和害虫。但是各种化学药品分别对不同的文献制品具有不同程度的危害作用。因此，不能滥用化学药品，要根据具体情况，对不同质地的文献，选择使用不同的化学药品进行杀虫灭菌。消除霉菌和害虫对文献的危害，还是以预防为主。尽量不使用或少使用化学药品。

上述只是古籍保护的基本常识，在现代化条件下进一步做好古籍保护工作，还需要在具体实践中通过不断摸索和探求，并总结出科学的方法和先进的手段。

第二节　中国少数民族古籍的转移与再生

在古籍的传承过程中，每个时代的古籍文献工作者既是原生（原有）古籍文献的继承者，也是再生古籍文献的创造者。再生古籍文献是在原生古籍文献的基础上复制而成的古籍文献，原生古籍文献由于留传时间久远或保护不当，难免遭受残损和亡佚。如果不加以搜集、整理和复制，势必有失传的可能。这种再次将原生古籍文献整理（复制）成新版古籍文献的过程，其结果就是产生大量的再生古籍文献。再生古籍文献的生产不完全局限于对原生古籍文献的简单复制，而是通过采用转抄、辑录、选录、汇编和翻译、诠释、校勘、解题等多种传统整理方式，或者应用扫描、复印、照相等现代化技术，使文献增值。在原有文献基础上增加的载体种类，以及新增加的内容就是再生文献的增值部分。古籍再生的形式和方法，虽然有传统方法和现代方法的差别，但是传统的再生手段也并不会因现代科学手段的使用而完全被抛弃。相反，在抢救古籍文献的过程中，无论是传统方法还是现代手段，都各有优势，可以交叉使用，使之优势互补。

一、古籍的传统转移方式与再生技术

目前比较通用的古籍文献的传统转移方式与再生技术主要有以下几个方面：

1. 古籍的转抄

转抄是古籍文献抢救过程中使用最传统、最普遍的古籍文献的转移方式。转

抄，是指用同一种文字对原生文献进行复制，旨在延长文献的使用寿命。人们在古籍文献的传承过程中，用转抄的形式使用纸张和笔墨复制原生古籍文献，使那些因使用或管理不善而极大受损的古籍文献再次获得新生的一种方法。如果组织专门的人员用转抄的方法抢救文献，要从使用和管理方便的角度考虑，要求所有的再生古籍文献都达到最大限度的规范和统一。古籍文献载体种类繁杂，有的写在纺织品、纸张、皮革制品上，有的则铸刻在金属器物，或者石碑上面。虽然同属于纺织品、纸张和皮革制品为载体的古籍文献。但是它们的篇幅大小各不相同，其装帧形制、规格尺寸也千差万别。金石铭文也不例外，因它们材料的大小和内容多少不同，其铸刻文字的面积规格也极不规则，于是各种铭文拓片纸张的大小也不可能统一，其结果使用和收藏都很不方便。因此，通过转抄方式，要将原来不规范、不统一的载体种类及行文款式的古籍文献，转抄为规范化、统一化的新版文献。转抄时在不增加内容、不改变内容的情况下，对原版文献在排版、书写顺序、断句等方面需要作适当的改变。虽然转抄可在某些方面达到统一，但是因不同的人书写的字迹不一致，因而不可能在字迹上到达到完全规范和统一。因为抢救文献的主要目的是使用文献，使文献有效地运用于文化的交流。

2. 古籍缩微

如果说转抄可以在没有损害原文献内容的情况下在诸如断句、行、列的安排上作改动的话，那么，缩微复制则将原生文献直接地、全真地复制下来。缩微复制品的优点是复制、收藏效果好，但使用和交流都受到条件的限制。缩微复制是利用光学和成像原理，以缩微复制拍摄机把古籍文献缩小记录在感光材料上，经过冲洗加工，而得到稳定的借助放大设备可以阅读的缩微制品的一门技术。缩微复制是古籍文献抢救、管理、收藏的一种主要的方法。缩微复制用的感光材料从形式上看分为两种：一种是卷片胶片；一种是片式胶片。拍摄在卷片胶片上的资料，在胶片上的位置是固定的，便于编制索引实施检索。片式胶片是用片式缩微摄影机拍摄，把卷式胶片按一个或几幅画为一段裁开，并在每段上标出存取索引。这种缩微制品使用方便，便于分类和检索。而且可以直接拷贝成复制品。从构成上说，缩微胶片有银盐胶片、重氮胶片和微泡胶片三种。银盐胶片因其能长期保存，所以用于拍摄缩微品的母片或需长期保存的缩微品拷贝。其余两种因其化学性能不稳定，只能用于拷贝短期使用和保存的缩微品。缩微复制古籍文献是将图形和文字缩小成肉眼看不见的东西，要准确有效地使用和保管缩微品资料，就需要对缩微品进行编目、索引。对缩微品进行检索是制成缩微胶片后的最主要的任务，因为搞好这一工程，将决定能否便捷地使用缩微品资料，也是检验管理是否完善的重要标志。使用缩微品资料需要特定的设备，所以，缩微品资料并不像图书那样便于使用和交流，因此缩微制品的主要作用是用于收藏和管理，用它解决那些如图书等各种制品文献资料多而不便管理的问题。因此，长期收藏缩微品要注意防火，特别是要预防某些微生物对其的腐蚀。要定期作检查、整理。阅读时不宜用手直接触摸胶片。缩微品有存贮信息容量大、密度高的优点，能将不统一、不规格的文献规格化、标准化，而且能长期保存。

3. 古籍复印

缩微复制主要是从便于管理和收藏的目的出发。而复印制品却可以直接用于交流。复印是利用复印机，将文献内容复制下来，这点与转抄相同。但复印也没有转抄那样灵活。复印对纸张的要求很高，对金石碑文的拓片和纺织品、皮革制品的文献来说，只有使它们统一成符合复印要求的纸张才能进行复印，因此，对这些制品的文献，转抄是最好的复制方法。转抄复制而成的文献制品，在需要再次复制时就可以用复印的方法进行复制了。复印文献的速度高于转抄，因而复印在当今社会成为复制文献的主要方法，大量的文献是由复印这种方法来完成的，它可以用于原生文献的复制，也可以用于再生文献的拷贝。复印所复制的文献制品是书籍，因而用于交流时比较方便。复印只限用纸张写成的文献，而转抄和缩微对用任何质地的文献都有效。但是复印对文献的损害作用在于强烈的光线扫描和对书籍的强压力，强烈的光线扫描和压力可以使纸张变形，使原文献（被复制的文献）受到损害。当然，抢救文献的传统方法还有录音、录相、照相等。抢救古籍文献的第一步，就是收集散落在民间的文献。在收集过程中需要文献复制的情况有三种：一是所收集到的文献，因不能再过多使用而不得不及时复制；二是文献拥有者要保留文献原件，不让征集而不得不在当地复制。在这两种情况下，转抄、照相（缩微）等田野调查时常用的各种方法和手段都可以发挥作用；三是将文献原件收集起来，然后慢慢复制。这可根据具体情况使用复印和其他手段进行复制。

二、古籍的现代化转移方式和再生技术

随着计算机、通讯、多媒体、高密度存储等技术的发展和应用，尤其是网络技术的迅速普及和扩大，文献资源的数字化程度已经成为世界各国信息水平的标志，民族古籍文献数字化已是大势所趋。古籍数字化必将成为中国少数民族古籍转移方式和再生技术的重大变革与突破性的飞跃。以计算机为核心的电子信息技术与相关高新技术产品为古籍转移方式和再生技术展现广阔的空间，并把古籍整

理研究工作带入崭新的领域。首先数字化将古代文化典籍中的文字和图像转换成计算机可以识别和处理的 0 和 1 的组合。只要解决了古籍的录入问题，就可以在电脑上进行存贮、阅读、加工、传播等处理。因此，中国少数民族古籍数字化要从分析录入对象着手，根据录入对象的不同特征，选择适当的录入法。目前民族古籍常用的主要录入途径和方式有以下几种：

1. 用全文录入法制作古籍文献数字化的全文版

以文本方式将古籍文献存入光盘或存储器，在全文检索系统的支持下，录入的内容可以实现逐字、逐词检索。这种方式适用于有古文字信息处理平台支持的民族古籍。这种方式的优点是贮存空间较小，检索速度快。缺点是民族古文字信息处理平台开发的技术难度大。“七五”期间，由中国计算机软件与技术服务总公司会同新疆、内蒙等地的民族语文专家和计算机专家以及民族印刷厂、北京大学计算机研究所等单位，联合承担了“少数民族文字处理技术开发”项目，并于20 世纪 90 年代初，陆续推出了蒙、藏、维、哈、朝、彝、壮以及柯尔克孜、锡伯等少数民族文字的字处理系统。新疆、青海、甘肃、西藏、四川、吉林延边等地的专家学者也在国家的扶持下，开发了多种民族文字的字处理技术，其中主要是对现行使用的民族文字的开发，也有少量古文字的系统的开发。民族古籍的全文录入，可以充分使用这些已开发的文字处理系统，采用直接录入法。对于只开发出现行民族文字处理系统的，则可以在古籍文献编辑出版时，利用新文字与古文字对照译注。古壮文电脑软件系统的研发成功之后，可利用这套软件对古壮字典籍文献进行编辑、整理、排版、印刷。如：壮文古籍整理工作者于 1993 年，成功地利用该系统整理出版古壮字记录的壮族民间抒情长歌——《壮族民歌古籍集成·情歌（一）·嘹歌》，全书用古壮字记录的长歌有 4 千首 1.6 万行，正文统一采用古壮字、壮文、汉文三种文字对原歌词逐句进行标写、注音和意译。《嘹歌》是第一本采用激光照排技术出版的古壮文古籍科学整理本，结束了古壮文古籍科学整理本以手抄写粘贴古壮字的历史。又如：内蒙古计算中心开发了蒙古文、汉文、西文操作系统，与潍坊计算机照排研究所合作研制了华光 V 型蒙古文书刊、图表、报纸激光照排系统；继之，内蒙古大学研发了 IMU—I 蒙古文排版，MPS 蒙汉混合处理系统，并实现了蒙古文、托忒蒙古文、满文、八思巴文等与蒙古文有关的文字的操作系统的研制开发，解决了蒙古文多文种以及国际音标的输入和输出问题。他们又与北京大学计算机研究所、北京大学新技术公司合作研制了《北大方正电子出版系统》蒙古文版，这套电子出版系统是目前在国内外使用最广泛的蒙古文出版系统。内蒙古社会科学院蒙古语文研究所研制开发了基于

grmdows'95 的蒙古文处理系统。蒙文古籍的内容录入则可以充分利用这一套文字处理系统。[①] 哈、柯、彝等民族都开发了各自基于 Windows95 的民族语文操作系统平台，这些都是民族古籍内容录入的一个很好的技术支持。

2. 用图像扫描技术制作古籍数字化图像版

扫描仪是一种高精度光电结合的高技术产品，它主要由光、机、电三个部分组成。光路部分最主要的是由几千个感光元件构成的 CCD（Charged Coupled Device 光电耦合器）；机械部分是采用步进式的机械传动方式进行扫描；电路部分主要由控制电路和处理器组成。扫描仪的工作原理是通过 CCD 器件将所扫描的文件读入处理器，经过光电耦合将光信号转换为电子信号，并利用扫描仪接口卡将信号送入计算机。扫描仪没有出现之前，图形、图像的输入相当困难，扫描仪的问世使这一问题得以解决，同时又促进了图形学及图像处理领域的进一步发展。它广泛运用于图像处理、文字识别、图形识别，以及文字、数据录入和信息识别领域。利用扫描技术将古籍文献以图像方式存入光盘或计算机存储器。这种方式可以保存古籍的原貌。其制作过程是利用扫描仪将古籍和文书、档案资料逐页扫描，每一页制作一个图像文件，图像文件的存储、处理、压缩、转换等通过扫描软件实现。这种方法适用于暂时没开发或没必要开发文字处理系统的民族古籍，如象形文字纳西族东巴文。东巴文是当今世界上唯一保存了大批完整材料的原始象形文字，笔画简单、造字方法质朴。这种文字图画性强，目前尚没有开发出相应的文字处理系统，因而采用扫描的方式录入、以图片的格式保存是比较可行的方法。由丽江东巴文化研究所编译、云南人民出版社出版的《纳西东巴古籍泽注全集》，在整理、编辑过程中就大量使用了扫描技术。如图似画的纳西象形文字——东巴文有 1400 余字，用它撰写的东巴经典多达 1000 种，该全集基本囊括了中外各地所存同类经典，每卷包括 10 来种经典，有序归纳成 100 大卷，权威而完整，已于 2001 年 5 月正式出版。全集百卷用直观的四对照译注体例：象形文原文、国际音标注纳西语音、汉文直译对照、汉语意译，依序并排，严谨科学。该全集中出现的所有东巴文原文都是以扫描的方式实录原文，以图片的形式出现，每册最多有 149 张图片，最少的也有 5 ~ 6 张，平均每册出现 100 张图片格式的东巴文，全集共约100 000张。更具有前瞻性的是，该书不仅以纸质为载体出版，而且还将全书内容刻录成光盘，实现了全文光盘化。《纳西东巴古籍泽

---

① 江嘎、李晋有．我国少数民族文字信息处理技术概况［J］．中国少数族语言文字现代化文集．北京：民族出版社，1999.

注全集》充分利用高科技手段对古籍进行整理、出版、保存，在同行中领先一步。但是由于图像版的古籍是以图片格式储存，不能实现全文检索，用户使用起来非常不便，因此图像版的古籍应配备其他方式的索引。索引要尽可能完备，能够提示每页古籍内容中的重要字、词，每页的标题和作者以及部、类等检索途径，这样才可以为用户提供相对方便、快捷的检索途径。索引可以采用数据库的方式建立，以每条记录所提示对应的古籍文献图像的文件名地址与该页图像相链接。

3. 多媒体技术对视频、音频的处理

前两种方式的处理对像主要是纸质文献，而民族古籍文献除了纸质文献之外，还有另外的文献载体种类。纸质文献是既定的东西，纸上的文字或图、表一旦写成，就会固定下来，是一种静态的东西。民族古籍文献中的宗教经典，特别是原始宗教经典往往与宗教仪式和典礼构成宗教文化活动的整体，它的诵读应用与各种法器、舞蹈、音乐交相辉映，形成规模宏大的壮观场面。再者民族古籍文献中包括大量的口传文史资料，主要靠民间艺人口头传承，有的以说为主，有的以唱为主，配以特定的乐器、道具等，还有一定的仪式程序等。无论宗教经典的诵读场景，还是口传文史资料的吟诵和传唱场合，其整个过程是一个动态的过程。因此，需要对声、像的全面记录，尽可能如实地反映其原貌。以往对口传文史资料的记录，最早的方式是笔头记录，一人口述，一人记录，用文字的方式将口传的文史资料内容及歌谱记录下来，并对场景作文字描述。后来采用录音、照相、录像等视听技术通过模拟讯号进行记录，能够比较真实地记载声音和图像。但这种方式存在着一个致命的弱点：接收讯号的过程中，或者在记录、重放的过程中，很容易发生讯号失落现象，而且一旦附上"噪声"，便难以消除。多媒体技术是先进的计算机技术与音频、视频等技术融为一体而形成的新技术或新产品。其发展促成了计算机能综合处理多种媒体信息，将文本、图形、图像、音频和视频等信息集成一个系统并具有交互性。① 宗教经典的应用场景以后三种信息形式输入计算机，就能为计算机所综合处理，这个过程就是口传的文史资料和宗教经典的应用场景的数字化。图像（image）是指由输入设备捕捉的实际场景画面，或以数字化形式存储的任意画面。若干有联系的图像数据连续播放便形成了视频（video）。音频（audio）包括声音和音乐，主要用于节目的解说配音、背景音乐及特殊音响效果等。在进行各种载体类型古籍文献的数字化过程中，数码相

① 张维明．信息技术及其应用［M］．北京：中国人民大学出版社，2001.

机和摄像机是常用的输入设备，以光盘为主要的输出载体，存储容量大，保存方便。数码相机也叫数字式相机，是光、机、电一体化的产品。最早出现在美国，20 多年前，美国利用它通过卫星向地面传送照片，后来数码摄影转为民用并不断拓展应用范围。数码相机的核心部件是电荷耦合器件（CCD）图像传感器，它是用一种高感光度的半导体材料制成，能把光线转变为电荷，通过模数转换器芯片转换成数字信号，数字信号经过压缩以后由相机内部的闪速存储器或内置硬盘卡保存，因而可以把数据传输给计算机，并借助计算机的处理手段，根据需要来修改图像。可以说数码相机是传统光学工艺与现代电子工艺的完美结合。数码摄像机也是如此，将数字技术应用到摄像机上，可以高度真实记录现场声像，并将数据传到计算机上，进行编辑处理。数码相机和摄像机采用数码讯号对图、视、音进行记录，数码讯号是以 1 和 0 两种数字排列而成的数码序列，以 bit（比特）为单位，失真情况就大大减小了，而且数码讯号比较容易消除其中的“噪声”。相比之下，数码讯号的优越性相当突出。

总之，上述技术的普及应用，不仅使古籍文献的转移方式和再生技术插上飞翔的翅膀，也为整个民族古籍文献的开发利用开创了崭新的局面。

三、新型古籍载体与传统型古籍载体的比较

民族古籍数字化产生了新型的载体——数字型古籍。这类古籍以磁盘和光盘等为载体，将原生文献的影象或文字以数字信号的形式记录在载体上。数字型民族古籍与传统载体型民族古籍的异同点主要表现在以下几个方面。

（1）在表现形式方面：民族古籍的传统载体有纸质、布帛材料、竹木叶书简等等；而数字型文献则是磁盘或光盘。

（2）在使用形式方面：民族古籍的传统载体不需要借助特定设备就可以直接阅读；而数字型文献则需要，一般是用计算机来阅读。

（3）在体积和密度方面：民族古籍的传统载体表现为不同的规格、开本和体积；而数字型文献的外形尺寸则相对固定，如 3 寸或 5 寸磁盘/光盘。传统载体古籍文献的信息储存密度小，平均每平方英寸的纸张能存 50 个字符；数字型古籍文献的存储密度则大得多，以汉文典籍为例：经测算，一张 3 寸磁盘可以容纳一部《东周列国志》（712 千字），一张 5 寸光盘可以容纳的中文信息，相当于 1600 册 20 万字/册的图书。

（4）在古籍内容方面：传统载体文献只能保存文字、图表和图画；而数字型古籍文献能将数字、文字、声音、静态图像、动态图像等有机地集于一体，并

把结果综合地表现出来，几乎囊括印刷型、缩微型、声像型等所有文献形式的优点，具有全面的阅读效果，富于直观性、生动性和形象性。

（5）在阅读方式方面：传统载体古籍的阅读取决于载体的质量、文字的大小；数字型古籍的文字质量一般都能得以保障，不会出现模糊、掉页等异常情况，而且文字的大小缩放及颜色等显示方式都可以选择，有较大的随意性。

（6）在资源共享程度方面：与传统载体古籍文献相比，数字型古籍文献，特别是在网络环境下的数字古籍文献的传递速度快、共享程度高。首先，数字文献易于复制，拷贝一张软磁盘只需数秒，却可得到相当于几十万个汉字的文献信息量。其次，传递速度快，在网络环境下，任何一个终端都可以下载到数字化的文献。所谓的“指头上的信息”，就是指读者只要在电脑终端点击鼠标，就能通过网络获得自己所需的资料数据。网络上的信息知识是公开的，不分国界与地区，同时也是可以无限开放的。由于数字型文献体积小、容量大、易复制、传递快等优点，在网络环境下可以不受时空的限制，真正实现资源共享，这是传统型载体文献无法企及的。

除了上述特点外，数字型文献还有检索效率高、携带方便、快速记录、方便改写存储信息等特点。

第三节　中国少数民族古籍的开发与利用

随着时代的发展与进步，人类社会已经进入崭新的电子信息技术时代，我国的现代化建设步伐日益加快，各少数民族地区的精神文明和物质文明建设也在加速前进！新时代、新形势对民族古籍文献的开发利用提出了更高的要求。民族古籍整理研究事业要与时俱进，古籍文献资源的开发利用工作必须适应时代发展的要求和民族地区现代化建设的实际需要。因此，面对时代的机遇与挑战，积极主动地掌握和运用现代化技术，尽快实现民族古籍整理现代化已成为最迫切的现实问题。在电子信息时代，数字化技术将成为民族古籍文献资源开发利用的主要途径和重大推动力。

我们应该清醒地认识到：在当今的信息社会，开发、利用信息资源的能力已成为衡量一个国家或地区现代化水平和综合国力的重要标志。开发民族古籍文献这一信息资源势必对我国，特别是少数民族地区的现代化建设产生重要影响。充分应用现代化技术对我国少数民族古籍文献资源进行有效开发利用已是大势所趋，在实现民族古籍文献整理工作现代化过程中，数字化技术不但是抢救和保护民族古籍文献的重要手段，而且是开发利用民族古籍文献最经济、最便捷的高效实用方式。

一、以数字化技术开发利用民族古籍所面临的问题

今后民族古籍文献整理研究工作要从民族古籍文献的特点和实际情况出发，切实搞好民族古籍文献的开发利用，就必须尽快实现民族古籍文献数字化。而当前数字化技术与民族古籍文献的抢救保护和开发利用相结合的过程中，正面临以下两个问题：

（一）民族古籍文献数字化的统筹规划问题

民族古籍文献开发利用过程中的数字化是一项庞大的系统工程，不能一哄而上，各自为战，更不能做样子、装面子；而是要把它纳入整体工作规划，予以统筹安排。这项工作的组织领导者要站在统观全局的高度，对其进行宏观调控；在整个数字化进程中，注意协调各地区各级部门的工作任务、工作进度；对有限的资金、设备等资源进行合理、有效地配置，避免重复建设而造成浪费。民族古籍文献数字化对技术能力和资金投入的要求都很高，而我国各少数民族地区社会经济发展却极不平衡，不可能站在同一起跑线上进行古籍文献的数字化建设，对各地区的发展要求不可能整齐划一。可以先选择条件成熟的民族地区作为突破点，积累一定的经验之后，再以先进带动后进，以局部带动全部，全面推进民族古籍整理研究现代化。在当前条件下，不可能做到所有的民族文化典籍和文献档案都实现数字化。因此，对数字化的对象要有所选择，要分轻重缓急。应该优先把学术研究和民族地区经济、文化建设中使用频率比较高的民族古籍作为数字化的对象，特别是将那些已经严重老化而不能再流传阅读的古籍文献和部分孤本、珍本进行抢救。通过数字化技术的应用，有力地推动民族古籍文献的传播与普及，并促进民族古籍文献资源的科学开发和有效利用。

（二）民族古籍数字化的标准化和规范化问题

标准化是指在一定的范围内获得最佳秩序，对实际的或潜在的问题制定共同的和重复使用的规则活动。在民族古籍数字化建设过程中，不论是建设数据库，还是单纯地制作文件型或是多媒体型数字化产品，都应该遵照统一或者相互兼容的标准和协议，这是数字化信息资源共享的一个前提。以数据库的标准化要求为例：首先是由计算机对数据处理的严密性与准确性所决定的。古籍文献数据库不

同于一般的书本式或卡片式的古籍目录（或书录、索引），它要将所有信息全部转换为计算机可以自动处理的“语言”，而计算机对人们每一个指令的要求又极其“苛刻”，哪怕是一个空格的全、半角不一致，或一个字母大写、小写有差异，其处理结果就会完全不一致，更不用说文字的不规范、格式的不统一。如果没有规范化和标准化，产生的数据就会有失误，而达不到方便、准确、快速的目的。其次是社会信息化的要求。数据库最大的特点是数据可以交换、连接、传递。社会信息化的发展说明，数据库的规范化、标准化，可以加速信息网络的建设，实现国内各单位之间及国际间信息技术交换与共享。由于民族古籍文献分布散，传世少，查询、阅读起来难度大。因此，民族古籍文献不仅是书目数据库要实现联网检索，技术允许的时候，还要求全文数据库或专题数据库也都要上网，只有规范化、标准化才能达到资源共享的目的。此外，古籍文献数字化是一项耗资巨大的系统工程，标准化的建设可以有效地避免重复建设，降低资源数字化的生产研发成本，有利于不同地区、不同部门之间的信息接轨，可以加强质量控制和提高工作效率，以便于推广使用。

二、光盘技术与古籍新型载体的开发利用

光盘技术是20世纪70年代开发的一项激光储存技术，是多种新技术发展的综合成果。古籍文献全文光盘化是将古籍文献（包括文字与图像）转换为计算机可以处理的数字，然后刻录成光盘，以达到其存储、检索、传递、再现等自动化的目的。它是古籍文献载体形式的一次变更，是高科技与古籍文献保护、利用、开发、研究相结合的产物。光盘技术在古籍文献整理工作中可以发挥以下作用：

第一，便于古籍文献信息的传递、交流和利用。

光盘存储密度高，目前光盘的信息存储密度比磁盘和普通缩微品高1～2个数量级。光盘拷贝操作简单，拷贝效果好，影像的质量不会像缩微胶片拷贝时那样，随拷贝次数增加而下降。拷贝速度快，一张光盘只需几秒便可拷贝下来，批量拷贝速度则更快。光盘存储密度高，保存体积小，拷贝容易，一方面可以节省存储空间，另一方面以光盘代替古籍文献原件使用，便于古籍文献信息的传递、交流及利用。

第二，易于与计算机结合，实现古籍文献管理自动化。光盘文件以数字形式记录，其最大的优势在于，计算机可以直接访问光盘，将光盘作为电子计算机的外存储器，可提供古籍文献的全文图像存储和自动化检索、网络化利用，实现古

籍信息资料共享，增强计算机在古籍文献信息管理中应用的广度和深度，为民族古籍管理的现代化提供更加坚实的基础。

第三，可以提高古籍管理使用的工作效率。可以将光盘与计算机、缩微设备三者有机地结合在一起，取长补短，组成新的信息处理系统——电子复合信息存储系统，用于各类文献的输入、输出、存储、检索与转移。可以从文献利用频率和经济安全等多种因素综合考虑，使古籍文献信息在磁盘、光盘、缩微胶片三种不同的载体间转换。如将缩微胶片上一些使用频率较高的文献信息转换到检索方便的光盘或磁盘上，将光盘、磁盘上使用频率较低或需要长期、永久保存的古籍文献信息转换到经济安全的缩微胶片上。电子复合信息存储系统既有极大的存储容量，又有灵活多样的管理方式，它既能在一个用户终端上高速处理与检索存储于多种介质上的古籍文献信息，又能方便把它们显示或打印出来；如果需要的话，还能通过网络与通讯设备进行远程传送与交换。

光盘以其巨大的容量和优良的计算机联机检索性能，在海量数据信息技术存储管理中，越来越显示出潜在的优势，已成为当前一项很有前途的存储技术。因此，光盘技术的应用一定能在民族古籍文献的抢救保护与开发利用方面发挥重要作用。

三、数据库建设与古籍资源的开发利用

数据库是对大量的规范化数据进行组织管理的技术。它利用严谨的数据模型进行规范化处理，利用成熟的关系代数理论进行查询的优化，大大提高了信息资源管理的效率。其主要特点是：提高了对大量的结构化数据的处理效率；大型的数据库，是对海量信息资源进行优化和组织管理的强有力的工具；现代数据库技术提供了许多有用的检索工具和检索手段，使得检索结果在检全率和检准率方面都有很大提高。

民族古籍浩如烟海，对如此大量古籍检索、查阅、传递、再现都离不开数据库。由于我国少数民族古籍自身的复杂性以及计算机对民族古文字信息处理技术的艰巨性，古籍数据库建设比较困难，但随着社会信息化的高速发展，古籍数据库的建设越来越迫切。

古籍数据库大致可以分为三种类型：一是机读书目数据库，二是全文数据库，三是专题（专类、专书）数据库。自20世纪90年代初以来，国内外汉文古籍数据库的建设，大多以专题数据库为主，如中国社会科学院文学研究所开发的《唐诗全文检索系统》、台湾“中央研究院”研制的《中文汉籍电子文献资料

库》、台湾“中央图书馆”推出的《二十五史全文检索系统》、挪威奥陆大学著名汉学家何莫邪教授研制的《先秦诸子百家检索》、香港中文大学中国文化研究所的《古文献资料库》等。[①]

数据库建设在我国少数民族古籍整理工作中的运用，应从机读书目数据库入手。全文数据库和专题数据库的可行性不高，究其主要原因，我国现有少数民族55个，历史上出现过的古文字有30多种，出于实用或经济原因，大部分民族没有研发本民族的古文字计算机处理系统，故而全文数据库和专题数据库就失去存在的技术基础。建立民族古籍的机读书目数据库则有强烈要求，有其存在的现实意义和现实基础。因此可行性高。

数据准备是建设民族古籍书目数据库的前期工作，也是数据库建设的基础，数据库质量的好坏取决于数据准备，古籍数据库建设尤其如此。首先要对民族古籍书目进行普查，按照确定的著录标准和著录格式进行登记，然后是书卡核对。对民族古籍书目的普查登记是一件意义重大的事情，这是一件清理民族文化遗产的工作，对民族古籍的收藏和分布情况进行一次摸底调查，可以对我国民族古籍有一个总体的把握，这是现实意义之一。意义之二在于，数据库的使用，能够使需求者省力获益。能否最大限度地节省需求者的时间和费用是其衡量的重要标志。以阅读为例，以每分钟500字计算，阅读一部50万字的著作需要16小时6分钟，而阅读一篇3000字的文摘只需要6分钟。[②] 平均每10分钟就能完成一个课题的调研，其工作量相当于一个人阅读30种文字的2000种专业杂志和9000篇科学论文。利用书目数据库，就可以节约研究人员甄选书籍的阅读时间，有效避免不必要的时间和精力的耗费，进而可以节约研究费用。

近30多年以来，民族地区的各种类型图书、信息、档案等文献信息单位和全国各相关科学研究、出版机构，先后编制了蒙古文、藏文、满文、朝鲜文、维吾尔文、哈萨克文、纳西族象形文、傣文、彝文等民族文字文献书目、索引、文摘、提要等，其数量之大、类型之多、质量之高、效益之巨都是前所未有的。[③] 目录数据库建设的现实基础，如《全国蒙文古旧图书资料联合目录》《中国蒙古文古籍总目》《北京地区藏文古籍目录》《全国满文石刻目录》《大藏经丹珠尔目

---

① 王世伟. 图书馆古籍整理工作［M］. 北京：北京图书馆出版社，2000.

② 柯平著. 文献经济学［M］. 北京：中国书籍出版社，2001.

③ 包和平、包智慧. 我国民族文献资源建设的概况及其开发利用的未来展望［J］. 世纪之交图书馆事业回顾与展望. 北京图书馆出版社，1999.

录》《纳西象形文东巴目录》《北京地区彝文古籍目录》《中国少数民族古籍总目提要》《维吾尔、乌孜别克、塔塔尔古籍目录》《吐蕃简牍综录》等目录的问世，为编制民族古籍书目、索引、文献提供了方便。

四、网络技术与古籍资源共享

计算机网络技术是为实现网络的软件、硬件和数据库资源的共享，采用功能完善的网络软件（网络协议、信息交换方式及网络操作系统等），将处于不同位置，具有独立功能的多个计算机系统，用通信设备和线路连接起来的技术。21世纪，随着高速信息网络的兴起，网络将成为信息知识资源的主要存储场地。网络上有丰富的信息资源，不仅可以浏览，还可以上传或下载；互联网把网络技术、多媒体技术等技术融为一体，反映现代多种信息技术互相融合的发展趋势。高速信息网络把全球计算机网、通讯网、信息知识资源网、信息知识消费网组合成一个整体。网络化是信息时代的主要特征，是经济发展和技术进步的产物。人们获取和利用信息知识的主要渠道将会是网络。

网络为开发和利用民族古籍文献提供了一个方便快捷的交互平台。中国幅员辽阔，少数民族又大多分布在边疆地区，地区间的信息交流在网络上不会受空间和时间的限制，可以快速进行，且畅通无阻。中国少数民族古籍文献数量巨大，要在这汗牛充栋的书堆里快速、准确地找到自己要找的资料是一项浩大工程。如果能够实现民族古籍文献数字化，并将数字化古籍文献送上信息高速公路——互联网，那么民族古籍文献研究者就能告别以往皓首穷经手工翻阅查询的历史，解放出更多的时间和精力来进行研究工作。

现在，互联网已将全世界联成一个“地球村”，网络这个信息交流的平台，逐渐成为人们接受信息、学习知识的又一大媒体，其影响涉及人类的生产和生活的方方面面。在互联网的冲击下，生存还是毁灭，民族文化面临着前所未有的威胁。正像有的学者所说，对于以接受为主的非英语和发展中国家来说，互联网有可能造成对本国文化的冲击和忽视。如果这些国家不采用高技术手段保护和宣传本国的文化艺术，那么就要在网络环境下的国际文化竞争中处于劣势，有些民族语言和文化甚至有可能消失。这就向我们提出了保护民族文化的艰巨任务。民族古籍文献是民族文化的载体之一，无疑是民族文化遗产的重要组成部分，而且是最核心的部分，所以对它的抢救与保护则是一项长期而艰巨的任务。当今的网络技术在保护开发和利用民族古籍文献方面，将是一条有效的途径。确立民族古籍文献网络系统，途径有两种：（1）与现有的国际联机编目系统接轨，如RLIN、

OCLCC/K；（2）开发新的专门的系统，国际少数民族古籍联合目录对系统的要求，一是国际性，二是兼容多种文字。目前，该目录计划使用民族文字的拉丁转写、英语、汉语，若是采用第二种模式则还包括德语、法语、日语、俄语等，而从长远来看，今后应该添加各种少数民族文字，甚至把古籍文献数量较大的藏文、蒙古文、满文、彝文、傣文等，各种民族古文字都应该逐步添加进去。

总地说来，现代科学技术为民族古籍文献的抢救和保护创造了优越的条件，也为民族古籍文献资源的开发利用提供了更为广阔的空间。

参考文献：

1. 朱崇先．中国少数民族古籍文献学［M］．北京：民族出版社，2005.
2. 彝文文献教研室．彝文文献学概论［M］．北京：中央民族大学出版社，1996. 10.
3. 朱崇先．彝文古籍整理与研究［M］．北京：民族出版社，2008.
4. 朱崇先．论民族古籍整理现代化［D］．中国民族古文字研究会会议论文集．
5. 朱崇先．彝族古籍文献的保护与开发利用［J］．云南民族大学学报（哲学社会科学版）．2007（6）．